21 世纪高职高专教材·旅游酒店类系列

# 旅游学概论
## （第 2 版）

主　编　刘扬林　段喜莲
副主编　张丽萍　李　扬

清华大学出版社
北京交通大学出版社
·北京·

## 内 容 简 介

本书围绕旅游活动的全过程，以旅游业从业人员应具备的基础知识、基本理论和能力为出发点，既借鉴国外旅游学研究的理论成果，又结合国内旅游学研究的学术成就，还兼顾了国内同类教材的风格特征，对旅游学的基本理论进行了分析和探索。

全书共分九章，主要阐述了旅游的产生与发展、旅游的本质与特征、旅游者、旅游资源、旅游业、旅游市场、旅游组织与旅游政策法规、旅游效应和旅游业的未来发展趋势等方面的内容。书中每章插入了阅读资料，还有相关案例介绍，对每章内容作进一步的阐述和说明，以充分激发学生的学习积极性，培养其综合分析能力、实际应用能力及勇于创新的能力。书中概念阐述深入浅出、理论通俗易懂、方法灵活实用。

本书适合普通高等职业院校旅游类专业及相关专业使用，也可作为旅游行业人员培训和职业资格考试的辅助教材。

本书封面贴有清华大学出版社防伪标签，无标签者不得销售。
版权所有，侵权必究。侵权举报电话：010-62782989  13501256678  13801310933

**图书在版编目(CIP)数据**

旅游学概论/刘扬林，段喜莲主编. —2版. —北京：北京交通大学出版社：清华大学出版社，2019.9（2024.1重印）
ISBN 978-7-5121-4050-9

Ⅰ. ①旅…　Ⅱ. ①刘…　②段…　Ⅲ. ①旅游学　Ⅳ. ①F590

中国版本图书馆CIP数据核字（2019）第189594号

---

**旅游学概论**
LÜYOUXUE GAILUN

| | |
|---|---|
| 责任编辑： | 郭东青 |
| 出版发行： | 清 华 大 学 出 版 社　邮编：100084　电话：010-62776969 |
| | 北京交通大学出版社　邮编：100044　电话：010-51686414 |
| 印 刷 者： | 北京鑫海金澳胶印有限公司 |
| 经　　销： | 全国新华书店 |
| 开　　本： | 185 mm×230 mm　印张：14.25　字数：328千字 |
| 版　　次： | 2009年6月第1版　2019年9月第2版　2024年1月第6次印刷 |
| 书　　号： | ISBN 978-7-5121-4050-9/F·1901 |
| 印　　数： | 13 001～14 000册　定价：39.00元 |

本书如有质量问题，请向北京交通大学出版社质监组反映。对您的意见和批评，我们表示欢迎和感谢。
投诉电话：010-51686043，51686008；传真：010-62225406；E-mail：press@bjtu.edu.cn。

# 第 2 版前言

自 20 世纪 90 年代起，世界旅游业已超过石油、汽车等传统的霸主性行业而跃居全球第一大产业。随着社会的发展和大众旅游时代的到来，旅游日益成为现代人类社会主要的生活方式和社会经济活动，旅游业已成为我国经济发展中势头最强劲的产业之一，日益凸显它在国民经济中的重要地位。伴随旅游产业功能的不断增强，旅游业在提升人民的生活质量，促进社会进步和人的全面发展，推动精神文明建设和构建和谐社会等方面发挥出越来越重要的作用。

目前，中国进入工业化中后期，步入中等收入国家行列。经济增长速度下降，通货膨胀威胁，人口红利收缩，资源性发展终结，经济发展进入低速增长的新常态，但我国旅游业却逆势上升，并进入快速增长的黄金发展期。随着互联网向旅游业的渗透、国际旅游的升温和大陆对台湾地区旅游的进一步开放，我国旅游将进一步升温。根据世界旅游组织的预测和有关的数据，到 2020 年中国将成为世界第一大旅游目的地国和第四大客源输出国。作为新兴消费热点行业之一的旅游业，在我国将迎来巨大的发展机遇和广阔的发展前景。旅游业的发展和旅游产业地位的不断提高，带来了旅游教育事业的发展，对相应的旅游专业人才的需求量也越来越大。随着人才市场需求的变化，旅游高等职业教育开始占居了越来越重要的地位，具有较高素质的应用型人才更是供不应求。

"旅游学概论"是高职旅游类专业的入门课程，是研究、学习旅游发展规律、培养学生从事旅游工作所需基本素质的必修的专业基础课程。通过本课程的学习，学生可以了解社会经济发展与旅游活动的关系，明确旅游活动的内容、种类和表现形式，了解旅游和旅游业的发展趋势，系统地掌握从事旅游工作必需的基本理论、基本知识和应用技能，成为适应我国旅游事业发展需要的优秀高等技术应用型专门人才。

本书在第 1 版基础上，从高职旅游类专业教学实际和培养目标出发，以科学发展观为指导，充分考虑高职学生的生源特点。在内容的选择上，力求理论阐述准确，并以"必需"和"够用"为度，用最新研究成果、数据、资料、轶闻穿插于理论之中以激发学生的学习兴趣；在结构编排上，注重结构的层次性和逻辑性，尽力做到脉络清晰，条理分明；在文字表述上，坚持深入浅出和通俗易懂的原则，语言力求精练、准确，努力使其符合高职学生的认知能力。

本书共分九章，分别是：旅游的产生与发展、旅游的本质与特征、旅游者、旅游资源、旅游业、旅游市场、旅游组织与旅游政策法规、旅游效应和旅游业的未来发展趋势。

本书由长沙环境保护职业技术学院刘扬林、段喜莲任主编，长沙环境保护职业技术学院张丽萍、李扬任副主编。具体分工如下：第一章由李扬编写；第二章由刘扬林编写；第三章、第五章、第六章、第九章由段喜莲编写；第四章由刘喜华编写；第七章由朱晓洁编写；第八章由张丽萍编写。全书由刘扬林统稿。在编写过程中得到了有关领导和专业教师的大力支持，并参考了大量的文献资料，在此表示感谢。

本书是各相关高职院校一线教师倾力合作与集体智慧的结晶，尽管在内容和特色建设方面做了很大努力，但因种种原因，加之编者水平有限，书中问题与不足之处在所难免，祈望专家、各相关高职院校教师教师与读者不吝赐教。

编　者

2019 年 9 月

# 前　言

自 20 世纪 90 年代起，世界旅游业已超过石油、汽车等传统的霸主性行业而跃居全球第一大产业。随着社会的发展和大众旅游时代的到来，旅游日益成为现代人类社会主要的生活方式和社会经济活动，旅游业已成为我国经济发展中势头最强劲的产业之一，日益凸显它在国民经济中的重要地位。伴随旅游产业功能的不断增强，旅游业在提升人民的生活质量，促进社会进步和人的全面发展，推动精神文明建设和构建和谐社会等方面发挥出越来越重要的作用。

目前，中国进入工业化中后期，步入中等收入国家行列。经济增长速度下降，通货膨胀威胁，人口红利收缩，资源性发展终结，经济发展进入低速增长的新常态，但我国旅游业却逆势上升，并进入快速增长的黄金发展期。随着互联网向旅游业的渗透、国际旅游的升温和大陆对台湾地区旅游的进一步开放，我国旅游将进一步升温。根据世界旅游组织的预测和有关的数据，到 2020 年中国将成为世界第一大旅游目的地国和第四大客源输出国。作为新兴消费热点行业之一的旅游业，在我国将迎来巨大的发展机遇和广阔的发展前景。旅游业的发展和旅游产业地位的不断提高，带来了旅游教育事业的发展，对相应的旅游专业人才的需求量也越来越大。随着人才市场需求的变化，旅游高等职业教育开始占居了越来越重要的地位，具有较高素质的应用型人才更是供不应求。

"旅游学概论"是高职旅游类专业的入门课程，是研究、学习旅游发展规律、培养学生从事旅游工作所需基本素质的必修的专业基础课程。通过本课程的学习，学生可以了解社会经济发展与旅游活动的关系，明确旅游活动的内容、种类和表现形式，了解旅游和旅游业的发展趋势，系统地掌握从事旅游工作必需的基本理论和基本知识及应用技能，成为适应我国旅游事业发展需要的优秀高等技术应用型专门人才。

本书从高职旅游类专业教学实际和培养目标出发，以科学发展观为指导，充分考虑高职学生的生源特点，在内容的选择上，力求理论阐述准确，并以"必需"和"够用"为度，用最新研究成果、数据、资料、轶闻穿插于理论之中以激发学生的学习兴趣；在结构编排上，注重结构的层次性和逻辑性，尽力做到脉络清晰，条理分明；在文字表述上，坚持深入浅出和通俗易懂的原则，语言力求精练、准确，努力使其符合高职学生的认知能力。

本书共分九章，分别是：旅游的产生与发展、旅游的本质与特征、旅游者、旅游资源、旅游业、旅游市场、旅游组织与旅游政策法规、旅游效应和旅游业的未来发展趋势。

本书由长沙环境保护职业技术学院刘扬林任主编，长沙环境保护职业技术学院张丽萍任副主编。具体分工如下：第一章、第二章由刘扬林编写；第三章由刘喜华编写；第四章、第九章由段喜莲编写；第五章、第六章由张丽萍编写；第七章由沈梅编写；第八章由蔡隽编写。全书由刘扬林统稿。在编写过程中得到了有关领导和专业教师的大力支持，并参考了大量的文献资料，在此表示感谢。

  本书是各相关高职院校倾力合作与集体智慧的结晶，尽管在内容和特色建设方面做了很大努力，但因种种原因，加之编者水平有限，书中问题与不足之处在所难免，祈望专家、各相关高职院校与读者不吝赐教。

编　者

2008 年 6 月

# 目 录

## 第一章 旅游的产生与发展 ............................................................ 1
    第一节 旅游的产生 ............................................................ 2
    第二节 旅游活动的历史分期 ............................................... 4
    第三节 中国旅游发展的历史沿革 ........................................ 15
    本章小结 ............................................................................ 26
    复习思考题 ......................................................................... 26

## 第二章 旅游的本质与特征 ............................................................ 27
    第一节 旅游的概念 ............................................................ 28
    第二节 旅游的构成与类型 .................................................. 34
    第三节 旅游的本质与特征 .................................................. 42
    本章小结 ............................................................................ 48
    复习思考题 ......................................................................... 48

## 第三章 旅游者 ............................................................................... 49
    第一节 旅游者的界定 ........................................................ 50
    第二节 旅游者形成的条件 .................................................. 55
    第三节 旅游者类型及其需求特点 ........................................ 66
    本章小结 ............................................................................ 72
    复习思考题 ......................................................................... 73

## 第四章 旅游资源 ........................................................................... 75
    第一节 旅游资源的概念 .................................................... 76
    第二节 旅游资源的开发与保护 ........................................... 86
    本章小结 ............................................................................ 94
    复习思考题 ......................................................................... 94

## 第五章 旅游业 ............................................................................... 95
    第一节 旅游业的性质及特征 .............................................. 96
    第二节 旅行社 .................................................................. 99
    第三节 旅游饭店 ............................................................... 106
    第四节 旅游交通 ............................................................... 115

第五节　旅游购物 …………………………………………………… 118
　　本章小结 ………………………………………………………………… 124
　　复习思考题 ……………………………………………………………… 125

**第六章　旅游市场** ……………………………………………………………… 127
　　第一节　旅游市场概述 ………………………………………………… 128
　　第二节　旅游市场的划分 ……………………………………………… 130
　　第三节　国际旅游市场 ………………………………………………… 133
　　第四节　中国旅游市场 ………………………………………………… 135
　　本章小结 ………………………………………………………………… 143
　　复习思考题 ……………………………………………………………… 143

**第七章　旅游组织与旅游政策法规** …………………………………………… 145
　　第一节　旅游组织的类型及其功能 …………………………………… 146
　　第二节　国际性旅游组织 ……………………………………………… 148
　　第三节　中国旅游组织 ………………………………………………… 153
　　第四节　旅游政策法规 ………………………………………………… 158
　　本章小结 ………………………………………………………………… 172
　　复习思考题 ……………………………………………………………… 172

**第八章　旅游效应** ……………………………………………………………… 175
　　第一节　旅游的经济效应 ……………………………………………… 176
　　第二节　旅游的社会文化效应 ………………………………………… 181
　　第三节　旅游的环境效应 ……………………………………………… 187
　　本章小结 ………………………………………………………………… 194
　　复习思考题 ……………………………………………………………… 194

**第九章　旅游业的未来发展趋势** ……………………………………………… 195
　　第一节　影响旅游业未来发展的因素 ………………………………… 196
　　第二节　世界旅游业的发展趋势 ……………………………………… 200
　　第三节　我国旅游业的未来发展 ……………………………………… 206
　　第四节　旅游可持续发展 ……………………………………………… 210
　　本章小结 ………………………………………………………………… 216
　　复习思考题 ……………………………………………………………… 216

**参考文献** ………………………………………………………………………… 217

# 第一章
## 旅游的产生与发展

**本章要点**

了解旅游的产生过程;
掌握旅游活动的历史分期;
熟悉现代旅游的主要特征;
了解中国旅游发展的历史沿革。

# 第一节　旅游的产生

虽然旅游古已有之，但并不是有了人类就有旅游。旅游是人类进化和社会、经济、文化发展到一定阶段的产物，并伴随着人类历史的演变而不断发展变化。尽管世界各国和各地区社会发展有快有慢，旅游的产生有先有后，但就旅游活动来说，都经历了一个从萌芽、产生、发展而日趋成熟的过程。研究表明：旅游是从旅行中孕育又从旅行中分离出来的。

## 一、旅行起源于迁徙活动

在脱离动物界以后和农业生产方式发明以前，人类在一段相当漫长的岁月里一直过着流动性的生活。人们以松散的团伙组织，依靠采集、渔获、狩猎等集体劳动并共同分享劳动产品而延续生命，因而，采猎生活受自然环境的影响也最直接。

大自然中的植物生长都有明显的季节性，各类动物的行踪和聚散活动区域也随着季节的变更而变化。早期人类只有顺应自然条件和季节变化的规律进行采集和狩猎活动，根本没有能力也没有自主意识去对大自然进行人为的控制。因此，当一个地方的自然资源用完了，就迁移到另一个地方继续采集或狩猎，形成一种流动性的生存方式。可见，采猎生产活动的最大特征就是"季节性的迁移和集散"。这就是早期人类为生存需要而进行的迁徙活动，这种迁徙活动构成了早期人类生产与生活不可或缺的内容。当然，早期人类的远途迁徙有的是受到诸如气候的变化、自然灾害及战争等因素的威胁所驱使，但主要还是由采猎生存方式固有的流动特点所决定的。这正是在远古的自然和社会条件下，人类不断拓展生活领域和生存空间的艰苦卓绝的活动。

尽管上述的迁徙活动并不符合现代的旅行概念，但在客观上，"迁徙"与"旅行"却有共同的外部特征——空间移动。不同的是，前者是早期人类为了生存而被动地适应自然环境的一种"自然行为"；后者却是人类社会进化到一定阶段、具有明确目的意识的一种"自由行为"。但必须特别指出的是，正是这种迁徙活动，才极大地拓展了原始人的视野，为人类意识的产生和发展提供了活的源泉。所以，有理由认为早期人类的迁徙活动是对人类有自主意识的旅行的"预演"，或者说，人类在尚不具备"旅行观念"时就已经开始"旅行"的实践了。

## 二、旅游在旅行的发展中孕育和分离

### （一）旅行观念产生的基础和条件

众所周知，人类历史上三次社会大分工的结果，第一，使人类从流动性生活走向定居化，标志着人类智慧的进步、理性的提高和劳动创造文化意识的发展；第二，由于物质资料生产方式的改进，促使社会生产力水平的提高和剩余劳动产品的增多而产生了手工业，并从家庭劳动中分离出来；第三，随着社会分工越来越细，使得从事不同性质劳动的人员的劳动及其产品需要进行交换，互补有无，因而，许多产品的生产目的已不是单纯地为了自己消费，而更多的是为了交换。这就标志着人类的剩余劳动产品已逐渐转化为商品，故而，商业也到了应运而生的历史阶段，这就是人类旅行观念产生的社会基础和条件，并促使有自觉目的和意识的旅行活动的萌芽。

### （二）商人开创了旅行的先河

随着商业的产生和商人的出现，商品交换关系发展到了一个崭新的阶段。它不同于早期的以物易物，而是以商人为中介的发达的商品流通形式。因此，为了推销商品，不断扩大购销渠道，占领更多市场，商人们就得及时掌握各地的产销信息，并外出进行商品交换和长途贩运活动，于是，具有明确功利目的的经商旅行活动便应运而生。在商业利益驱动下，商人们已"遍走了他们所知道的世界"。所以，就整个世界而言，可以说是商人开创了旅行的先河。

### （三）经商旅行孕育着旅游的因子

诚然，经商旅行，其目的在于获得商业利润，是一种功利性的经济活动，并非为了消遣娱乐、游览观光。然而，正是由于商业利益的驱动，才使商人们的足迹遍布天下。为了促成交易，商人们自是免不了上要结识官宦、士林，下要接触百姓人家，这实质上就是一种广泛的社会交往活动。而通过社会交往获得人际沟通和关系的和谐，不但是经商之道，而且能够给人一种精神上、心理上的愉快感受。这一切都反映了经商旅行已具有现代意义上的旅游气息和某种内涵。

### （四）享乐旅行的出现标志着旅游的诞生

所谓享乐旅行，是指出自消遣娱乐和享受人生价值的需要而进行的非功利性的旅行活动。在古代，这种享乐旅行，有的自开始就具有非功利性享乐活动的自觉目的；而更多的则是在经商旅行或为其他事务功利目的旅行的过程中，留出一段时间所进行的游览观光活动。它标志着旅游的诞生，意味着旅游与旅行的分离。因此，享乐旅行实质上就是具有现代旅游意义和本质特征的古代旅游活动。

## 三、旅游的产生源于人类意识的发展、精神需求的提高和经济条件的成熟

人是万物之灵，是因为人是有意识的。然而，意识并非从来就有，而是物质世界长期发展的结果。人的生存意识、社会意识、精神文化意识等，是随着人类自身的进化和社会历史的发展而产生和发展的。由此可见，享乐旅行或旅游之所以发生，是源于人类文化意识的发展，尤其是审美意识的发展和精神生活需求的提高，并非有了人类就有旅游。

人类的任何活动或者是对生活方式的选择必须符合历史发展的条件，并在一定的历史条件下进行，而不能单凭个人的意志而随心所欲。在这个历史条件中，经济条件起着决定性作用。即人们只有在衣、食、住、行等基本生存条件得到保障的前提下，才会产生外出旅游的享乐念头。如果一日三餐尚且自顾不暇，哪敢奢求更高级的生活享受？正如德国哲学家费尔巴哈所说："皇宫中的人所想的，和茅屋中的人所想的是不同的。"由此不难明白，为什么旅游不可能出现在人类还处在蒙昧时期和社会生产力水平极低的原始社会，而只能产生在社会、经济、文化发展到一定程度的阶级社会中。

综上所述，可以得出如下的结论：旅游是人类自身的进化和在社会发展历程中产生的，其基础条件是人类意识的发展、精神需求的提高，以及社会经济、文化等的发展和进步。就个体而论，旅游者的产生，是追求自身价值实现的文化意识和经济条件成熟的结果。所以，旅游是超出生存需要而具有享受性的一种社会活动方式。

因此，从整个人类历史来考察，人类具有自觉目的意识的旅行萌芽于原始社会的末期。而具有现代意义的旅行和旅游活动是文明社会的产物，即形成于人类社会经济、文化发展到一定历史阶段的阶级社会中，并首先在世界的文明古国中出现。

# 第二节　旅游活动的历史分期

古希腊在公元前5世纪，由于奴隶制度高度发展，宗教、贸易、公务非常兴盛，特别是其奥林匹亚节，更是体育的盛会。体育竞技活动吸引了大量的参赛者和参观者，这可以说是古代最盛大的体育旅游活动，从某种意义上讲，古希腊的奥林匹亚节就是现代体育旅游最早的雏形。

从历史上考察，旅游活动在古代就出现了，一直延续至今，今后还将更快地发展。在数千年的漫长历史中，旅游活动的发展大体经历了三个发展阶段，即古代旅游阶段、近代旅游

阶段和现代旅游阶段。

## 一、古代旅游（19世纪中期以前）

### （一）国外的古代旅游

公元前3200年前后，在尼罗河畔的古埃及形成了政治、军事统一的强大国家，修建了众多的金字塔和神庙，这些建筑物在当时就曾吸引许多游客前往参观游览。古埃及还经常举行宗教集会，大批宗教信奉者参加庆典活动，这实际上也是一种宗教旅游活动。

公元前300年，波斯帝国修建了长二千多公里的"御道"，并设有百多处驿站，此外，还修建了自巴比伦城到大夏和印度边境的道路。由于交通便利，商人、游人往来不断。

古罗马帝国，政治统一，经济强盛，幅员辽阔，国家提倡和鼓励旅游活动。由于交通便利，货币统一（全国使用统一的罗马铸币），没有语言障碍（希腊语和拉丁语指定为官方语言），使得旅游活动得以顺利发展。

与古代相比，中世纪的旅游活动虽没有得到明显发展，但是仍有一些旅游活动发展的实绩。在阿拉伯帝国时期，伊斯兰教实行朝觐制度，穆斯林教徒无论男女，都会尽最大努力争取一生至少要前往麦加朝觐一次，这种宗教活动也就形成了长距离的宗教旅游活动。此外，阿拉伯帝国对旅游活动也是鼓励的，也曾出现过一批著名的旅行家，如摩洛哥丹吉尔人伊本·拔图塔（1304—1377）就是其中杰出的一位。他行程12万公里，费时26年，游览了亚、非、欧三大洲，并在1342年来到中国。他根据几十年的游历，撰写了《旅行者的欢乐》一书，得到广泛流传。

特别值得一提的是意大利的旅行家马可·波罗（1254—1324），在元朝忽必烈时期，随其叔父来到中国，得到忽必烈赏识，令其在朝中为官，共计17年。他在中国游览了许多地方，回国后，以在中国的所见所闻为主要素材，口述并由他人代笔写成了《马可·波罗游记》。

在资本主义原始积累时期，新兴资产阶级为了寻求国外更广阔的市场，扩大商品销售，使得海上航行探险活动日益增多。从15世纪中期到16世纪中期前后，曾出现了许多著名的航海家和探险家。如发现新大陆的意大利航海家克里斯托弗·哥伦布（1451—1506）；绕过非洲南端好望角于1498年抵达印度洋航线的葡萄牙人达·伽马（1460—1524）等。葡萄牙航海家麦哲伦（1480—1521），于1519年奉西班牙政府之命，率船队由圣罗卡启航，越过大西洋，沿巴西海岸南下，经南美洲大陆和火地岛之间的海峡（后称麦哲伦海峡），入太平洋至菲律宾。因干涉岛上内争，他被当地人所杀，后余众乘"维多利亚号"船回到西班牙，完成了第一次环绕地球的航行。这些航海家、探险家的任务虽有不同，历史上的贡献大小不一，但是从一定意义上讲，他们都是伟大的旅行家。

## (二) 中国的古代旅游

中国是文明古国,历史悠久,文化传统深远,在几千年漫长的岁月中,曾有过内容各异、形式多样的旅游活动,主要有以下几种代表性的旅游活动。

### 1. 帝王巡游

帝王巡游是指历代最高统治者对自己的国家或领土所做的巡视游览活动。历代帝王大都有巡游活动,早期的帝王巡游大都与农业密切相关,也有的是出于政治、军事等目的。随着朝代的更迭,在帝王巡游中追求享乐和显示权力的色彩越来越浓。周穆王(约前1054—前949)是最早出游的帝王之一,其行迹在我国西北地区。《穆天子传》又称《国王游行记》(共六卷),书中所记行程至今仍可找到线索,这是我国最早的一部以记述游历我国西北地区为主要内容的著作。秦始皇在公元前220年到公元前210年的十年中,五次巡游,游历了大半个中国。此后,隋炀帝、清康熙和乾隆都是有典型代表性的进行巡游的帝王。

帝王巡游的目的,一是饱览风景名胜,达到享乐娱心的目的;二是显示帝王至高无上的权威,了解民情,震慑人民,以利于巩固统治;三是进行封禅和祭祀活动。封禅地点一般选择名山大川,主要是泰山,在泰山玉皇顶祭天曰"封",梁父小丘祭地曰"禅"。据记载,历代有72位君王曾到过泰山进行封禅和祭祀。

帝王巡游除了政治上的因素外,在交通、建筑、园林、游览对象物等方面,都产生了深刻的影响。

### 2. 政治旅行

政治旅行是指为某种政治动机而进行的旅行活动。它起始于奴隶制行将崩溃、封建制逐渐形成的春秋战国时期。代表不同阶级、阶层的思想家、理论家从各自的阶级利益出发,著书立说,争鸣论战,或带领门徒周游列国,宣传自己的政见,以求得到重用。虽然当时士阶层的游说活动主要是为了致身卿相,为名利忙碌,但长期的旅行实践,必然使其从中获得审美感受,促成其对旅游理论的思考,并对后代产生了深远的影响。孔子、孟子、苏秦便是其代表人物。

### 3. 士人漫游

士人漫游主要是指文人学士为了各种目的而进行的旅行游览活动。士人漫游起始于先秦,各个时期的士人漫游的目的又各有侧重,其形式和内容也有相应的变化。例如,先秦时期的士人漫游主要目的是从政,故游说之士较多。魏晋南北朝士人主要是因政治上不得志而追求适意娱情,消遣排忧,走上寄情山水、啸傲风月的漫游道路。唐以后因科举制度调动了中下层知识分子从政的热情,因而"宦游"(即为谋取官职的旅游)和"游学"(即考察旅游)十分盛行。他们一方面欣赏山水,验证史书的正误;另一方面广结朋友,切磋诗艺,以求学问的提高。值得一提的是,在士林之中不乏气质高雅的大名士,他们有志济世但不慕荣禄,自负才智而不愿科试,但又不消极隐逸,常远游。其中"托物言志"就是一种层次较高的旅游活动形式。

孔丘（公元前551—前479）的思想成就同他的旅游活动是分不开的。他游历了宋、卫、陈、蔡、齐、楚等诸侯国，广泛收集文献资料，体察民情，为后人留下了《春秋》等传世之作。司马迁在他20～40岁的近二十年中，游览考察了江、浙、皖、湘、鲁、鄂等地，收集了大量的历史、地理及文献资料，为他以后编写《史记》奠定了基础。在唐、宋时期，著名的文学家李白、杜甫、柳宗元、欧阳修、陆游等都是漫游的代表。这些人在漫游中触景生情写下了许多不朽的作品。如李白的《黄鹤楼送孟浩然之广陵》："故人西辞黄鹤楼，烟花三月下扬州，孤帆远影碧空尽，惟见长江天际流。"又如李白的《望庐山瀑布》："日照香炉生紫烟，遥看瀑布挂前川，飞流直下三千尺，疑是银河落九天。"苏轼的题西林壁："横看成岭侧成峰，远近高低各不同，不识庐山真面目，只缘身在此山中。"这些都是流芳百世的旅游佳作。

4. 探险考察旅行

张骞（前164—前114）是西汉著名外交家、探险家和旅行家，受汉武帝之命，于公元前139年出使西域。张骞第一次出使西域，既是一次极为艰险的外交旅行，同时也是一次卓有成效的科学考察。由于张骞的西域之行，"丝绸之路"也就随之开通。丝绸之路东起长安，西抵西欧和中东。由于东西大道的开通，中国丝绸源源不断输往西方，故西方国家把这一通道称之为"丝绸之路"。丝绸之路对东西方的经济、政治、文化的交流，对旅游活动的开展，起到了不可估量的作用。

徐霞客（1585—1641）是明代的伟大旅行家，自幼喜爱地理，从青年时代就投身于祖国的地理考察事业。他从22岁开始旅行考察，直到56岁辞世，三十多年如一日，行游四方，足迹遍及江苏、浙江、云南、贵州、河北、山西、陕西等地。所至之处，从经济到文化，从动物到植物，从地质到地貌，从河流到山岳，他都进行细心观察思索，白天旅行考察，晚上挑灯写作。徐霞客对我国石灰岩地貌取得重大研究成果（在欧洲，德国地理学家瑙曼对石灰岩进行系统分类的研究，要比徐霞客晚二百多年）。历经多年的风雨路途和灯下的撰写，形成了《徐霞客游记》这本名著，该书不仅是一部地理学名著，同时也是一部文学著作。

5. 宗教旅行

宗教旅行是以朝拜、寻仙、取经、求法、布道为目的的一种古老的旅游活动形式，至今仍然有很大的吸引力。但古代中国的国际性宗教旅游，主要是佛教徒以朝拜、学佛、传法为目的的旅行活动，从魏晋盛行到唐代形成高潮，并出现了法显、玄奘、鉴真等著名宗教旅行家。

唐代的玄奘、鉴真是最著名的代表。玄奘于贞观元年（627），从长安出发，西出玉门关和阳关而去印度，历时18年，行程5万余里，在贞观十九年（654）回到长安。根据他的口述和记载，其弟子写成了《大唐西域记》，记述了他在28个国家的所见所闻。鉴真于唐玄宗天宝元年东渡日本，历尽艰辛，前5次均遭失败。天宝十二年（753）他与弟子34人第6次东渡成功，于第二年抵达日本京都奈良。他不仅将佛教传入日本，同时也将中国的文化、艺术、建筑等传入日本。

6. 外交旅行

外交旅行是为了达到某种政治目的，肩负国家使命而进行的一种旅行。先秦时期的外交旅行，突出地表现为各诸侯的外交活动和说士的游说。三国时期的朱应、康泰，唐代的杜环，元代的汪大渊，明代的郑和，都是中国古代外交旅行的杰出代表。

## 二、近代旅游（19世纪中期至20世纪中期）

### （一）国外的近代旅游

在欧洲，18世纪中期后，发生了产业革命，后发展到北美等地。产业革命的标志是蒸汽机和纺织机的发明和使用。产业革命后，资本主义进入大机器生产时代。由于机器代替了手工劳动，使社会劳动生产率极大提高，社会财富被迅速创造出来。在交通工具方面，出现了以蒸汽为动力的火车和轮船，从而使人类进入了"汽轮时代"和"铁路时代"。随着生产社会化和国际化的迅速发展，国际经济交往日益增多，国际市场开始形成，从而世界经济体系开始出现和形成，整个世界开始卷入到资本主义商品经济的漩涡之中。所有这些变化都为旅游的广泛发展创造了社会条件。此外，由于生产的发展，劳动时间的缩短，人们可支配收入的增加，这些因素又为旅游者的增加提供了条件。可以说，产业革命为近代旅游业的崛起和发展打下了坚实的基础。

从19世纪中期起，生产发展和人们生活水平的提高成为旅游活动发展的基础，促使旅游活动不断发展。此外，铁路、轮船的发展，成为推进旅游发展的重要手段。旅游者的增多和出游次数的增加也推进了旅馆的建设和发展，社会为旅游服务的相关行业也得到发展。到19世纪末，旅游活动已经有了一定的普遍性，旅游作为一种产业，已初见端倪。

随着工业生产的发展，人口城市化也随之发展，人们在紧张工作之余，对去郊外旅游、休闲的欲望和要求有所增加，以调节呆板的劳动方式和生活方式，与这种社会要求相适应，多种多样的旅游活动项目和旅游目的地被开发出来，旅游不断地在向社会的各个方面渗透。

进入20世纪后，随着社会生产、科学技术的进一步发展，旅游业也在继续向前推进，远洋巨轮的航行、汽车的行驶、飞机的飞行，为旅游活动提供了更加便捷的交通条件，人们期望着更多和更丰富的旅游活动。20世纪初，英国托马斯·库克旅游公司、美国的运通公司、比利时的铁路卧车公司成为世界旅行代理的三大巨头。但是，在20世纪的前50年中，世界经历了两次世界大战。两次战争的间隔时期，是繁荣、衰退、萧条和复苏的交替时期，1929—1933年的危机，给社会经济各个方面都带来了极其深刻的影响。本来在一个新世纪开始后，旅游活动应该有更快和更大的发展，但是，政治的动荡和经济的萧条，使旅游没有取得突破性的进展。

值得一提的是，对近代旅游发展曾发挥很大作用的应首推托马斯·库克（1808—1892）。托马斯·库克生于1808年，英国人，是一个偶然的机会使他涉足旅游业。他年幼时，曾为一花园管理员做助手,并从他那里学到许多人情世故,该管理员嗜酒如命,由于一次饮酒过量而猝死。以后,他又跟姑父学木工,姑父也是暴饮之徒,因酒精中毒而死亡。这两件事使库克对饮酒十分痛恶。1841年在基督教教会的宣传和组织下,要召开一次禁酒大会,库克对此事十分积极,并参与了组织工作。为了使禁酒会员减轻负担,他征得铁路公司同意,为参加禁酒大会的乘客打折优惠。

1841年7月5日,他包租一列火车,运送570名旅客去参加禁酒大会。这是世界上第一次集体打折和包租列车的旅行,也是托马斯·库克涉足旅游业的起点。

禁酒大会和此后的禁酒活动十分成功,使很多嗜酒者戒了酒,开始了新的生活。库克因禁酒工作成绩卓著而名声远扬。社会上对团体旅行感兴趣的人,都要求库克为他们提供条件和服务,这就使库克开始酝酿新的发展旅游的计划。之后,库克组建了一个旅游服务处,该服务处为旅客安排交通工具和筹划旅游活动项目,并使他成了短途旅游的组织者和经营者。接着在1846年他又成功地组织了350名旅客赴苏格兰旅游,并为旅游团配备了导游。由于事业的发展,经营规模也不断扩大。1851年,在英国伦敦举办第一次世界博览会,库克所组建的库克父子公司共组织了16万多人次前往参观游览。四年后,世界博览会又在巴黎举行,库克父子公司共售出了前往巴黎的50万张票。1865年,库克在伦敦开设了营业所,负责为游客安排食宿,讲解旅游知识。1867年,库克设计和推行旅馆代金券。1879年,又增加了银行和外币兑换业务。1872年,他还组织了一次9人团体环球旅行,历时220天。1872年,趁美国经济兴起之机,库克父子公司迁移美国,改名为美国通济隆公司,由于业务发展迅速,美国通济隆公司成为世界最大的旅游公司之一。

托马斯·库克死于1892年,享年84岁。他的一生,为近代旅游业的发展做出了很大的贡献,他不仅组建了各种旅游经营机构,开发了多种多样的旅游产品,向游客提供综合性的旅游服务,而且开创了一种全新的旅行业务和旅行方式,使古老的旅游活动发展到一个崭新的阶段。从这个意义上说,托马斯·库克是国外近代旅游业的创始者。

美国的运通公司对近代旅游业的发展也起过巨大的推动作用。运通公司是以经营运送贵重物品和货币而涉足旅游业的。该公司由亨利·韦尔斯于1841年建立,最初主要是承接贵重物品、金银等的运送业务。从1850年起,公司开始兼营旅行代理业务,之后,经营业务不断扩展,1882年采用了自己的汇票,1891年又采用了旅行支票。此外,运通公司在1895年和1896年分别在巴黎和伦敦开设营业厅,主要经营行李运输和银行业务,并为去美国的游客提供住宿等服务。

（二）中国的近代旅游

中国的近代社会由封建社会逐步演变成半封建、半殖民地社会,在政治、经济、社会的各个方面都发生了深刻的变化。在旅游活动方面,随着中国封建社会的大门被打开,国内外的政治、经济、文化思想的交往不断开展起来。国际和国内的交通发展,也为这种国际交往提供了方便条件,中国近代的旅游业就是在这样的背景下形成的。鸦片战争后,外国的商人、传教士、学者、官员等纷纷来到中国,在中国进行着他们各自的活动。与此同时,中国人出国考察、出国求学、出国经商的人数也不断增加。在这种情况下,英国的通济隆公司、美国的运通旅游公司于20世纪初先后来中国建立旅游经营机构,为来华的外国人和中国的出境人员办理各种旅游业务。

鸦片战争后,中国的一些进步人士,如林则徐、魏源等人,提出"师夷长技以制夷"的主张,以后出现洋务运动,这些都促使一些人要求到国外学习和考察。到1906年,各种出国留学人员达到八千多人,标志着大规模修学旅游的开始。

中国近代旅游业形成的标志是中国旅游经营机构的建立。1923年,在上海商业储蓄银行任经理的陈光甫为适应旅行游览的发展需要,在该银行中附设了"旅行部",其业务范围是代办国内外车票、轮船票和飞机票,并在苏州、杭州银行分行设立旅行部柜台,由于能满足一些人的旅游需要,业务有一定的发展。1927年春,该旅行部出版了中国第一本旅行杂志。到1927年6月1日,他将附设在自家银行内的旅行部独立出来,正式成立了中国旅行社,下设7部1处,即运输、车务、航务、出版、会计、出纳、稽核部和文书处,业务范围也相应扩大,中国旅行社是我国第一家旅行社。

中国旅行社以扩大服务范围为宗旨,以提倡中国旅游事业为己任。旅行社纲要四原则是"发扬国光""服务行李""阐扬名胜""改进食宿"。所谓发扬国光是指,当时中国仅有少数外商旅行机构,由于他们不熟悉"中国情况",不能正确引导和介绍,以致外国人对中国的名胜、古迹、历史、风尚、物产、文化艺术不能有适当的接触,并产生误解,影响中国的旅游事业。所以,兴办旅行社的首要任务就是要发扬国家声誉。所谓"阐扬名胜"是指,中国有五千年的文明史,有幅员辽阔的国土,名胜古迹遍布祖国各地,设立旅行社就是要便于游客到各地游览观赏,使中国名胜得以传扬。

中国旅行社最初的业务是代办车船票,后扩展到代运行李,接送游客,组织个人和团体的旅游活动。此外,还办理留学生出国手续,设立避暑区服务站,组织短程的团体游览,组织境外旅游,如赴日观樱等。

中国旅行社在苏州、无锡、镇江、杭州、蚌埠、徐州、济南、青岛、天津、北平、沈阳、西安、武汉、广州、南昌15个城市设立分社和支社。此外,中国旅行社还先后在纽约、伦敦、河内设立"中国旅行分社",承办外国人来华旅游事宜。

中国旅行社自1927年正式成立后,不断得到发展,满足了社会上不断增多的游客的需要。中国旅行社把银行、旅行社、铁路、旅馆、旅游宣传、出版等业务融为一体,向游客提供了综合性的服务,简化了他们旅行中的各种手续,为游客提供了各种方便。

1949年新中国成立之前,由于经济落后,人民生活水平低,社会各种基础差,中国的近代旅游发展十分缓慢,以游览、休闲、娱乐为目的的旅游活动仍然是社会少数人的事,社会上的大多数人都疲于生活上的奔波,无能力也无暇参与旅游活动。旅游作为一种产业,虽说业已形成,但是,它的规模小,水平低,对国民经济的作用十分有限。

## 三、现代旅游（20世纪中期以来）

### （一）现代旅游的主要特征

现代旅游主要有以下六个方面的特征。

（1）参加旅游活动的人次数空前增多。旅游已不是社会上少数上层人士专有的活动，而日益成为广大人民群众的普遍的活动，成为人民群众生活内容中的一个有机组成部分。

（2）旅游活动的范围迅速扩大。由近及远，由本地到外地，由国内到国外，跨地区、跨国度、甚至跨洲的旅游活动在日益增多。

（3）旅游活动的内容和方式日益多样化，各种专业旅游项目不断增加。例如观光旅游、度假旅游、生态旅游、民俗旅游、体育旅游、修学旅游、会议旅游、烹饪旅游、狩猎旅游、探险旅游等。此外，旅游产品不断丰富，特色不断鲜明，档次不断合理，可充分满足不同旅游者的多种多样的需要。

（4）旅游业作为相对独立的产业已经确立，旅游业在国民经济中的地位和重要性已凸显。旅游业对相关产业的带动或促进作用日益增强，对改善人民生活方式、提高人民生活质量都发挥着重要作用。在一些国家和地区，旅游业已成为重要的支柱产业。有些国家、地区还把发展旅游业作为发展经济的突破口，成为该国、该地区新的经济增长点。

（5）大量的跨地区、跨国度的旅游企业集团纷纷建立。如航空集团、铁路集团、饭店集团、旅行社集团等在旅游经营中都占据着重要的或主导的地位。

（6）旅游业广泛采用科学技术成果。特别是 Internet 的建立，把世界旅游业变成一体化产业。利用这个网络，经营者之间可以进行多种经营活动，旅游者可以查询和了解世界各国、各地的旅游产品供给情况，并可对旅游产品进行预订。通过与旅游经营者联系，旅游者可以按照半年前、一年前所预定的旅游计划，准确无误地进行旅游活动。

### （二）国外的现代旅游

旅游活动虽然有着悠久的历史，并且在产业革命以后有了较大的发展，但是，截至第二次世界大战时期，旅游人次数仍然很少，基本上限于社会上层人士。旅游经营的规模还较小，旅游作为一个产业，在社会中尚未处于较为重要的地位。这种状况基本上还是与当时的社会经济条件相适应的。

第二次世界大战后，社会经济条件发生了巨大变化，有众多的因素推动着旅游业发展到一个崭新的阶段，即现代旅游阶段。推动旅游业发展的因素主要有以下几方面。

（1）新的科学技术革命，极大地提高了社会劳动生产率，社会财富迅速增加。科学技术的发明和广泛应用，使社会劳动生产率成几倍、几十倍、几百倍的提高，社会产品极大增加。许多新兴产业不断涌现，产业结构不断调整，特别是第三产业迅速崛起。许多国家通过对外经济关系,逐渐储存了大量的外汇,增加了开展跨国界的经济活动的能力。

(2) 社会生产的迅速发展,社会产品的增加,使提高劳动者收入、生活水平和生活质量成为可能。收入的增加,特别是可自由支配收入的增加,使旅游活动对更多的人来说具有了现实的可能性。

(3) 社会劳动生产率的大幅度提高,使劳动者劳动时间的缩短成为可能。劳动时间以外的时间,特别是劳动者可自由支配的时间的增加,使旅游活动在时间上成为可能。

(4) 现代交通工具的发展,使旅游活动成为非常便捷的事情。大型的轮船、高速公路上奔驰的汽车、时速 200 公里以上的火车,特别是大型喷气式客机,为游客提供了舒适、快捷、安全的交通工具。现代交通工具的运营,使人们突然感到地球变小了,偌大的世界,变成了地球村。对有旅游需求的人们来说,不仅跨省市旅游十分方便,就是跨国、跨洲的旅游,也不再是什么难事了。例如,乘坐飞机从纽约到伦敦,1950 年需要 14 小时,1970 年需要 7 小时,1980 年以后只需 4 小时,今后还有可能缩短。

有了上述条件,旅游的发展,就好像飞机的油箱已装满了燃料,它可以起飞,并率直升至高空。据《世界旅游组织》统计,1950 年世界各国接待国际旅游者共 2 530 万人次,国际旅游收入 21 亿美元。1960 年世界各国接待国际旅游者 7 210 万人次,国际旅游收入 68 亿美元。在十年中,国际旅游人数增加了近两倍,国际旅游收入增加了两倍多。到了 2000 年,国际旅游者人数和国际旅游收入则已分别跃升至 6.97 亿人次和 4 743 亿美元。而到了 2017 年,全球旅游总人次达 118.8 亿人次,全球旅游总收入为 1.34 万亿美元。世界旅游飞速发展。

在世界旅游发展过程中,不同国家和不同地区的发展是很不平衡的。欧洲、北美洲在世界各大洲中,旅游发展速度最快,其次是大洋洲和亚洲,南美洲和非洲发展最慢。但近年来,这一格局正在发生一些变化,东南亚地区的旅游业发展十分迅猛,特别是中国,已成为世界上旅游业发展最快的国家之一。

根据世界旅游业发展的一般规律,经济发达的国家一般也是旅游最发达的国家,如日本是出境旅游大国,西班牙是入境旅游接待大国,而美国、法国、英国、意大利、德国等,既是出境旅游大国,又是入境旅游接待大国。

## (三) 中国的现代旅游

从 20 世纪 50 年代开始,世界旅游已经进入了现代旅游发展阶段。而在中国,旅游业的发展要晚得多。1949 年中华人民共和国成立后,我国旅游业进入了新的历史阶段。由于国内和国际的经济、政治等各种原因,中国旅游没有发展的条件。特别是在"文化大革命"时期,更不具有发展旅游的可能。实际上,我国旅游业的发展是从 1978 年改革开放后开始的。起步虽晚,但发展十分迅猛。到 2001 年为止,中国旅游入境人数已跃居世界第 5 位,成为世界入境旅游接待强国。世界旅游组织统计,2006 年中国已与美国并列成为世界第三大旅游目的地国家,预测 2020 年中国将超越法国跃居第一位,成为世界上最受欢迎的旅游目的地国。

我国把旅游作为一种产业来发展起始于1978年,首先发展的是国际入境旅游,这种国际入境旅游与其说是我国经济社会发展的产物,不如说是为了获取外汇收入和加快对外开放的步伐。

在1978年时,我国的旅游供给是短缺的,其短缺的程度,还不只是某种或某类旅游产品的短缺,而是全面的短缺,或者说,旅游产品的供给全面紧张。短缺的旅游供给,从一开始就对我国旅游业发展形成巨大的压力,但是,也形成了我国旅游业发展的巨大动力和良好机遇。兴建旅游饭店,开发旅游景点,拓展旅行社业务,改善旅游交通,培训旅游人才,制造旅游商品……经过了5~7年的艰苦努力,我国旅游产业的雏形已经形成,旅游接待的人数大幅增加,旅游外汇收入成倍增长。从1980年至1986年,来华旅游入境人数增加3倍多,旅游外汇收入增加1.5倍。

20世纪80年代中期以后,在国际入境旅游发展的同时,我国国内旅游开始起步。据前瞻产业研究院发布的统计数据显示,2012—2017年中国旅游市场规模不断扩大,国内旅游收入从2012年的2.27万亿元增长至2017年的4.57万亿元,年均复合增长率为15.01%,增长十分迅速。2012—2017年国内游客人数也保持不断增长趋势,2017年国内游客人数达到50亿人,相比2012年29.57亿人增长了69.09%,六年间年均复合增长率为11.08%。

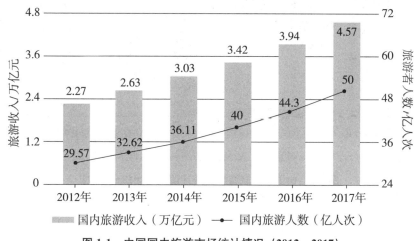

图1-1　中国国内旅游市场统计情况(2012—2017)

资料来源:国家旅游局、中商产业研究院

随着国民经济的发展和国力的增强,从20世纪90年代开始,我国的出境旅游开始起步,并得到高速发展(见图1-2)。1988年,泰国成为中国出境旅游的第一个目的地国家,中国公民出境旅游自此起步。此后,随着我国对外开放的不断扩大和深化,开展中国公民旅游的目的地国家和地区不断增多。2000年,我国居民出境旅游人数和接待外国人数均首次超过1 000万大关,分别达到1 047万人次和1 016万人次。尤为可喜的是,在这一年中,我国居民出境旅游人次数首次超过了外国入境旅游人次数,标志着我国旅游业跨入新的世纪后,已经进入了新的历史阶段。自1989年我国正式开放中国公民因私出境旅游以来,截至2009年5月,我国已先后开放亚洲的新加坡、马来西亚、泰国、韩国、朝鲜、日本、菲律宾、文莱、缅甸、越南、老挝、柬埔寨、印度尼西亚、尼泊尔、印度等国家,澳洲的澳大利亚、新西兰等国家,欧盟整体开放如德国、法国、意大利、瑞士、希腊、马耳他、土耳其等国家,非洲的南非、埃及,北美的美国等136个国家和地区为我国公民出境旅游的目的地。至此,我国旅游业已走上了全面、健康、高速发展的道路,我国旅游经济已经成为影响世界的重要力量。目前,中国公民的旅游足迹几乎遍布世界各地,给目的地带来了良好的旅游收益。2008年,我国出境旅游人数已经远远超过日本,成为全球出境旅游市场上增幅最快、潜力最大和影响力最广泛的国家。

在观光旅游蓬勃发展的同时,同样从20世纪90年代初开始,度假旅游也在我国兴起,并得到快速发展,标志着我国旅游业的发展已进入高级阶段。

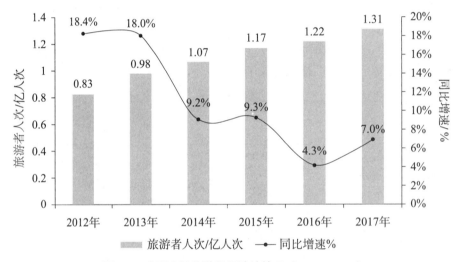

**图 1-2 中国出境旅游数据统计情况(2012—2017)**

资料来源:国家旅游局、中商产业研究院

# 第三节　中国旅游发展的历史沿革

## 一、古代旅行和旅游

### （一）古代中国的旅游发展

中国是世界文明古国，也是旅游发生最早的国家之一。在先秦古书中就有关于华夏先民在遥远古代的旅游传说，而有文字记载的旅游活动可以追溯到公元前2250年以前。随着朝代的更迭，社会经济、政治和科技文化的发展变化，旅游活动也经历着兴衰起伏的发展变化过程。

据神话传说，早在原始社会，我国就出现了旅游活动。在"三皇五帝"时期，我国汉民族的始祖黄帝曾说："东至于海，登丸山，及岱宗；西至于空峒，登鸡头；南至于江，登熊、湘；北逐荤粥，合符釜山……迁徙往来无常处。"而大禹治水，居外13年，为踏勘山水地理，走遍大半个中国，吃尽千辛万苦，"三过家门而不入"的事迹更是流布众口，妇孺皆知。尽管神话传说不能完全为信，古代先民为了谋取生活，或因其他原因的迁徙所作的旅行和现代意义的旅游也有本质区别，但它却揭开了中华民族旅游历史的扉页。

夏、商、周的旅游主要是帝王巡游、政治旅行和商旅活动。帝王巡游，一般叫巡狩（或叫"游豫"），大都是与农业密切相关的政治活动和游乐相结合。如西周的周穆王，他那"欲肆其心，周形天下，将皆必有车辙马迹焉"的远游埋想，使他"西征"成功，开了中国通往西方、密切长安与西方各国关系的先河。到了东周，礼崩乐坏，王纲解体，出现了各大诸侯国"挟天子以令诸侯"的争霸战争，大批周天子身旁的文人纷纷逃奔诸侯，从此，中国出现了"士"阶层。由于诸侯争霸，知识分子也朝秦暮楚，奔走不暇。而时代也给没落贵族和普通平民（主要是知识分子）提供了"朝为布衣、夕成卿相"的社会条件。因此，出现了人数众多的市民阶层的旅游队伍。当然，这一时期的旅游主要不是为了游览审美，欣赏娱乐，而是为了审时度势，致身卿相。这一时期的商旅活动也十分活跃。商代是中国奴隶制商品经济繁荣时期，商人的足迹"已经走遍了他们所知道的世界"（翦伯赞《中国史纲》）。春秋时期商贾已经被统治者正式承认为"四民"（士、农、工、商）之一。到了战国时期，中国古代的商品经济有了突飞猛进的发展，商务旅行已十分盛行。

秦、汉时期是中国统一中央集权封建国家建立和发展的时期。秦始皇统一中国之前，东南沿海的齐、燕等诸侯国已出现寻仙求药的"方士"阶层。秦始皇统一中国之后，也迷上"长生术"。为了企求长生不老之药，他不但派出许多方士和多次派遣大臣四处考察，前往名山大川举行祭祀活动，而且利用当时以咸阳为中心的四通八达的公路交通网，亲自出巡，周游全国，成为中国封建社会帝王巡游的第一个重要代表。到了汉武帝时期，由于少数民族匈奴长期进犯，战事不断，人民渴望和平的愿望强烈。因此，汉武帝在加强中央集权统治的同时，三次攻打匈奴，两次派遣张骞出使西域，开拓了"丝绸之路"，建立了与西域各国的友好关系。而国内的许多矢志求学之士，为创万世之业，既"读万卷书"，又"行万里路"，拓展视野，增广见闻，解放思想，施展才华。西汉时代的伟大历史学家、文学家司马迁，就是学术考察旅行的最早、最杰出的代表。而汉武帝本人也执迷"长生术"，热衷于对泰山的封禅和祭祀活动。探险旅行、学术考察和封禅活动扩大了这一时期旅游活动的领域，加深了对自然山水的认识，提高了对社会的评价能力。

魏晋南北朝时期对中国山水诗歌、游记等旅游文学创作的兴起和中国旅游历史都有着特殊的意义。西晋末年，王朝黑暗，天下大乱，民族矛盾和阶级矛盾尖锐复杂，是中国封建社会大分裂和民族大融合的时期。黑暗王朝残酷的政治权力斗争，使一些上层人物不得不考虑保全自身，远离是非的问题。大部分知识分子也产生了消极遁世的思想，无心仕途，而把注意力转向大自然，走向寄情山水、饱览自然风光，以追求适意娱情的漫游道路。魏晋间嵇康、阮籍等七人因不满时政而纵酒悠游于竹林之中。东晋末年的陶渊明主动辞官而退隐田园，并写出《桃花源记》。南朝谢灵运被罢官以后也"壮志郁不用""泄为山水诗"。从此愤然遨游山水，并注重对山水作审美评价，成为我国山水诗的鼻祖。这一时期，因天下分裂，南北对峙而使交通受阻，呈现的绝大多数是短途旅游。但也有不畏险阻的远游旅行家，如为了到印度学佛求法陆去海返的东晋僧人法显，为国家考察水道的郦道元，即是著名的代表人物。法显所著《佛国经》和郦道元所著《水经注》都是千古不朽的名著，对以后的旅游文学创作的繁荣起到了先导作用。

隋唐时期是中国封建社会的鼎盛时期。随着隋代的南北统一，大唐的昌盛兴隆，中国经济、文化的发展已居世界前茅。大运河成为南北水路交通大动脉，陆路以首都为中心形成四通八达的交通网。国外交通的道路向西可达波斯（伊朗）、大食（阿拉伯）和地中海之滨，向南可达南洋群岛、印度、阿拉伯。国内外发达的交通为这一时期国内外旅游活动的兴盛奠定了物质基础。隋代历史虽然短暂，但隋炀帝却"开创了中国旅游史上帝王舟游的新篇章"。唐代沿袭隋制，实行科举取士制度，极大地调动了中下层知识分子从政的热情，因而士人远游成风，并出现了像李白、杜甫、岑参、张籍等杰出的诗人和旅行家。这一时期的宗教活动得到朝廷的重视和资助，因而道教、佛教都有很大的发展。尤其是佛教，从北魏奉佛教为国教以后，至隋唐已进入鼎盛阶段，先后出现了许多宗教派别。中国同印度、日本等国僧人来往频繁，并出现了像玄奘和鉴真这样杰出的宗教旅行家。隋唐时期的国际旅游也极为活跃，来华的外国使者、商人、学者、僧侣也络绎不绝，如日本遣唐使曾先后十多次来唐学习文化。唐代与阿拉伯的交往也十分频繁。总之，士人漫游成风、宗教旅行盛行、国际旅游活跃和旅游文学创作繁荣是这一时期的旅游特点。

宋元时期是我国封建社会继续发展的时期，科学技术、文学、医学都取得显著的成就。

尤其是指南针的发明并应用于航海，继而传至西方，对促进各国航海事业的发展和以后的"海上丝绸之路"的开辟，加强与西方各国的贸易、旅游做出了重大贡献。元朝著名航海家汪大渊亲自考察南海诸国，并著《岛夷志略》一书，为研究元朝南海交通史提供了可靠的资料。宋、元时期，在旅游文学和旅游理论方面都有了比唐代更大的发展。出现了许多著名旅行家，如范仲淹、苏轼、陆游和范成大等，他们写的《岳阳楼记》《石钟山记》《赤壁赋》《入蜀记》《吴船录》等都是千古流传的旅游名著。

明清（鸦片战争以前）是中国封建社会走向衰落，资本主义萌芽的时期。这一时期的旅游活动兴盛不衰，持续发展，较之唐、宋时期更普遍重视对自然山水景观的鉴赏和旅游经验的总结，尤其是明朝的国内科学考察旅行极盛，学术著作成就不凡。杰出的旅行家郑和、徐霞客、医药学家李时珍分别留下宝贵的航海资料、千古不朽的旅游记和医药名著。明朝中叶以后，由于西方资本主义国家的经济侵略，到清代闭关锁国的格局已被打破，西方文化侵入，使中国人的旅游观念逐渐发生深刻的变化，旅游的空间也得到了进一步拓展。

### （二）古代中国的旅游形式

古代中国的旅游活动，既有持续发展的国内旅游，又有名扬古今中外的国际旅游交往。按旅游性质划分，国内旅游可分为帝王巡游、政治旅行、士人漫游和学术考察旅行等具体形式；而国际旅游主要分为外交旅行、宗教旅游两种形式。各种形式的旅游都有其杰出的代表人物。

## 二、近代旅游

近代中国的旅游是指1840年鸦片战争以后到中华人民共和国诞生前这段时期的旅游。这个时期中国由独立的封建国家逐渐沦为半殖民地半封建国家。国家性质的变化使社会各个领域、各个方面都发生了深刻的变化，旅游也不例外，它的变化具有自身的特点：一是由于西方文化的入侵，使中国人的旅游观念发生了深刻的变化，平民阶层开始步入旅游队伍；二是随着现代化交通的发展，旅游的空间形式也得到了进一步拓展，参加旅游的人数越来越多，去的地方越来越远，国际旅游交往频繁；三是为适应这种旅游形势的发展，为旅游者服务的民间旅游组织逐渐形成一个独立的行业。

1840年以后，西方列强用坚船利炮打开了中国封建锁国的大门，西方的商人、传教士、学者和一些冒险家，纷纷来到中国。有的还在中国的名胜地区，例如北戴河海滨、庐山等地，建造房舍，作为居住区，中国几乎成了外国冒险家的乐园。所以，这一时期外国人来华的旅行和旅游，与帝王主义的殖民侵略活动是密不可分的。

与此同时，中国人出国旅行的人数也大大增加，其中有的是出国考察游历的旅行者，有的是出国求学的留学生。他们中许多人的共同目的是到外国寻找救国救民的真理。正如毛泽东在《论人民民主专政》中所说的："自1840年鸦片战争失败那时起，先进的中国人，经过千辛万苦，向西方国家寻找真理。"洪秀全、康有为、严复和孙中山，代表了在中国共产党出世以前向西方寻找真理的一派人物。

鸦片战争以后，清朝统治阶级中的抵抗派如林则徐、魏源等，提出"师夷长技以制夷"的主张，并著书介绍西方的地理、历史、政治、科学技术等，魏源的《海国图志》是一部使锁国闭居，坐井观天的中国，开始知道世界之大的启蒙著作，使"先进的中国人"产生了走向世界的要求。从19世纪40年代开始，有不少人到欧美、日本去学习、游历和出使，例如1847年容闳留学美国，1866年斌椿、张德彝等游历欧洲，他们还把自己的观感写成游记，介绍西方的经济、政治、科学技术等，他们对于打开中国人的眼界、解放思想，做出了一定贡献。

19世纪70年代洋务运动时期，更出现了"留学热潮"，清政府为了培养办"洋务"的人才，先后派了许多留学生到美国和欧洲国家去直接学习西方的科学技术。从1872年开始先后往美国派去了4批年龄在12～14岁的幼童，中国第一个铁路工程师詹天佑就是第一批去美国的幼童留学生。1873年李鸿章和航政大臣沈葆桢又奏请清政府批准，由福州船政学堂挑选学生到英、法学习，其中就有严复。随后派出几批学生留学英、法、德等国。19世纪末20世纪初戊戌变法时，又派出大量留学生，其中以去日本者为最多。至1906年官费、自费留学生增至8 000多人。他们大多数勤奋学习，了解外国各方面的情况，"师夷长技"，经受资产阶级民主思想的洗礼，所以，留学生中不少人如黄兴、陈天华、邹容、朱执信、吴虞等，成为资产阶级民主革命的积极宣传者和实践者。

伟大的革命先行者孙中山，从1878年（12岁）起出国，几十年往来于美、英、日及南洋各国，始见"轮船之奇"，感到"沧海之阔"，产生了向西方学习之心，立下推翻清朝建立民国之志，成为一个伟大的资产阶级革命家。

虽然旅行和旅游在我国自古有之，而作为一项经济事业的旅游业，直至20世纪20年代才开始出现。1923年，中国第一家旅行社——中国旅行社（当时是上海商业储蓄银行的旅行部）诞生，开始作为企业，承担旅行代理业务。当时旅行部的任务是"导客以应办之事。助人以必需之便。如舟车舱之代订、旅舍卧铺之预订、团体旅行之计划、调查游览之入手，以至轮船进出之日期，火车往来之时间，在为旅客所急需者。（九吉：《交通与旅行社》见《旅行杂志》1927年春季号）"还办理留学生出国手续，并对留学生出国应注意事项，给予必要的指导；设立避暑区服务站；组织短程游览团体，如上海春季游杭专车，秋季浙江海宁观潮专车；后又组织赴日观樱团，参加者很踊跃。旅行部成立前，出国者多托外国在华的旅行机关，如英国通济隆旅行社、美国运通银行旅行部办理，有诸多不便。外国来华的旅游者也由他们接待，由于它们不熟悉中国情况，不能正确引导外国游客，以致外国游客对中国的名胜、古迹、历史、风尚、物产、文化艺术，不能有适当的接触，并产生误解，影响中国的旅游事业。因此，旅行部的成立，很受国内人士欢迎，发展很快。为适应发展的需要，1927年上海商业储蓄银行的旅行部更名为中国旅行社，组织机构也相应扩大，在正副经理下特设七部一处，七部是：运输、车务、航务、出版、会计、出纳、稽核，每部设正副主任一人；一处即文书处。此外还置特约员一人。

中国旅行社建立后，把国内国际旅游事业的管理，纳入有组织、有领导的企业经营范畴，成为一种新兴的企业，并能"有补于国民经济"。

## 三、现代旅游

中国的现代旅游是指中华人民共和国建立以来的旅游历史。新中国旅游事业的发展，大体经过了初创、开拓、停滞和发展四个阶段。

### （一）初创时期（1949—1955）

这一时期，我国旅游业发展的主要任务是增进我国与各国人民的相互了解和友谊，宣传我国的社会主义。新中国旅游业首先经营的是国际旅游业务。

新中国成立后的第一家旅行社是厦门的华侨服务社，厦门于1949年10月17日解放，当时因美国和国民党军队、土匪的破坏，陆海空交通陷于停顿。此时，滞留在厦门的上千名旅客无法出境，而在香港等船回内地的也有千余人。于是一些私人旅行社便应运而生。这些私人旅行社同客栈、汽车、船务公司层层加价，对旅客进行盘剥。为了保护华侨、侨眷的正当权益，便于他们出入境，1949年11月19日，厦门市有关部门接管了旧"侨务服务社"，并对其进行整顿，于同年12月正式开业。创立了新中国第一家旅行社——华侨服务社。

厦门成立华侨服务社后，广东省的深圳、拱北、广州、汕头等十几个城市都建立起华侨服务社。1957年4月22日，华侨旅行社服务总社在北京成立，从此，新中国旅游业从早期的公费接待少量观光团，发展到组织华侨、港澳同胞自费回国或回内地观光、旅游、探亲。侨乡探亲旅游是初创阶段的主要旅游形式。

1954年4月15日，新中国第一家面对外国人的旅行社——中国国际旅行社在北京诞生。成立之初的国旅，其基本任务是承办除政府代表团以外的所有机关团体单位委托的对外宾食、住、行、游的生活招待，并办理中国铁道部与苏联政府签订的国际铁路旅客联运业务。由此看出，中国国际旅行社是为适应日益繁重的外宾接待工作而设立的。1954年以后，该社开始接待外国自费旅游者。自1954年"日内瓦会议"后，特别是1955年"万隆会议"的召开，使中国的国际地位得到空前提高，国际影响日益扩大，与中国建立外交关系的国家的数量明显增加。到1957年底，中国国际旅行社已和11个社会主义国家的旅行社有业务往来，另外还与西方国家113个旅游机构建立了联系。

据不完全统计，自1956年初到1957年10月，中国国际旅行社总社共接待了各国自费旅游者3 885人，其中主要是苏联及东欧等国家的旅游者，西方资本主义国家的旅游者只占其中的17%。

### （二）开拓时期（1956—1966）

从1956年开始到1966年"文化大革命"前，是中国旅游事业的开拓阶段，它的标志是中国旅行游览事业管理局的成立。

由于"左"倾错误和自然灾害对国民经济造成严重破坏，加上中苏关系的严重恶化等外部原因，1961年到1963年，是我国旅游业的一个低谷时期。从1960年开始，苏联及东欧一些国家来华的自费旅游者人数逐年下降，而西方国家旅游者人数大幅度上升。我国的国际旅游市场发生了根本变化。

1964年，由于周恩来总理访问亚非14国、中法建交、中国和古巴通航一系列外交成果的出现，为国际旅游的发展提供了新契机。1964年6月5日，国务院决定成立中国旅行游览事业管理局，经由全国人大常委会1964年7月22日正式批准，旅游局作为国务院的直属机构，负责全国旅游事业的管理。其主要任务是：负责对外自费旅行者的旅游管理工作；领导各有关地区的国际旅行社和直属服务机构的业务，组织我国公民出国旅行；负责有关旅游的对外联络工作和宣传工作等。国务院明确规定了发展我国旅游事业的方针、目的：首先是为了学习各国人民的长处，宣传我国社会主义建设的成就，加强和促进与各国人民之间的友好往来和相互了解；其次，才是通过旅游收入，在经济上为国家建设积累资金。

旅游局成立后，国际旅行社总社则以接待为主，旅游局则负责管理全国的旅游事业，制定发展规划、年度计划和进行统筹安排等。从此，我国的旅游事业开始进入了正常发展的轨道，并于1965年接待了12 877名旅游者，创造了新中国成立后十年来的最高纪录。

1964年8月中国国际旅行社与日本富士国际旅行社签订协议书，接着又与日中旅行社、日中和平观光公司签订协议书。在日本政府宣布日本人可自由出国旅行的1964年，我国即接待8批172位日本客人。到1965年，人数增至92批1 658人，1966年为75批1 175人。从此，日本成为旅华第一客源国。

正当我国的旅游事业蓬勃发展的时候，旅游业同国民经济其他事业一样，遭到了"文化大革命"的厄运，被迫坠入了停滞阶段。

开拓阶段虽然时间短暂，但同第一阶段相比，它具有如下特点：第一，以中国旅行游览事业管理局的成立为标志，我国旅游事业已开始进入一个新的时期；第二，与西方世界的旅游机构发生了联系，我国的国际旅游市场开始出现重大转移，客源市场更为广泛；第三，旅游者的组成也发生了较大变化，多是民间团体组成的旅行团，零散客人增多且阶层较为广泛；第四，来华旅游者的数量和经济效益均有了较大增加。

## （三）停滞时期（1967—1977）

1966年5月开始的十年"文化大革命"，正是现代旅游业作为国民经济主要部门在工业发达国家得以确立的时代。而刚刚起步的新中国旅游事业却受到了严重干扰和破坏，处于历史上的萧条、停滞阶段。

"文化大革命"时期，从国旅总社到分社，业务停止，大批翻译和业务干部遭到摧残和迫害，旅游工作处于瘫痪状态。在此期间，旅行社成立了"世界革命串联站"，让旅游者吃忆苦饭，参加批斗大会，并强迫他们早请示、晚汇报等，对旅游者拍照也乱加干涉，扣照相机、强行胶卷曝光现象时有发生。

1971年，毛泽东主席对旅游接待工作做了重要批示后，周恩来总理亲自部署并召开了旅游工作会议，提出了"宣传自己，了解别人"的正确方针，并多次指示在经济上，旅游事业收支应略有盈余。于是旅游工作才开始恢复。

华侨探亲旅游曾在"文化大革命"中一度中断，华侨旅行社服务总社也被迫取消，直至1972年才得以恢复。1974年经国务院批准，成立了中国旅行社，与华侨旅行社合署。

1972年中美"上海公报"发表和中日建交等一系列重大国际关系的发展，为我国旅游业的恢复和发展提供了有利的国际环境，美、日来华旅游者数量逐年提高，接待人数有所增加。

## （四）发展时期（1978年以后）

十年动乱结束后，我国旅游事业逐渐得以恢复，尤其是改革开放以后，旅游进入了一个全面大发展的时期，特别是2001年12月11日中国加入世贸组织，成为WTO第143个成员，我国旅游业从法制、到市场、到企业管理等各方面都以前所未有的跨度与国际接轨，进入市场开放阶段。

改革开放以来，经过三十年的发展，我国旅游业取得了巨大成功，引起了国内外的瞩目。到2006年，中国入境过夜旅游人数已先后超过英国、意大利，与美国并列世界第3位，旅游外汇收入340亿美元，居世界第六，成为世界旅游大国。具体表现在以下几个方面。

1. 从中央到地方建立起了一套旅游管理体制

为了加强对旅游工作的领导，1978年，经国务院批准，中国旅行游览事业管理局改为直属国务院的管理总局，由外交部代管；各省市区成立旅游局，负责管理各地方的旅游事业；中国旅游行业从此建立了中央—地方的旅游管理层级结构，并建立了与相关行业的横向协调机制。1981年年初，又成立了国务院旅游工作领导小组，把全国旅游业的发展规划、统筹协调与旅游业有关的各部门和工作，纳入了统一的计划，保证了我国旅游业沿着正常的轨道顺利发展。

1982年8月，中国旅行游览事业管理总局更名为中华人民共和国国家旅游局，明确了12个方面的职能。旅游局与国旅总社分开办公，旅游局作为国家管理全国旅游事业的行政机构，统一管理全国旅游工作，不再直接经营组团和接待任务，国旅总社统一经营外国旅游者入境旅游业务，实行企业化管理，局社的分开，结束了自1964年以来长达18年的局社合一的格局，为实行政企分开、强化行业管理、争取旅游业的更大发展创造了条件。

2. 旅行社迅猛发展

这一时期，旅游者大量增加，使旅行社如雨后春笋般发展起来。国际旅行社增加了地方分支社，扩充了人员编制，同时还新成立了一些派生机构，如1982年国旅总社成立了国际会议处。外联权下放以后，一大批新的一类、二类和三类旅行社应运而生。1979年7月，全国青联组建旅游部，1980年6月中国青年旅行社成立，1984年成立中国青年旅行社总社，成为继中国国际旅行社、中国旅行游览事业管理局之后中国第三家全国规模的大旅行社。截至 2008 年上半年，我国有国际旅行社和国内旅行社共计 1.97 万家，星级饭店 1.5 万座，各类景点景区 2 万余家，旅游就业总量 6 500 万人。

3. 旅游资源得到进一步的开发

1978 年以来，国家每年拨出专款，对风景名胜区进行开发建设、整修和保护，全国相继开放了 400 多个城市和 600 多个地区，国家还投资新建了一批旅游区和旅游点。生产旅游商品的厂家已达数千个，产品有 30 多个大类、5 万多个品种，旅游商品销售已遍布全国各旅游城市和风景旅游点。

**阅读资料**

## 陈光甫：中国第一位银行家，中国旅行社创始人

作者导读：陈光甫名辉德，字光甫。1881 年出生，江苏镇江人，1976 年在中国台湾地区去世。陈光甫 12 岁在汉口一家洋行当学徒，1899 年考入邮局，1904 年去美国，为圣路易博览会中国馆工作人员，后得到官费津贴，入圣路易商业学校，半年后转学到宾夕法尼亚大学就读，毕业后在美国银行实习。回国后，1911 年任江苏都督府财政司副司长，不久任江苏银行总经理。1915 年 6 月，他与中国红十字会理事长庄得之一起创办上海商业储蓄银行，任总经理。上海商业储蓄银行开办时资本不到 10 万元，被称为"小小银行"。他倡导"服务社会"，经营有方，业务迅速发展，成为中国最大的私营银行。在陈光甫的一生中，最能体现其创新精神，并且在近代金融史乃至文化史上值得一书的是他创办了中国旅行社。

近代民族实业是在外国资本及官僚买办资本的夹缝中顽强生长的，特殊的历史时期和艰难的经济生存环境，造就出一批具有超常商业智慧和开拓实干精神的中国商人。这些富有传奇色彩的商业精英、影响百姓生活的百年老店，是中国百年商业文化历史的重要组成元素，也是传承给我们的巨大商业财富。

### 石库门里诞生的小小银行

1915 年的一天，开业不久的上海商业储蓄银行迎来了一位特殊的客人。这个中年男子手里拿着一张 100 元的钞票，要开 100 个账户。银行的职员热情地接待了他，不厌其烦地一口气写下 100 个户头，手捧 100 个存折的中年人心悦诚服，满意而归。这场一元起存的恶作剧，让人们牢牢记住了这家石库门里的小小银行。

这家银行的行长，就是后来被美国人誉为议员银行家的陈光甫。

那时的上海是金融业最发达的地区，各种类型的银行都想在这块淘金的热土上争得一席之地：钱庄独霸一方不愿退出历史舞台，树大根深的内资原有银行和英国麦加利银行并驾齐

驱，英、法、俄等外资银行实力雄厚，势不可当。当上海商业储蓄银行在处于上海宁波路的小房子里开张时，资本不足10万元，职工只有七八个，被人称为小上海银行。开业那天，陈光甫不敢办酒席，不敢请同业董事，唯恐被同行耻笑。

在强手如林的上海滩，这家小银行是靠什么立于不败之地的呢？

金融史学家、上海市金融学会副会长洪葭管说，陈光甫最终创造成功奇迹的最重要的一条，就是提出了服务社会的理念。其他银行对这种理念不以为然，认为银行就是赚钱的，服务社会调子太高了，不是银行本业的范围。

陈光甫认为："私人企业之目的不仅为盈利，而兼有其理想，即为服务社会，不外为增加对社会之便利，提高人民之生产能力，与乎惠及一般就业水准。服务顾客的目的在于以服务换取报酬。"

他一再强调：取之于正当利益。

原上海商业储蓄银行总行襄理、93岁的郎念祖老先生对当时陈光甫讲解的行训记忆清晰："服务"两字是陈光甫定下的行训，他所倡导的行训，就是怎样更好地服务顾客。"他认为，我们就是银行，银行就是我们。顾客是衣食父母，顾客总归对的。"

陈光甫的服务理念植根于他的留学背景。宾夕法尼亚大学的求学经历，赋予他专业的金融知识，更给了他放眼世界的展望。

1914年第一次世界大战爆发，各国忙于战争，中国的民族实业迎来了一个发奋自强的好时机。此时的陈光甫已回国五年，他思考最多的是：中国在非常贫弱的状况下如何解决民生的富裕、社会的安定、经济的发展。

他决心以办金融进行实业救国。

陈光甫自己一点资本都没有。他动员一个叫庄得之的人拿出了7万元，成为上海商业储蓄银行的开办资本。庄得之任董事长，陈光甫勉强凑了不足5 000元的资本，出任储蓄银行总经理。

然而，就是这样一家小小银行，却藏龙卧虎。宋氏三姐妹的母亲倪桂珍在银行资金困难时拿出了5 000元资本，更为传奇的是，远在日本的孙中山也托人带来1万元资本。

孙中山为何如此器重这个初出茅庐的年轻人。原来，1905年陈光甫留学美国期间，恰好孙中山参加美国国际博览会，身为穷学生的陈光甫捐了5美元支持中国革命。十年后，伟人以这样的方式来鼓励有为的年轻人振兴民族事业。

在上海商业储蓄银行的股东名单里，还可以看到诸多工商业巨子的名字：商务印书馆大股东夏瑞芳、中国近代实业家徐静仁、糖业大王黄竟全，等等。

1元起存在金融界是个创举，陈光甫作为第一个吃螃蟹的人，当时曾被许多人嘲笑。在陈光甫之前，银行是不重视储蓄的。陈光甫巧妙地抓住了这个市场空白，不仅逐步发展储蓄业务，而且还以储蓄二字为银行冠名。

陈光甫始终以"服务社会，顾客至上"为宗旨，致力于银行近代化。

有一次，陈光甫考察一家银行。他问一个经理："你谈谈你们银行是怎样服务社会、服务顾客的。"这位经理说:"不论顾客办理业务的数额多少,我们都热情接待。"陈光甫说:"你回答对了一半。顾客就是一分钱不办,只要走进你这个银行,你就要热情接待,就要为他做好服务。"

## 尽全力扶植民族工业

上海商业储蓄银行在中国金融史上留下了无数个第一:最早推出各种新型储蓄品种,如零存整取、整存零取、存本付息、子女教育储蓄基金、养老储金和婴儿储蓄,发行储金礼券,礼券分红色和素色两种,用于婚丧嫁娶红白喜事;最早在银行中设立调查部;第一个开设旅行支票;最先从事外汇业务和农业贷款;最早使用机器记账;最先将银两与银圆并用。

当时,90%以上的外汇业务由外国银行操办。为此,陈光甫于1918年拨款50万元设立国外汇兑处,专营外汇业务,首开中国民营银行问鼎国际外汇市场的先河。他利用各种途径学习专业知识,拜外汇经纪人为师,高薪聘请外国银行家当顾问,选拔优秀行员赴美国实习,甚至亲自前往香港向中国银行外汇专家贝祖贻请教。他的银行不但能做中国商人的进出口业务,还逐渐包揽外国进出口商人的生意。

陈光甫在十条主要的铁路线上设立了分行,把业务拓展到全国。在英国和美国设立分支机构,获取当地贸易金融和政治性的信息。银行的业绩不断攀升,陈光甫成为中国金融界的风云人物。

上海商业储蓄银行创办之初,正值第一次世界大战爆发,我国的民族工业如雨后春笋般成长起来,但大都缺少资金。当时钱庄目光短浅,对工商界的需求熟视无睹。陈光甫把辅助工商作为行训之一,对新兴的工商企业大量放款。他提倡对物信用,不管人怎么样,不论私交如何,只看企业是否有实力,只看经营是否规范。

这时,银行的股东里又增加了当时中国工商业的两大巨头荣宗敬和张建。

从1931年到1936年,上海商业储蓄银行对工商企业的放款每年都超过30%,集中于纱厂、面粉厂等新兴产业。陈光甫成立了调查部,对所有放款对象进行诚信和财产调查。1934年,荣氏兄弟以申新第七纱厂作抵押,向汇丰银行贷款百万元。因债务太多,到期时无法偿还。汇丰银行原本就把申新第七纱厂看成一块肥肉,想占为己有,在其困难之际,汇丰银行希望申新纱厂破产,从而收购吞并。荣氏兄弟非常着急。陈光甫挺身而出,联合几家华商银行组成银团,以申新纱厂的资产做抵押,继续放款,清偿了汇丰银行的债务,帮助申新第七纱厂度过了一次最严重的危机。

## 独树一帜的新式经营理念

上海市档案馆研究员邢建榕介绍说:一般来说,新式银行都是由总经理来掌控实权,董事长只管大的经营方针,不管具体操作。庄得之不懂银行具体的经营操作,所以只能放手让陈光甫做。陈光甫做得非常好，所以能够牢牢控制经营大权，股东非常支持，顾客非常认可。

陈光甫求贤若渴，千方百计将那些具有真才实学的人网罗过来，给某些专家的报酬甚至高过自己的薪水。

上海商业储蓄银行每年招聘优秀的高中生、初中生到银行里训练学习，三年毕业后留作银行职员。从建行第二年起，陈光甫坚持每年拨出专门经费用于行员教育。1923年设立实习学校，由他和本行高级职员亲自授课，还将一些优秀学员送往国外培训。摆脱中国家族式的管理观念，吸收西方现代的管理方法，这是陈光甫比同时代银行家高明的地方。

陈光甫说：训练班等于我的黄埔军校，是我们的基本队伍。后来的会计主任及一部分的监事、襄理，很多都是训练班出身的人。陈光甫把银行股份分给银行的每个成员，正如行训所倡导的："银行是我，我是银行"。

原上海商业储蓄银行总行职员吉嘉禄回忆说：进银行第一天，人事部门负责人叫我马上到理发室去——上海商业储蓄银行里有一个理发室。陈光甫跟理发师傅关照好了，进去的人都要理成一样的发型：不长不短，正规派头。

陈光甫喜欢看书，行内设立了一个图书馆。他看过的书就放在图书馆里，除了自己看，也督促别人看。他常说：一定要经常补充新知识，否则就要落后。

到抗战前夕，上海商业储蓄银行的存款额最高时达两亿多，有80多个分支机构、2 000多名职工，成为全国最大的私人银行。

陈光甫还创办了中国旅行社。1925年2月，著名表演艺术家梅兰芳访问苏联，承办这一业务的就是陈光甫的旅行社。经过多年经营，这家旅行社形成了饭店、旅馆、招待所等辐射全国的服务网络，旅行分社开到哪里，银行分行就紧随其后。

陈光甫对私人企业的经营有许多精辟见解，其中包含了他的切身体会。翻开他1949年2月的日记，集中阐述了这些见解。

他认为："往昔私人企业之动机与目的，不外牟利与个人享受，而衡量一事业之成败，亦以其获利能力为主，其他与焉。开明之资本家近年来已有所觉悟与转变，最主要者即为标榜服务社会。换言之，即私人企业之目的已不仅为盈利，而兼有理想，不外为增加对社会之便利，提高人民生产力，与乎惠及一般就业水准。"

陈光甫在日记中阐述了自己的经营理念："世界大势及中国历史均证明，盲目牟利之机构将无永存之地步，必须将'理想'因素纳入私人企业中，方可存在。理想就是以所能换所需，即尽一分力量，得一分报酬，而不取不应得之利益。"

虽然陈光甫的"理想"受到很多的折磨与阻挫，但他仍然报有远大的胸襟，保持了相对的独立性，始终头脑清醒，双手干净。

1949年3月，陈光甫移居香港，成立上海商业储蓄银行香港分行。1954年在中国台北设立上海商业储蓄银行总行。如今，大陆的上海银行、台湾的商业储蓄银行、香港的商业储蓄银行共同传承着这个事业，也传承着历经84年风雨的经营理念。

摘自《经济导刊》2006年第05期

## 本章小结

旅行和旅游首先是在世界最早进入文明时代的古中国、古埃及、古巴比伦、古印度、古希腊和古罗马发展起来的,而古罗马时代是世界古代旅行的全盛时期。18世纪中叶,出现了真正的、有特定目的的自然观光旅游。第二次世界大战后,现代旅游迅速发展,并使其在半个多世纪里保持持续、蓬勃的发展。

中国是世界文明古国,旅游活动古已有之。中国既有持续发展的国内旅游,也有名扬中外的国际旅游交往。随着朝代的更迭,旅游活动也经历了兴衰起伏的发展变化过程。新中国的旅游事业经历了初创、开拓、停滞、发展四个阶段。现代旅游事业现在进入了一个全面大发展时期。

## 复习思考题

1. 人类的旅游活动分为哪几个历史阶段?
2. 现代旅游的主要特征有哪些?
3. 古代中国旅游的各个发展时期有什么特点?
4. 中国古代有哪些主要旅游形式及其代表人物?
5. 新中国旅游业发展大致经历了哪些阶段?各阶段的特征怎样?
6. 简要叙述古代和近代世界旅游发展的大致情况。
7. 第二次世界大战后国际旅游兴起的主要有哪些原因?
8. 为什么说旅游是超出生存需要而具有享受性的一种社会活动方式?
9. 简述托马斯·库克对旅游发展的贡献。

# 第二章 旅游的本质与特征

**本章要点**

  掌握旅游的基本概念和旅游的基本属性;
  熟悉旅游的构成和类型;
  了解旅游的本质;
  认识现代旅游的基本特征。

旅游活动是一种社会现象，具有很长的历史，了解旅游活动的历史在于全面、深入、系统地研究旅游这一社会现象发生、发展的客观规律以及旅游活动的本质等。

# 第一节　旅游的概念

旅游是人类社会发展到一定的历史阶段所产生的一种社会文化现象，人类的旅游活动发展到今天，已经积累了丰富的经验，人们对旅游的认识也在逐渐扩大和深入，各国专家、学者及国际组织对旅游的定义很多，比较权威的定义有"艾斯特"定义和世界旅游组织定义。

## 一、旅游的定义

旅游的定义是历史发展的产物。随着社会的发展、时代的进步和人民生活水平的不断提高，旅游活动日渐成为人类日常生活的一个重要组成部分，"旅游"一词因此成为一个十分常用的普通名词。

在西方语言中，"旅游"一词的英语原文是"Travel"，即有"长途旅行，依次经过"的意思，从工业革命开始，西方语言中就普遍使用英文"Tourism"（旅游）一词，据考证Tourism 这个词最早见于 1811 年英国出版的《牛津词典》中，其词义是：离家远行，参观游览一些地方又回到原地（家里）。显然，"Tourism"源于含有巡回或环行意思的"Tour"一词，而其语源出于法文 tourisme。因此，在国外学者的观点中，"旅游"是从早期的"巡回"，即旅行发展而来的，是特指因消遣目而离家外出的旅行和逗留。

在我国的古代，与旅游活动有关的词汇除了"观光"一词外，更多使用的是具有各自独立概念的"旅"字和"游"字。从现有资料看，把"旅"和"游"连用成"旅游"一词者，最早见于南朝梁沈约的《悲哉行》一词"旅游媚年春，年春媚游人"。此诗句已含有外出旅行游览的意思，与当今人们对旅游概念的理解相近。旅游一词的出现，不但标志着人类游览空间的拓展，同时表明古人开始形成对旅行、游览、旅游这三者的不同概念，使旅游必须是通过旅行并在异地进行游览活动的概念延伸至今。

在西方的诸多学者和一些国际性组织对旅游的定义中，最具有权威性的首推"艾斯特"定义和世界旅游组织的定义。

### （一）"艾斯特"定义

艾斯特定义是由瑞士学者汉泽克尔（Hunziker）和克拉普夫（Krapf）于 1942 年在他们合著的《普通旅游学纲要》中提出的，20 世纪 70 年代被旅游科学专家国际联合会（International Association of Scientific Experts in Tourism，AIEST）所采用，成为该组织对旅游的标准定义。

"艾斯特"定义的一般叙述是："旅游是非定居者的旅行和暂时居留而引起的现象和关系的总和。这些人不会导致永久居留，并且不从事任何赚钱的活动。"

艾斯特定义比较全面地揭示了旅游的内涵和基本特征。

首先，"旅行和暂时居留而引起的现象和关系的总和"的表述，不仅包括了旅游者的活动，而且也涵盖了由此产生的各种社会现象和社会关系，反映了旅游内涵的综合性。

其次，"非定居者"的表述，体现了旅游活动的异地性。

再次，"旅行和暂时居留"及"这些人不会导致永久居留"指出了旅游活动的暂时性。

最后，"不从事任何赚钱的活动"说明了旅游活动的非就业性。

"艾斯特"定义的优点在于指出旅游的某些基本特征，如综合性、异地性、业余性和暂时性。即旅游者外出旅游是凭借自己拥有的经济和闲暇时间条件而外出旅行，并需要暂时居留异国他乡，但不会导致永久居留。同时，旅游接待国（地区）必须为旅游者提供食、住、行、游、购、娱等综合服务。不足的是把"昼游夜归"（即不在外过夜）和公务旅游排除在外，而且难于把一般的出差旅行和具有消遣性的游览观光加以区别。

显而易见，这一叙述的最后部分不能很好地说明近年蓬勃发展的商务旅游，因此存在一些不足。任何商务活动的最终目的都是赚钱，无论在企业所在地的活动或者外出旅行都是一样的。

## （二）世界旅游组织的定义

"艾斯特"定义中关于"不从事任何赚钱的活动"的欠妥之处在另一个颇具权威性的定义，世界旅游组织（UNWTO）的定义中得到了完善。按照世界旅游组织和联合国统计委员会的定义（以下称UNWTO定义），旅游是"人们为了休闲、商务和其他目的，离开他们惯常的环境，到某些地方去及在那些地方停留的活动"，并为统计上的鉴别确定了这种在外地的暂时停留时间"不超过一年"的标准，同时指出"访问的主要目的不应是通过所从事的活动从访问地获取报酬"。

与"艾斯特"定义不同，UNWTO定义明确说明旅游包括商务旅游。世界旅游组织的统计手册中也指出：游客在惯常环境以外进行这种商务旅行"是因为与他的职业或与所工作单位的经济活动有关"，而且对许多商务游客来说，其"出行及其出资的决定往往不是本人做出的"。虽然商务旅游本身可能是为了游客所在企业的经济利益即"从事赚钱"，但这与"通过所从事的活动从访问地获取报酬"的劳工和移民等非旅游者具有明显差别。所谓"报酬"是指为劳动而取得的酬劳，与笼统的"赚钱"一说含义有所区别。

UNWTO定义将不够确切的"不从事任何赚钱的活动"的提法舍去，以"访问的主要目的不应是通过所从事的活动从访问地获取报酬"来作为区分游客和其他旅行者的标准，在概念上也将商务旅游包容在内。因为商务旅游者虽然也会从本次旅行所从事的商务活动中取得自己应得到的报酬,但这些报酬是因其为所在企业付出劳动而由本企业发给,而不是从访问地获得。

UNWTO定义还强调旅游是离开惯常环境的旅行。所谓惯常环境,是指一个人的主要居住地区及所有常去的地方,这一概念包含"常去"和"距离"两个方面。对于一个要乘坐铁路列车通勤的职工,每日上下班可能距离较远,但他并没有离开自己的惯常环境;而离一个人的居住地很近的地方,即使他很少去,也属于他的惯常环境。虽然惯常环境对于不同国家和地区、不同的人有不同的标准,但从统计的角度仍须有一个可以操作的定义,世界旅游组织的文件中对此进行了详细的讨论,建议性地把100英里(160公里)作为惯常环境的临界线。

通过对旅游的产生及其内涵发展变化的考察,可以得到如下几点启示。

第一,纵观旅游从萌芽、产生到不断变化和发展的历程,可以得出旅游是人类文化意识作用和经济条件成熟而选择的一种生活方式的结论;而对异域的自然和文化的探索精神及对异地情调的向往和获得身心愉悦感受、体验的欲望,正是驱使人们外出旅游的主要动力,并由此决定了旅游者进行跨地域流动和跨文化交流的必然性。

第二,"旅游"是以旅行方式离开常住地到异地进行的一种综合性的社会活动,因而必然地要与自然的、社会的方方面面发生各种各样的联系,是一种复杂的社会现象。

第三,自古至今的旅游,尽管在外部形式或各种条件都存在着较大的差异并处在不断发展的变化之中,但却一直有着内在传统和本质联系——通过旅游来愉悦身心的目的是不变的。

第四,对旅游的定义既要注意到旅游的历史传统和一贯本质联系,又要重视旅游的现代化特征。

因此,旅游的定义可作如下表述:旅游是人们为寻求精神上的愉快感受而进行的非定居性旅行和游览过程中所发生的一切关系和现象的总和。

本定义首先强调旅游必须以旅行为前提,并在异地进行诸如游览、参观、消遣娱乐等活动,以区别于在常住地的游览、休闲、娱乐等活动。同时,揭示旅游的本质——寻求精神上的愉快感受的特殊经历。这里的"精神上的愉快感受"包含着人身的自由感、精神上的解放感和特定需要的满足感等多种内涵,使旅游与具有功利目的的一般旅行或其他社会活动相区别。

其次,扩大旅游概念的包容性(外延性)。诸如在商务活动、出席异地会议等过程中兼顾游览和消遣等,这种公务与游玩相结合的活动形式包容在旅游范畴之内,即不论是以商务、会议活动为主,游览消遣为辅,或是相反,只要在整个外出旅行计划内或者说在某一段完整的旅行时间内,存在着或发生着非功利性的游览观赏活动,从理论上说,同样可称为旅游。但是,为了与纯消遣性旅游相区别,往往在"旅游"前面冠以"商务"或"会议"等字样,以表明旅游的不同类别,如"会议旅游""商务旅游"等。

## 二、旅游的基本属性

旅游的实质就是人类为适应人生规律，实现自我超越和愉悦身心之目的而采取的一种特殊的生活方式，是人类追求自身价值实现的文化意识的反映。简而言之，旅游在本质上是以获得人身的自由感、精神上的解放感和特定需要的满足感——身心愉悦感受为主要目的的一种特殊生活经历。

由于旅游是人类社会、经济、文化等发展到一定历史阶段的产物，是一种具有消费性、享受性的综合性社会活动方式，因此，旅游具有社会属性、文化属性、经济属性和消费属性。这些属性都在不同层面上诠释着旅游的本质。

### （一）旅游的社会属性

#### 1. 旅游者具有社会特性

旅游既是在人类自身进化和社会发展历程中产生，又是以人为本的一种社会活动，可见，作为旅游的主体——旅游者，已是具有社会意识、社会道德观念和社会变革能力的社会人。

#### 2. 旅游客体的社会性

自古至今的旅游活动都离不开社会的供给。在古代，虽然没有专门为旅游服务的旅游业，但古代社会对旅客在诸如车、船、马、轿等交通工具，以及客栈、餐馆等食宿设施设备的提供也是社会性的普遍存在。作为旅游的客体——旅游资源及社会对旅游活动所能提供的各种条件，总是随着社会的发展变化而不断发展变化，因此，必然地会被打上社会的印记。在旅游发展史上所表现出来的种种不同的旅游特征，其主要根源就在于不同时代的社会综合发展水平和旅游供给条件的差异。

#### 3. 社会的发展和进步，促使人们旅游观念发生变化

随着社会的进步，人们对旅游的观念也在不断发生变化。例如，传统的中国人看旅游，会有不务正业、吃喝玩乐之嫌。在"文化大革命"初期，旅行社接待外国旅游者的正常业务活动，还被视为"崇洋媚外"和为资产阶级生活方式服务的一种罪过而受到批判；如今的中国社会，越来越多的人已乐于将旅游作为业余生活的首选，其中包括一些经济并不宽裕，但能节衣缩食或利用其他机会去旅游的人士。而且现代旅游在旅游动机、目的和方式上越来越趋于细分化、多样化和个性化。这种旅游价值观的变化，其主要根源也在于社会的发展进步促使人们的人生观、价值观的变化所使然。

### （二）旅游的文化属性

1984年出版的《中国大百科全书·人文地理学》中指出："旅游与文化有着不可分割的关系，而旅游本身就是一种大规模的文化交流，从原始文化到现代文化都可以成为吸引游客

的因素;游客不仅吸取游览地的文化,同时也把所在国的文化带到游览地,使地区间的文化差别日益缩小。"在整个旅游过程中,物质和精神活动总是相互依存、相互补充的。因此,旅游者所进行的一切活动以及社会为广大旅游者提供的各种条件和服务,都无不与社会文化相联系。

1. 旅游者是依赖于一定社会文化背景而产生的

一个人能否成为旅游者,必须有外出旅游的需求和欲望。这属于文化因素,即足以使旅游者产生旅游动机的文化背景。一个人的旅游需要的产生是与文化意识的作用息息相关的。由于旅游是一种非强制性的自愿行为,因此,人们对旅游的需求,不仅体现了一个人对自身精力以及金钱、时间具有支配的自由权,而且反映了人类对未知世界(环境)的探寻和求索的强烈愿望,乃至对异质文化和异域情调的向往和猎奇的心理。因为旅游不但可以为人们提供丰富多彩的异地生活内容,而且能够提供全方位、全身心的感受和体验,以使人类渴望和表现自由的愿望得以实现。这就是使芸芸众生产生旅游需要、确立旅游动机、出现各种形式的旅游行为所不可或缺的文化因素。

2. 旅游资源是一定社会文化环境的化身

旅游资源是旅游的吸引力因素,是旅游者参观游览的对象,包括自然旅游资源和人文旅游资源两大类型。旅游接待地的人文旅游资源包括社会、政治、经济、法律、道德、宗教、历史、科学、艺术和民俗风情等因素,它们都是社会文化因素,必然具有国家、民族和地区的文化色彩;而自然旅游资源虽然是天赋的自然地理条件,但是要成为可供旅游者亲临其境直接进行观赏的客体,还必须经过人类的劳动加以开发改造。而人们在开发旅游资源的过程中总离不开自己的社会意识,总要打上自己所处社会文化的印记。而自然风景一经装饰,带有民族色彩,就具有文化内涵。诚如古人所云:"山水无绿不成景,风景无文没有情。"又说"文以地生辉,山以文益秀"。可见,不管是人文旅游资源,还是自然旅游资源,都是凝结着人类精神文化的"作品",是一定社会文化环境的化身。

3. 旅游设施和管理服务是一定社会文化环境的自我表现形式

首先从旅游设施来说,不管是直接或间接为旅游服务的公共基础设施,还是专门为旅游活动服务的设施的建设,都必须有相当发达的社会生产力和科学技术作后盾,而科学技术属于物质文化的范畴。同时,不同国家、不同民族、不同地域的旅游设施,必然具有异族历史、艺术、建筑、美术及雕塑等方面的内容与审美价值观,因而就具有异族文化的特色。所以,作为旅游媒介的旅游设施既可以作为一种物质条件供旅游者使用,又可以供旅游者作为异族文化、艺术来欣赏,从而增加它的吸引魅力。而旅游接待国和接待地区向旅游者所提供的一系列旅游服务,更是从形式到内容表现出特定环境、特定地域的特有的历史文化和当代的社会道德风貌。特别是旅游从业人员的言谈举止,乃至服饰礼仪,都会表现出一国居民的文化素养和民族文化特色。

综上所述,可以看出,不论是旅游者的产生,旅游资源的开发和旅游设施的建设,乃至为旅游者所提供的各种服务,都是一种社会文化的实践,因此,必然随着社会文化的不断发展而使旅游的文化内涵更加丰富多彩。

### （三）旅游的经济属性

旅游的产生、发展与社会经济发展有密不可分的联系。旅游现象不可能出现在人类还处在蒙昧时期和社会生产力水平极低的原始社会，只有到了阶级社会，由于生产工具的更新、生产力的进步，产生了阶级，有了贫富悬殊，出现了剩余劳动产品的交换，人们才能有为了娱乐享受或经商以及宗教活动而进行的旅行和游览活动。但是古代旅游者也仅局限在少数权贵和富有人士中。

到了近代，由于工业革命，社会经济迅速发展，生产力水平不断提高，科学技术日益进步，使得国民收入增加、劳动时间缩短、余暇时间延长，人们才有外出旅游的金钱和时间。尤其是第二次世界大战以后，世界局势的相对缓和和趋于稳定，全球经济进一步得到迅速发展，先进交通工具和通信设备不断问世，使长距离的跨国旅游和洲际旅游成为可能。同时，由于各地丰富而独特的旅游资源，安全而便利的交通条件，舒适而完备的食宿设施，以及随之出现的大量旅游从业人员，使得大众性、国际性的旅游活动顺利开展。

从个人的旅游动机来说，生活在同一个阶级社会中的人们，由于经济地位不同，思想观念、价值取向，乃至对事物的态度等都存在着差别。就是说，一个一日三餐尚且自顾不暇或暂时还缺少可以随意支配的金钱的人，是不可能会有强烈的旅游欲望的。经济收入的多少不仅是个人作为支付旅游费用的外部支持条件存在于旅游消费过程中，而且首先在于它是刺激旅游需要、强化旅游需要而产生旅游欲望、确立旅游动机的内在因素（条件）。事实证明，人们往往是因为有节余的收入和闲暇时间，并在外界各种有关信息的刺激下，促使旅游需要的强化，而产生外出旅游的强烈愿望的。

需要指出的是，从旅游历史发展的角度来考察，经济因素对旅游者的产生和各国旅游活动的发展一直起着决定性的作用。然而，随着人类社会经济的快速发展、国力的迅速提升和人民的日益富裕，经济因素对旅游的制约作用将从主导地位降为从属或次要地位。那时的人们要去旅游，首先考虑的已非旅游费用的支付能力，而是想到何地旅游或采取何种方式才能实现更完美的旅游愿望问题。不过，纵使有一天人人都成为富翁，但只要在流通领域中还需要金钱的交换，只要外出旅游依然要花钱，那么，旅游的经济属性就依然存在。

### （四）旅游的消费属性

旅游是人们在满足了对基本生活必需品需要后产生的高层次、高档次的享受型消费。所谓"消费"，就是人类对自己的一切劳动成果的耗用。在旅游活动过程中，旅游者不但没有为个人或社会创造任何财富，相反，却在耗用着自己的金钱、时间和他人（社会）的劳动成果——物质和精神生活资料。因此，旅游行为是消费行为。

根据马斯洛的需要层次理论的解释，人的需要可分为生理上的需要、安全上的需要、社交的需要、尊重的需要和自我实现的需要等五个层次。这五个层次是逐级上升的，当低一级的需要获得相对满足以后,追求高一级的需要就成为继续奋进的动力。人在与客观环境的相互作用过程中,在积极的生产活动和社会活动中,会产生多种多样的需要,既有为延续和发展自己生命所必需的物质需要,也有为发展智力、道德、审美等方面的精神需要。而且随着社会生产力的日益发展,人们对物质需要和精神需要的层次也会不断地提高。旅游需要是人的总体需要的一个重要的组成部分,按照马斯洛的需要层次理论的解释,说明旅游是人类生活需求层次提高的表现。实践证明,人类为了生存所必须满足的物质和文化需要最基本的是衣、食、住、行四个方面,因此,超出生存需要的生活就具有享受性;同时,也会包括发展和表现自己知识、才能和个性的需求。只有当人们的生存资料已得到满足,无虑于温饱,才会产生对享受资料和发展资料的进一步的需求,才会产生对具有享受性的旅游消费的强烈愿望。所以,旅游是人们生活水平提高、超出生存需要的一种高级消费形式。

所谓高级消费,主要是就旅游消费水平和消费结构而言。旅游的主要目的在于游览,但它必须和衣、食、住、行等物质消费,以及属于游览、娱乐等一系列的劳务消费有机地结合,才能实现完美的旅游愿望。可以说,任何一个旅游者,尤其是现代的旅游者,整个旅途生活的每一分钟都意味着要付出金钱。而旅途中所有的消费都具有满足人们基本生活之上的享受和发展需要的价值,因此,旅游的消费是比一般的生活更高级的消费形式。

需要指出的是,虽然从人类不同生活层次需求的角度来看,旅游是超出生存需要的高级消费形式,但是随着社会物质文明和精神文明的高度发展,在人们越来越富裕的前提下,人们的消费观念、消费结构必将产生相应的变化,因而,旅游就会成为人们生活的必需,即成为生活中一个必要的组成部分。不过,从目前特别是对发展中国家的广大人民来说,旅游仍然是一种比较奢侈的消费形式,尤其是跨国、跨洲或环球旅游。

# 第二节 旅游的构成与类型

## 一、旅游的内容

旅游是以"游"为主,集食、住、行、游、购、娱于一身的综合性社会活动,因此,一般认为,所谓旅游的内容是指旅行、游览、住宿、饮食、购物和娱乐等六个方面,即吃、住、行、游、购、娱,也就是通常所说的旅游消费"六要素",这是立足于现代旅游而言的。

1. 交通

旅游是在异地他乡从事的活动。旅游者离家到异地进行旅游活动,首先要以一定的交通工具离开常住地为前提,进行空间位移,即要行走。行是旅游活动不可缺少的内容,是联系旅游者与旅游对象、客源地与目的地的重要环节。旅游交通是实现旅游"行"的必要手段。旅游交通提高了旅行的舒适程度，也丰富了旅游活动的内容。对于部分旅游者而言，乘坐某一类型的交通工具是他出行、出游的主要目的，那么，旅行交通更是旅游的重要内容。

旅游是有异于人们日常生活的特殊体验，从旅游者乘坐交通工具旅行开始，所享受的接待和经历的一切事物都不同于日常生活。乘坐不同的交通工具，旅游者会感受到不同的体验。乘坐飞机旅行可居高临下俯瞰大地；乘坐汽车旅行可观赏沿途风光；乘坐船舶旅行可以眺望沿岸城市、乡村和水上风光；乘坐从前从未坐过的交通工具及能突出表现地方特色和民族风情的交通工具，就更能为旅游活动增色调色添彩。

交通工具的选择，应以迅速、舒适、安全、方便为基本标准，还应与旅程的主题相结合，同时要保证交通安排的合理衔接，减少候车（机、船）的时间。

2. 游览

游览是旅游的主要目的和旅游活动中最基本和最重要的内容，是旅游者期望的旅游活动的核心部分，人们通过对异地他乡自然山水的游览、对文物古迹的欣赏、对风土人情的领略等来完成旅游活动，增长知识、扩大视野，达到积极的休息和愉悦身心的效果。

应根据实际情况科学巧妙地安排游览日程，选择最佳的游览线路，组织精彩的游览活动。在游览的线路安排上，要注意以下两点。

一是尽量避免重复经过同一旅游点。同一条游览线上应避开重复经同一旅游点，以免影响旅游者的满意程度。

二是游览的景点顺序要科学。同一线路的游览点应由一般的旅游点逐步过渡到吸引力较大得旅游点，使旅游者感到高潮迭起，而非"每况愈下"。

同时，游览活动的速度也应该要求快慢适中。旅游者外出旅游的真正目的就是游览风景名胜、历史古迹等，即所谓的"饱眼福"。游览的内容越丰富，越具有魅力，就越能使人们暂时忘却时间的流逝，达到"乐而忘返"的境界。但在有限的时间内，人的接受程度是有限的，过于强调景点的数量，往往只能走马观花，不能满足游客想详细了解景点、增长见识的需要，难免留下遗憾。

3. 饮食

饮食是旅游供给必不可少的一个重要部分，是旅游活动顺利进行的基本保证。对现代旅游者来说，饮食既是需要，又是旅游中的享受之一。就"食"而言，表面看无异于在家中日常生活的重复，实质上它的价值已得到升华。因为，旅游者在具有异乡情调的宾馆、饭店用餐，不仅有高雅舒适的环境、色、香、味、形俱佳的特色饭菜，而且还有训练有素的服务人员提供优质的服务。在这种特殊的就餐氛围中，人们最重视的已不是吃的"内容"，而是吃的"形式"了，即更重视在被服务过程中的感受、体验，使原本的对物质上的需求变成在感觉上、思维上、情感上一系列多样化统一的精神活动，因而具有审美价值。同时服务人员的举止与装束，餐饮的品种及符合客人口味的程度等，都会影响旅游者对旅行社产品的最终评价。让旅游者在旅行中得到"吃"这个要素上的满意，就要求接待者——旅行社必须与当地的餐饮业建立良好的合作关系。

### 4. 住宿

休息好是旅游活动顺利进行的基本条件之一，旅游接待方如果不能依照客人的要求来安排住宿，或者安排的住宿条件不符合游客的要求，将直接影响接待工作的质量。

通常情况下，旅游者会被安排入住酒店。这种住宿方式最大的优点在于舒适、干净、整洁的客房，加上热情礼貌的服务，能为游客提供良好的休息环境，也是其他旅游要素得以顺利进行的有力保障。但在一些少数民族地区，游客也可以选择富有民族特色的当地民居入住，这样可以更直接、更深入地体验当地风情。

还有一种住宿方式也很值得一提，那就是现在年轻人中颇受欢迎的"国际青年旅舍"。这一住宿方式以其安全舒适的环境、相对低廉的价格赢得了许多自助客人的青睐。

### 5. 购物

旅游购物是指旅游者购买与旅游相关的产品，这些产品有助于旅游活动的进行，也能够提高旅游体验的质量。购物是旅游者的一项重要活动，买到称心如意的商品可使旅游活动锦上添花，购物消费在旅游消费中占有很大的比例。

旅游者购入的产品大致有两类：一类是非日常性特殊商品，如纪念品、艺术品、特殊的家庭生活用品等，这些商品可以满足旅游者馈赠亲友、经济购物、玩味欣赏等需要，而这些需要一般发生在旅游活动之后；另一类是作为满足旅游过程中的基本生活需要的一般消费品，这部分消费品的使用者可以是任何人，并可以在生活的任何时间和空间里使用，旅游者购买它们的目的也是满足其日常性的需要，如旅行箱包、旅游服装等。

旅游者购物消费的比重是旅游开支的一个重要部分，是旅游经济构成的重要组成，对旅游地形象的推广有着重要的影响。因此，旅游接待地应积极地开发具有特色的旅游商品。旅游商品不仅是一个国家或地区文化艺术、传统习惯的生动反映，而且可以满足旅游者纪念、欣赏、馈赠等的需要。

### 6. 娱乐

旅游娱乐是指旅游者在旅游活动中所观赏和参与的各种形式的文娱活动。与在常住地相比，旅游娱乐能为旅游者提供更丰富多彩的文化信息和体验、感受的条件。因为旅游者置身于异地文化氛围中，通过娱乐活动媒体，可以进一步观察异质文化的个性或异地文化的特色，体验在不同时空中与他人进行交往沟通的不同感受，了解不同价值观念的人群的生活情趣和人生追求。

组织好旅游团（者）的文化娱乐活动不仅可以缓解游客参观游览的疲劳，而且可以丰富和充实旅游活动，起到一种文化交流的作用。

旅游中的娱乐与娱乐消遣型旅游是有区别的。前者只是一次旅游活动中的一种旅游行为，而每一次旅游活动并不一定以娱乐为主要动机；后者是指以娱乐消遣为主要动机的旅游活动，是一次独立的旅游活动。两者的共同之处都是注重旅游活动的娱乐性和参与性。

随着生活水平和活动质量的提高，人们对精神性消费产生了更高的需求，因此旅游娱乐的发展前景十分广阔。旅游娱乐活动已渗透到旅游业的各个组成部分中,它特有的文化内涵和参与性强烈地吸引着旅游者,对旅游活动起着赋色增彩的作用。

从六大要素的角度考察旅游者消费的结构特征有助于判断旅游地的性质,了解当地旅游发展所带来的经济效益的结构来源,认识旅游业的潜力所在,从而制定出适当的旅游发展政策。

## 二、旅游的类型

旅游是一种复杂的社会现象,现代旅游已涉足广阔的空间,深入到社会、政治、经济、科学、文化、民族、宗教等各个领域,扩大到社会生活的方方面面,因而,旅游项目也具有多样性,即呈现出丰富多样的旅游形式,而且大量地交叉进行。但目前国内外对旅游尚没有比较确切统一的分类法,这里只能按照统计需要和惯例,对旅游作以下分类。

### (一) 按旅游区域划分

按旅游区域划分,可分为国际旅游和国内旅游。

世界旅游发展史表明,旅游活动是按照由近及远、先国内后国外的规律发展的。可以说,国内旅游是国际旅游的先导,而国际旅游是国内旅游发展的必然。

1. 国内旅游

所谓国内旅游,是指一个国家或地区的公民在其国家或地区的境内常住地以外的其他地方所进行的旅游活动。由于旅游者的旅游支付能力有大小,闲暇时间有长短,旅游需求有差异,旅游距离也有远近,因而,国内旅游又可分为地方性旅游、区域性旅游和全国性旅游三种具体形式。

(1) 地方性旅游。一般是指当地居民在本区、本县、本市的范围内的当日旅游。实际上是一种短时间、近距离的参观游览活动,多数和节假日的娱乐生活活动相结合,时间短、活动项目较少,常是亲朋好友自发组织或家庭式、小集体的旅游方式。

(2) 区域性旅游。是指离开居住地到邻近地区的风景名胜点的旅游活动。例如,广东旅游部门组织的湖南张家界五日游,北京旅游部门组织的承德避暑山庄五日游,上海组织的苏州三日游、杭州三日游以及厦门组织的武夷山七日游,等等。

(3) 全国性旅游。是指跨省份的旅游,主要是指到全国重点旅游城市和具有代表性的著名风景胜地的旅游活动。如从广州经桂林、西安、北京、上海的旅游路线;从长沙经郑州到青岛、烟台、大连、新疆、西藏、成都、重庆等旅游路线;或从北京经南京、苏州、上海、杭州、福建武夷山、厦门等的旅游活动,都属于全国性旅游。

2. 国际旅游

所谓国际旅游,是指一个国家或地区的公民跨越国界到另一个或几个国家(地区)所进行的旅游活动。根据旅游地区的国界和旅游者的国籍来划分,有两个部分:一是本国公民到另一国（地区）或数国（地区）所进行的旅游活动，即出境旅游；二是其他国家（或地区）的居民来本国所进行的旅游活动，即入境旅游。

根据旅程的长短，又可把国际旅游分为跨国旅游、洲际旅游和环球旅游三种具体形式。

（1）跨国旅游。泛指离开常住国到另一个国家或多个国家进行的旅行游览活动。以不跨越洲界为限，如西欧各国在欧洲内的旅游就属于跨国旅游这一类型。

（2）洲际旅游。指跨越洲际界限的旅行游览活动，如北美国家的旅游者到欧洲的旅游活动，或美国人到湖南张家界国家森林公园旅游、日本人到美国的夏威夷的旅游活动都属洲际旅游。这种旅游受制约的因素较多，如航空业的发展、语言的障碍，等等。

（3）环球旅游。指以世界各洲的主要国家或地区的港口风景城市为游览目的地的旅游活动。如英国的"伊丽莎白女王二世号"游船，号称"千人百日游全球"的旅游活动，属于环球旅游。环球旅游需要充裕的时间和金钱，多数属于经济宽裕人士的度假观光旅游或科学考察和探险性旅游。

## （二）按旅游目的划分

按旅游目的划分，可分为观光旅游、度假旅游、公务旅游和专项旅游四大类型。

### 1. 观光旅游

观光旅游不仅是人类早期的旅游形式，也是目前最普遍和最主要的旅游活动方式，是目前我国旅游接待中最基本的类型。所谓观光旅游，主要指旅游者到异国他乡进行游览自然山水、鉴赏文物古迹、领略风土民情，从中获得自然美、艺术美、社会美的审美情趣，以达到消遣娱乐、积极休息和愉悦身心的效果。这种游山玩水式的旅游方式与专题或专项旅游相比较，能够给旅游者带来回归自然和精神上自由解放的体验和感受，能够满足所有旅游者最基本的旅游需求，达到扩大视野、增进知识、调节身心之功效。同时，观光旅游还有其他许多具体形式和内容，如旧地重游、寻根访祖、探亲会友等形式。这种旅游形式多数是由于怀念故土、眷恋乡情而引起的故土重游、探亲、寻根和参观游览相结合的活动形式。如美国人到欧洲的故土游、美国黑人到非洲的寻根游，以及大量的我国海外华侨、外籍华人和港澳台同胞回"唐山"、返大陆的探亲、问祖等活动。

### 2. 度假旅游

度假旅游是近年来日益受旅游者青睐的一种旅游形式。由于人们生活水平不断提高，可支配收入增加带薪假期延长，另外经济的发展和科技的突猛进，造成生活、工作节奏越来越紧张，人们逐渐由过去热衷的观光旅游转而向休闲的度假旅游。

参加这种类型旅游活动的旅游者，多数来自经济发达国家或经济富裕的旅游者或一些中老年的人士。他们为避寒避暑，寻求幽雅清静的生活环境，欢度假期、治疗疾病，或参加一些有益健康的体育运动和一些有趣味、有特色的消遣娱乐活动，以追求闲情逸致，达到消除疲劳、减少疾病、适意娱情、增进身心健康的目的。如温泉疗养旅游早期就非常盛行，如今海滨度假更加兴盛。西班牙南部阳光海岸、美国夏威夷群岛均是旅游度假的好地方。号称世界旅游王国的西班牙,每年接待几千万的国际旅游者,大多数属于游海滩、寻阳光和海水浴等度假保健相结合的活动。我国自20世纪90年代也开始积极开发度假旅游产品,全国已建造12个国家级旅游度假区,一些省市在有条件的地方也盖建了一批旅游度假村或度假中心。

3. 公务旅游

公务旅游,是指以某种公务为主要目的的旅游。它是在公务活动过程中产生的旅游行为。这种以某些具体功利性目的和旅游相结合的旅游形式,是旅游内涵的一种延伸。主要有商务旅游和会议旅游等形式。

(1) 商务旅游。商务旅游虽然在近几年发展最快,但仍属于传统的旅游形式之一。商人在经商过程中有意识地开展一些旅游观赏活动自古至今并不少见。

商务旅游之所以日渐盛行,关键在于当今商务活动内容和范围的不断拓展。由于第二次世界大战后有了相对持久的国际和平环境,使世界各国之间的经济贸易和友好交往日渐频繁。同时,随着世界经济一体化的加快,跨国技术合作、企业开拓市场等活动日渐增多。因此,当今的商务活动天地十分广阔,它包括商务考察、调查投资或合作机会、进行具体项目的业务洽谈、视察所属公司企业的经营活动、参加各种层次和规模的贸易展示会,乃至拜访客户或供货商,等等。这就能为商务旅行者在公务之余提供更多的旅游机会和更广阔的游览空间,因而,促进了商务旅游的快速发展,并成为旅游业赖以生存的一个主要市场。

(2) 会议旅游。会议旅游是第二次世界大战后兴起并迅速发展的一种重要旅游形式,也是使旅游业界瞩目和竞相发展的经营项目。会议旅游的内涵旨在强调会议之余或在会议进程中截取一段时间所开展的旅游活动,其实质就是开会与旅游相结合的一种社会活动。

国际上有各种专业会议、政务会议、协会会议、集团公司会议,以及各种展销会、商务洽谈会,等等。由于国际性会议出席规格高,而且必须提前筹备,因而具有消费大、时间长、计划性强等特点,比一般的旅游接待能获得较高的经济效益,故成为世界各国尤其是旅游业发达国家(地区)竞相发展的一个旅游项目。其中美国、瑞士、法国、英国、意大利、德国、奥地利等国是国际会议旅游的主要接待国,而亚洲的泰国、菲律宾、新加坡也已成为接待国际会议旅游的后起之秀。

需要指出的是,会议旅游不仅指国际性会议旅游,随着各国旅游业的普遍发展,国内会议旅游也成为国内旅游的一种形式,并成为各省市尤其是风景旅游城市旅游业重点开发的旅游项目之一。

4. 专项旅游

专项旅游,有时也称特殊兴趣旅游,是指以满足某种特定需要为主要目的的旅游,它是针对各种特殊的旅游需求,根据各接待国或地区旅游资源的特点,精心设计和制作的旅游活动项目,形成以某一活动内容为主的专项旅游活动,具备定向性和专题性,主要有宗教旅游和购物旅游等形式。

(1) 宗教旅游。宗教旅游是世界上一种最古老的旅游形式,延续至今仍然具有很大的吸引力。宗教旅游主要是以朝圣、拜佛、求法、取经或宗教考察为主要目的的旅游活动。一些宗教信徒或出自对各种神灵、佛祖的虔诚，或对名山古寺、教堂圣殿以及丰富多彩的古代宗教建筑形式的迷恋，都热衷于这种既能达到宗教目的又能通过游览活动获得审美乐趣的宗教旅游活动。被称为佛教第二故乡的中国，古寺庙宇遍布名山胜地，每年到普陀山、九华山、峨眉山、五台山等佛教圣地进行朝拜和"还愿"观光游览的日本游客和海外华侨、外籍华人、港澳台同胞络绎不绝，有增无减。随着社会精神文明建设的进步，纯宗教目的的旅行已逐渐发展成为国内外广大旅游者所乐于接受的游山玩水和宗教娱乐活动相结合的旅游形式。

（2）购物旅游。购物旅游是一种以购物为主要目的的旅游活动。它是随着社会经济发展、交通发达、人民生活水平提高而逐渐发展起来的一种购物与观光游览相结合的旅游方式。据统计，每年进入香港的旅游者中有 60%左右的人是为了购物，其购物费用也占全部旅游费用支出的 60%左右，使香港这个弹丸之地成为世界的"购物天堂"。

此外，诸如科学探险、学术考察、各种形式的文化交流乃至政府官员在外交上或对国内外进行各种目的的考察活动之余，产生的旅游行为，从概念上说，都可进入专项旅游之列。

## （三）新型旅游

新型旅游是相对于传统旅游而言的。它既有对传统旅游形式的深化、延伸和细分，又有新开发的旅游项目。其特点是更能适应和满足新时代旅游的旅游者对旅游活动内容和形式上更具个性化和主动参与性的旅游需求。

1. 农业旅游

农业旅游作为一种新兴的旅游形式，亦称农业观光或观光农业旅游。它是指以农业（包括乡村文化）资源为对象的旅游活动。尽管传统的观光旅游早已涉足乡野田园，现代的城市居民到城郊远足或借到农村探亲会友之机进行游览田园风光的休闲活动也不乏其例，但是，这与现代农业旅游却有本质上的区别。前者仅是以现成的乡村田园风貌为对象的一种自发式、自助式的休闲活动；而后者的消费对象却是旅游经营者以农业经济和乡村文化为背景，经过精心策划和开发出来的更具有明确主题并提供全程服务的农业旅游产品。这就是所谓的"旅游农业"或称"观光农业"。可见，从概念上说，农业观光与观光农业是不能混为一谈的。前者是指以观光农业产品为消费对象的旅游活动（过程）；而后者是相对应于农业观光旅游者的需求而开发的旅游产品（形式）本身。它是传统农业经济在现代化进程中新出现的一种独立的经济形式。

2. 工业旅游

工业旅游从旅游业角度说，是在充分利用现有的名牌工业企业设施设备和工业企业文化资源基础上，赋予旅游内涵为主题而开发出来的一种让旅游者乐于购买的新型旅游产品（项目）；从旅游者角度说，它是以了解名牌工业产品的工艺流程、发展史和未来科技与工业的发展前景等为主要目的具有较高的科技、知识含量的一种高品位的旅游形式。可见，工业旅游与传统的观光旅游过程中对某些工业企业的参观游览活动是有本质区别的。

工业旅游起始于 20 世纪 50 年代的法国，后被世界各国所仿效。我国的工业旅游发展较晚,还正处在研讨、规划、开发和试用过程中。例如,地处福建省福州市的马尾造船厂,利用厂内遗留的船政建筑群的轮机车间、法式钟楼、船政绘事院,以及毗邻的中法马江海战纪念馆、中国近代海军博物馆、青州坞和梅园监狱等全国重点文物单位和景观,构成一条以爱国主义和现代工业文明为内涵的旅游线路,形成独具特色的工业旅游产品。工业旅游的兴起,预示着随着知识经济时代的到来,具有较高知识含量和品位的旅游产品或旅游形式,将越来越受到广大旅游者的青睐。

除此之外,诸如高山徒步旅游、骑乘马匹或骆驼旅游、草原或沙漠探险,乃至西方首先提出的生态旅游等专题或专项旅游,都是新型的旅游项目或形式。

3. 生态旅游

"生态旅游"这一术语,最早由世界自然保护联盟(IUCN)于1983年提出,1993年国际生态旅游协会把其定义为:具有保护自然环境和维护当地人民生活双重责任的旅游活动。

生态旅游的内涵强调的是对自然景观的保护,是可持续发展的旅游。它是旅游者以旅游区的自然景观及人文景观为主要游览对象,以理解、欣赏并提高自身修养及生态保护为目的,并对保护旅游地的自然生态环境及改善社会经济环境做出积极贡献的旅游活动。

生态旅游作为一种独特的旅游类型,基本特点如下。一是活动以大自然为舞台。通过到自然界观赏、旅行、考察、探险等认识自然奥秘,提高环境意识,促进生态平衡。二是孕育着科学文化内涵。生态旅游是旅游发展高级化的产物,具有丰富的文化和科学内涵,虽然活动形式一般,但品味高雅。三是以生态学思想作为设计依据。生态旅游以不改变生态系统的完整为原则,具有科学性和专业性。生态旅游不仅是指在旅游过程中欣赏美丽的景色,更强调的是一种行为和思维方式,即保护性的旅游。不破坏生态、认识生态、保护生态、达到人与自然永久的和谐,是一种层次性的渐进行为。生态旅游以旅游促进生态保护,以生态保护促进旅游,准确地说就是有目的地前往自然地区了解环境的文化和自然历史,它不会破坏自然,还会使当地从保护自然资源中得到经济收益。四是强调利益共享和公平性。重视地方居民利益,通过保持当地自然生态系统和文化的完整来实现利益共享,从而达到旅游的可持续发展。

生态旅游是绿色旅游,以保护自然环境和生物的多样性、维持资源利用的可持续发展为目标。它强调以一颗平常心尊崇自然的异质性,把自然作为有个性的独立生命来看待。参加生态旅游的人们在欣赏自然美色的同时,注意不以个人一己意志强加于自然和其他生命,如见到野兽不要去打扰,更不可去捕捉,学会静观默察、敬天惜物,认真听取周围的天籁之声,并通过摄影、写生、观鸟、自然探究等活动,充分感悟和审美自然。

由于生态旅游具有尊重自然与文化的异质性,强调保护生态环境与为当地社区居民谋福,提倡人们认识自然、享受自然、保护自然的特点,被认为是旅游业可持续发展的最佳模式之一,成为旅游市场中增长很快的一个分支。

# 第三节 旅游的本质与特征

## 一、旅游的本质

旅游的本质是旅游学研究的基础性问题。所谓本质是指一事物区别于其他事物的根本属性，也可说是性质。本质决定了事物和现象的归属。正确理解旅游的本质，可以使人们对旅游有深刻的认识，从而在对它的发展、管理和处理其与社会的关系等方面，更能做到符合社会发展的一般规律。

究竟什么是旅游的本质，一直困扰着学术界。实际上，从 20 世纪 60 年代起就开始讨论这一问题了。意大利学者马里奥蒂对旅游现象的形态、结构和活动要素加以研究，最早提出旅游是属于经济性质的一种社会现象，这一观点得到德国学者鲍尔曼的支持。此后，在相当长时间里，旅游被普遍视为一项具有重要经济意义的活动，这一认识深刻地影响着学术界，尤其是经济学界的思想。但是，早在 20 世纪 30 年代至 40 年代，德国柏林大学的葛留克斯曼和瑞士圣加伦大学的汉泽克尔、克拉普夫就提出了与马里奥蒂不同的观点，认为旅游现象属于非经济性质活动。第二次世界大战后，一些社会学家、历史学家、文化界人士对旅游现象逐渐持文化论看法。不过，近期来更多的专家学者已越来越注重到旅游现象的非经济性本质的东西，即使一些原来持经济论的专家学者也开始扬弃自己的观点，建议广泛使用文化人类学和社会学的方法研究旅游。从旅游发展的历史进程看，旅游是人类社会经济和文化发展到一定阶段的产物，自然它必定具备经济活动和文化活动的特点，但旅游活动是人在具体的社会环境中发生和进行的，所以它必然综合反映社会环境中的多种复杂现象。

1. 旅游是人类社会经济发展的产物

旅游的产生、发展与社会经济发展密不可分。原始社会时期，社会生产力极其低下，为了维系生命，人们不得不被束缚在为谋取生活资料的生产劳动中，没有闲暇去游乐。尽管人们为谋生而四处漂泊、狩猎、迁徙，但是这是一种被生活所迫的被动行为，不构成享乐和娱乐，因此不能称其为旅游。进入奴隶社会，人类历史发展到一个新的时期，社会分工扩大，生产力提高，产生贫富差别，奴隶制的发展与繁荣为人们外出进行经商、宗教等旅行活动提供了物质条件。但这种最原始的旅行，由于受到社会条件和生产力落后的限制，只局限在极少数人范围内，无论从人次、地域范围来看都很小。近代资产阶级革命的爆发和随之而来的产业革命，使生产关系发生深刻变革，生产力有了极大提高，社会财富的急剧增长、城市化的加快，改变了人们的工作性质、生活方式和外出旅游活动。19 世纪 30 年代开始的铁路革命和交通运输技术的进步,使旅游规模发生了质的变化。19世纪中期,以托马斯·库克旅行社为首的一大批旅游经营机构的诞生、职业导游带的出现、旅游指南手册的问世以及一批现代化饭店的崛起和后来为旅游活动提供方便、安全的金融工具——旅游支票、信用卡的产生,使旅游经营成为一项经济活动,旅游业逐成为一个经济行业。第二次世界大战后,世界局势的相对缓和和趋于稳定、全球经济的恢复与快速增长、国民收入的增加、工作时间的缩短、余暇的延长,让越来越多的人具备了外出旅游的条件。旅游成为一项大众化、平民化、普及化的活动。由此可见,人类旅游活动的产生、发展是社会经济发展的必然结果。

2. 旅游是一种社会文化现象

首先,旅游是人类物质文化生活和精神文化生活的一个最基本的组成部分。它是以在更大的自然和社会空间中获取新的感受和心理快感为宗旨的审美过程和自娱过程,可以说,在广览博文中享受美感和愉悦感,是每个旅游者的起码需求。尽管旅游动机各不相同,或欣赏山水风光,或考察异域风情,或探亲访友,或追故怀旧等,但开阔眼界,寻求超常生活感受,陶冶情操,提高自身文化素养等所表现出的强烈的文化欲望是一致的。当社会不断前进,进入高科技的信息时代,人们更是越来越注重旅游活动的文化内涵。

其次,旅游者追求的以丰富而新鲜的审美感受形成的精神和文化生活价值,是靠旅游目的地的旅游资源、旅游设施、旅游服务体现的,而这些都是一定社会文化的反映。由历史、宗教、科学、艺术、民俗风情等社会文化因素组成的人文旅游资源具有鲜明的国家、民族和地域文化色彩。自然景观在人们开发利用过程中也被赋予丰富的内涵,因此,旅游资源毫无疑问地凝聚着人类的精神文化,是社会文化环境的集中体现。不同国家、不同民族、不同地域的旅游设施所包含的历史、艺术内容与审美价值观及反映的文化个性也是不同的。至于旅游接待国和接待地区所提供的一系列旅游服务,更是从形式到内容表现出特定环境、特定地域的特有的历史文化和当代的社会道德风貌,无论经营者、管理者,还是服务者,他们的言行举止,乃至服饰礼仪,都显示了一个国家或地区的民族文化特色。

最后,旅游发展到当代,其文化内涵在不断充实,不断丰富。从最早的自然山水风光旅游,发展到休闲度假型旅游,人们如今又崇尚和热衷于特色旅游、专项旅游,如文化旅游、文物古迹旅游、宗教旅游、民俗风情旅游、美食旅游、荒漠旅游、生态旅游等,这些精神旅游、专项旅游都蕴含着极其丰富的社会文化内容,自然也不同程度地满足了旅游者的物质文化和精神文化需求。

3. 旅游是一项综合性的社会活动

旅游活动的内容十分广泛,涉及政治、经济、文化等领域的方方面面,如和平交往、科技合作、文化交流、贸易往来、会议展示、学术考察、商务活动、体育比赛、宗教朝圣等。旅游者的旅游消费也涉及政治、经济、文化等方面,构成一项综合性的社会活动。可以说,在整个旅游过程中,任何一项单独活动都不能构成旅游;同时,缺少某些方面也不能成为旅游。各种有关的社会活动互为条件、互为依托、互相支持,才能构成旅游。

此外,旅游作为人民之间普遍的社会交往活动,不但促进国家之间、地区之间的友好关系，也增进人民之间的相互了解和友谊。正因为如此，各地方政府和各国政府都十分重视旅游的社会作用。从历年世界旅游组织提出的口号也清楚地反映了旅游的社会作用。

4. 旅游是一项高级消费活动

旅游是人们在满足了对基本生活必需品需要后产生的高层次、高档次的享受型消费。它既有基本生存需要的消费，又有发展需要和享受需要的消费，更多的是对后者的消费。即使为满足生存需要的旅游消费，也远远超出日常生活的消费水平。哪怕一个平时生活十分节俭朴素的普通劳动者，一旦外出旅游，为了得到物质和精神生活的享受，也为了追求审美情趣和情感愉悦，都会表现出异乎寻常的大方和阔绰。

5. 旅游是人类的一种精神活动

旅游属于高层次的生活方式，是人们为了得到在日常生活中得不到的那种生活体验的精神活动。尽管旅游者的出游动机各种各样，而且在旅游中还要消耗大量体力，但其最终目的是要通过旅游饱览优美宜人的自然景色，观赏历史悠久的名胜古迹，消除疲劳和紧张，身心获得完全放松，从而进入心旷神怡和可以随意塑造自我的意境。在旅游过程中，人们所得到的是完全不同于日常生活中的物质占有欲望的满足，而是一种精神文化占有欲的满足。譬如，只有你亲自登上泰山，才能体会到泰山作为五岳之尊的雄伟气势，才能产生"一览众山小"的豪迈气概。这是只有亲临其境的人才能产生的一种精神占有的满足感，这种精神生活的享受和体验，只有通过旅游才能获得。

## 二、旅游的特点

旅游作为一种社会性的消费形式和活动方式，同一般消费或社会活动相比较，既有类同之处，又有自身的个性特征，并随着社会的发展而不断演变。

### （一）广泛性

旅游的广泛性共有三层含义：一指旅游者构成的广泛性；二指旅游地域的广阔性和活动领域的多面性；三指旅游内容的丰富性及其所属性质的多样性。古代旅游不仅在旅游者构成上，而且在旅游天地和活动领域都受到很大的局限；而现代旅游，不仅涉足地球的各个角落，而且深入社会的各个领域和方方面面，尤其是在旅游者的人员构成上，已打破了长期被少数权贵和富有人士所垄断的格局，而日趋大众化、平民化。因此，旅游的广泛性特点只有在现代社会才得以充分的体现。

### （二）综合性

所谓综合性，是指旅游是集食、住、行、游、购、娱于一身的社会活动。它意味着一个完美的旅游过程，实质上就是上述各要素之间的相辅相成和各个环节环环紧扣的整体运作过程。需要指出的是，尽管古代社会对旅客也能提供诸如食、住、行等设施设备的服务，但与现代的旅游业对旅游活动所提供的全方位、全过程的一条龙服务相比较却不能同日而语。前者仅是维持旅游者的生存条件，谈不上是一种享受；后者却具有增添旅游生活乐趣和精神享受的无形效用和价值。可见，随着社会对旅游供给条件的发展和改善，旅游的综合性特点就越显著，其综合价值功能的发挥就越充分。

### （三）参与性

就广义而言，参与包括直接参与和间接参与。例如购物活动，既可亲自筹办，又可由他人代购；又如参加某种学术会议，既可亲自出席，也可由他人代为宣读论文等，都具有参与性。不过，旅游活动却不能替代，世界上也绝无可替代他人旅游的好事。因此，这里所说的"参与性"，是指旅游者在旅游全过程中必须亲临其境、身体力行的不可替代性。虽然旅游活动没有直接参与和间接参与之分，但却有主动参与和被动参与之别。因此，只有不断开发那些更富有活力、更具情趣和鲜明个性特征的旅游项目、旅游方式，才能更有效地发挥旅游者的主观能动性，使旅游活动生活更具自主性、随意性、趣味性、刺激性，以满足日益个性化的旅游需求。这才是强调旅游的参与性的要义。

### （四）季节性

所谓季节性，是指旅游活动因受到自然条件和社会文化背景的制约而呈现出淡季、旺季的差异性。

自然条件的影响主要是指那些以自然风光为主体的旅游目的地，因受所处地理位置的制约，其旅游观赏功能的发挥具有明显的季节性。如钱塘江观潮宜选择农历八月十五，泰山观日出以秋冬为宜，并非一年四季都具有旅游吸引力。

社会文化因素的主要影响，一指因某些人文旅游资源诸如传统的民族、民间的节庆活动和某些宗教纪念日都有一定的时间（季节）性。二指因受传统习俗的影响，导致人们出游的时间相对集中在一定的季节里，例如具有中国人文特征的祭祖（包括探亲）和清明节扫墓等习俗，正是广大港澳台同胞和一些华侨、外籍华人选择在春节和清明节前后回内地、大陆和回国旅游的主要动因。而西方的圣诞节期间，也同样会掀起一阵旅游热潮。三指人们的带薪假期和闲暇时间的分布具有一定的季节性。一般而言，学校师生集中在寒暑假出游；北欧国家的带薪假期相对集中在 1—3 月；而我国的三大节日（五一节、国庆节、春节）假期时间的延长，又在全国范围内形成了"假日旅游"的高潮。

**阅读资料1**

# 全域旅游

全域旅游是将特定区域作为完整旅游目的地进行整体规划布局、综合统筹管理、一体化营销推广，促进旅游业全区域、全要素、全产业链发展，实现旅游业全域共建、全域共融、全域共享、全民参与、全面满足游客需求的发展模式。发展全域旅游就是要使旅游业向全社会、多领域、综合性方向迈进，让旅游融入经济社会发展的全局。

全域旅游特性具有以下特性。

1. 管理的统筹性

旅游不仅是旅游部门的事，而且是全社会的事。要全面创新管理体制机制，切实做到全局谋划、全要素动员、全资源整合、各部门联动。

2. 产业的优势性

旅游业应成为区域经济发展的支柱产业。全域旅游地区旅游业应达到实现当地经济贡献率15%和新增就业贡献率20%。

3. 发展的融合性

旅游业与各个产业、社会的各个层面是相互渗透、相互促进的，而不是孤军奋进。

4. 供给的丰富性

旅游不仅仅限于过去意义上的景点、景区，观光、体验、购物、休闲、娱乐、健康等都应该成为旅游产品。

5. 服务的便利性

要满足区域范围内旅游行为无处不在、无时不有的特性，必须从观念、方式、技术等多方面不断创新，提供全时空、多方面、快旅慢游式的旅游服务。

6. 目标的共享性

通过全域旅游的发展，不仅要让人们生活所在地成为百姓富、山川美、文化兴的锦绣家园，还要促进群众精神素质的整体提高，游客满意度大幅提升，最终促进人的全面发展。

资料来源：朱虹：全域旅游的定义、特性和目标

阅读资料2

# 体验式旅游

在体验经济时代，随着旅游者旅游经历的日益丰富多元，旅游消费观念的日益成熟，旅游者对体验的需求日益高涨，他们已不再满足于大众化的旅游产品，更渴望追求个性化、体验化、情感化、休闲化以及美化的旅游经历。

所谓体验式旅游是指为游客提供参与性和亲历性活动，使游客从感悟中感受愉悦。20世纪80年代中后期，在中国一度兴起的城里人到农村"住农房、吃农饭、干农活"就是体验式旅游的雏形。人们开展旅游活动大多是为了扩展个人视野，感受不同的生活体验或者获取个人生活范围以外的信息。传统的观光式旅游，仅仅依赖一些自然资源或者历史遗产为游客提供一种游览的满足感；而后兴起的探险式旅游则更多的是追求感官或者感受的刺激，例如漂流、攀岩等，是体验式旅游的雏形；另外，度假式旅游着重的是提供一种休闲的氛围让游客轻松愉快地享受假期。对比于此，体验式旅游更着重的是给游客带来一种异于其本身生活的体验，比如为城市人提供乡村生活的体验，为游客带来不同地域，或者是不同年代生活的体验等。

体验式旅游具有以下特点。

1. 注重个性化

体验式旅游与传统旅游不同，它追求旅游产品的个性化，力图以独一无二、针对性强的旅游产品，让游客感受这种特性，满足求新求异的心理。如自驾车旅游、暑期国外夏令营等。

2. 强调参与性

通过旅游者的参与和互动活动，旅游者能更深层次地感受旅游消费的每一个细节，体会旅游产品的内涵和魅力，获得更直观和深刻的旅游体验。如参与主题公园的庆典游园活动、参与滑草滑雪活动、小学生参与红军小指挥员的红色爱国主义教育活动等，都强调了旅游者的角色模仿和参与，使其更加全身心地投入旅游活动产生身临其境的感觉。

3. 注重过程，而不是结果

与传统观光旅游相比，体验式旅游注重的是游客对旅游产品的感受、体验、享受的过程，而不是一味追求"到此一游"的旅游结果，从某种程度上更强调心理感知和理解。如外国人参与包饺子的活动，通过揉面、擀饺子皮、包饺子的过程亲身体会中国的传统习俗，而并不强调包出的饺子如何漂亮、好吃。现今流行的许多传统手工艺品制作、乡村绿色瓜果采摘活动以及寻求惊险刺激的旅游活动等追求的就是这样一种心理体验的过程。

## 本章小结

旅游是人们为寻求精神上的愉快感受而进行的非定居性旅行和游览过程中所发生的一切关系和现象的总和。它既是一种综合性的社会经济活动，又是一种社会文化现象。旅游的产生离不开一定的主客观条件。旅游具有社会属性、文化属性、经济属性和消费属性。旅游的内容包括旅行、游览、住宿、饮食、购物和娱乐等六个方面的要素。旅游是一种复杂的社会现象，现代旅游已涉足广阔的空间，深入到各个领域，目前国内外对旅游尚没有比较确切统一的分类法。旅游作为一种社会性的消费形式和活动方式，具有广泛性、综合性、参与性和季节性等特点。

## 复习思考题

1. 试分析"艾斯特"定义的内容和特点。
2. 旅游有哪些基本属性？
3. 旅游的内容或基本要素有哪些？
4. 旅游是非功利性的，为何又有"商务旅游""会议旅游"等称呼？其根据是什么？
5. 如何理解生态旅游？
6. 按区域和目的划分，旅游可分为哪些类型？
7. 旅游有哪些特点？比较观光旅游、度假旅游和商务旅游的特点。
8. 试分析旅游的本质。
9. 试比较国内旅游与国际旅游之间的差别。

# 第三章
## 旅游者

**本章要点**

了解有关国际组织对旅游者的界定;

了解旅游者的类型;

掌握我国旅游统计对旅游者范围的划分和解释;

掌握旅游者形成的主客观条件;

熟悉不同类型旅游者的需求特点。

旅游活动是一项涉及面广、形式多样、综合性强的社会现象，由旅游者、旅游资源、旅游业三个要素组成。在旅游活动的构成要素中，旅游者是旅游活动的主体，旅游业的一切服务接待工作都是针对和围绕旅游者进行的。可以说，没有旅游者就没有旅游活动，更不可能使旅游活动成为一种社会现象，从而也就没有旅游业。因此，关于旅游者的研究是旅游研究的核心内容。

# 第一节　旅游者的界定

## 一、旅游者的定义

什么是旅游者？从字面上解释，旅游者就是游客，即从事旅游活动的人们。在现实生活中甚至在学术界，对这个特殊群体的称谓五花八门，如旅游者、游客、观光客、旅行者，甚至有些从接待角度给予其如宾客、旅客、顾客、住客等称呼。笔者认为凡是从事旅游活动的人都应该统一称谓为"旅游者（tourist）"，而旅游者是指任何一个暂时离开自己的常住地，到异国他乡旅行游览或开展有关活动，获取身体和心理满足，达到精神愉快的人。

## 二、国际旅游者和国内旅游者的定义

以上关于旅游者的定义只是一个概念性定义（conceptual definition），这个概念性定义不适用于旅游的实际操作。因为很难区分到底哪些人算旅游者，哪些人又不算旅游者，所以就需要一个能满足实际工作需要的技术性定义（technical definition），即将一些量化标准或者可以区别的限定标准纳入旅游者的定义，以便将旅游者与其他旅行者区分开来进行统计和研究。但是人们进行旅游活动的动机复杂、形式多样，而且研究者从不同的科学角度和不同的研究目的，制定了不同的旅游统计标准，因此对旅游者所下的技术性定义也不尽相同。不过从国际联盟（The League of Nations）到联合国组织（UN）、世界旅游组织（UNWTO）乃至我国国家统计局，都为旅游者的定义问题做了大量的工作。目前国际上对国际旅游者的技术性定义已基本达成共识，对国内旅游者的技术性定义至今尚无一致看法，主要原因在国内旅游者划定中，对于时间和距离的界限各国看法不一。

下面主要从国际旅游者和国内旅游者两个方面对旅游者概念加以论述。

## （一）国际旅游者

1. 国际联盟（The League of Nations）定义

国际联盟专家统计委员会于 1937 年对"国际旅游者"或"外国旅游者"定义为："外国旅游者就是离开自己的常住国到另一个国家访问超过 24 小时的人。"并且对旅游者与非旅游者进行了界定。

列入旅游者范围的有：
（1）为娱乐、家庭和健康原因而旅行的人；
（2）为参加国际会议而旅行的人；
（3）为商业原因而旅行的人；
（4）在海上巡游途中登岸访问的人员，即使逗留时间不超过 24 小时，也视为旅游者。

不能列入旅游者范围的有：
（1）不论是否签订合同而到另一个国家从事某一职业的人；
（2）到国外居住的人；
（3）寄宿在学校的学生；
（4）居住在边境地区而跨越边界到邻国工作的人；
（5）临时过境而不停留的人，即使停留时间超过 24 小时也不算旅游者。

这一定义对旅游市场营销、旅游统计和旅游业发展起到重要作用。但随着旅游业的飞速发展，在实际旅游统计中，该定义内涵过于宽泛和不适用于国内旅游者等缺陷就逐步暴露出来了，但被国际旅游组织一直沿用至 1963 年。

2. 罗马会议的定义

1963 年，在国际官方旅游组织联盟（IUOTO，即当今世界旅游组织的前身）的积极推动下，联合国在罗马召开的国际旅行与旅游会议，会上对国际旅游者做出定义。会议认为凡纳入旅游统计的来访人员统称为"游客"（visitor）。"游客"实际上也就是旅游理论研究中所泛指的旅游者。

游客是指除为获得有报酬的职业外，基于任何目的到一个不是自己常住国家访问的人。游客离开自己常住国的目的可以是消遣（包括娱乐、度假、保健、疗养、学习、宗教和体育活动），也可以是商务、探亲访友、公务出差、会议等。

在"游客"下分两类：一类是在目的地停留过夜的游客，称为"旅游者"（tourist）；另一类是不在目的地停留过夜，而是当日返回或当日离去的游客，称为"短程旅游者"（excursionist）或"一日游游客"（day tripper），其中包括海上巡游过程中的来访者，但不包括过境者（如没有离开机场中转区域的航空旅客）。

这个界定的优点如下。

（1）根据来访者的旅游目的区分其是否为旅游者。外出旅游的目的是除了为获得报酬的职业以外的其他任何目的，包括消遣性旅游和非消遣性旅游。

(2) 根据来访者在访问地的停留时间，将游客分为"过夜游客"与"一日游客"，进一步细化了统计口径。

(3) 根据访问者的常住国而不是所属国籍来区分是否为旅游者，从而与旅游活动的异地性吻合。

(4) 将商务访问为代表的事务型和消遣型旅行者也纳入旅游者的范畴之内，使得"旅游"与"旅行"两个含义原本不同的术语趋于同化。

缺点如下。

(1) 只适用于国际旅游者，没有将国内旅游者包括在内。

(2) 在界定游客时，逗留超过 24 小时的称为旅游者，未超过 24 小时的称为一日游客，却未限定游客在外逗留时间，一个月？半年？一年？两年？

3. 世界旅游组织的定义

世界旅游组织成立以后，在 1981 年又进一步界定了国际旅游者，在异国他乡停留 1 年以上者不列为国际游客。1991 年，世界旅游组织在加拿大举行的"国际旅游统计大会"上，对国际游客、国际旅游者等基本概念进行了再次修订："国际游客"指一个人到他通常居住的国家以外的另一个国家旅行，时间不超过一年，主要目的不是从访问国获得经济利益；"国际过夜旅游者"指一个游客至少一夜，最多不超过一年，主要目的不是从访问国获得经济效益；"国际当日游客"指一个游客在访问国停留不超过 24 小时并不过夜，主要目的不是从访问国获得经济利益。并以《国际旅游统计大会建议书》向联合国推荐，经联合国统计委员会 1995 年通过后在全球推广使用。目前，世界大多数国家都接受 1995 年世界旅游组织和联合国统计委员会的定义，从而初步实现了有关国际游客、国际过夜旅游者和国际当日游客的较统一的规范性定义。

4. 我国对国际旅游者的定义

1979 年国家统计局根据我国的实际情况，从统计工作的需要出发，对国际旅游者做了如下规定："国际旅游者是指来我国探亲访友、度假、观光、参加会议或从事经济、文化、体育、宗教等活动的外国人、华侨、港澳台同胞。"他们是离开常住国（或地区）到我国内地连续停留时间不超过 12 个月，并且主要目的不是通过所从事的活动获取报酬的人。其中，常住国是指一个人在近一年的大部分时间内居住的国家（地区），或虽然在这个国家（或地区）只居住了较短的时间，但在 12 个月内仍将返回的这个国家（地区）。

同时，还规定下列 8 种人不属于国际旅游者：

(1) 应邀来华访问的政府部长以上官员及其随行人员；

(2) 外国驻华领事馆人员；

(3) 常驻我国一年以上的外国专家、留学生、记者、商务机构人员等；

(4) 乘坐国际班机直接过境的旅客、机组人员和在口岸逗留不过夜的铁路员工及船舶驾驶人员和其他人员；

(5) 边境地区往来的边民；

(6) 回大陆定居的华侨、港澳台同胞；
(7) 到我国定居的外国人和原已出境又返回在我国定居的外国侨民；
(8) 归国的我国出国人员。

我国将国际旅游者惯称为国际游客（即入境游客）。根据在我国停留的时间分为入境旅游者（过夜）和一日游游客。

入境旅游者（过夜）是指来华旅游入境的海外游客中，在我国旅游住宿设施内至少停留一夜的外国人、华侨、港澳台同胞。

一日游游客（不过夜游客）是指来华旅游入境的海外游客中，未在我国旅游住宿设施内过夜的外国人、华侨、港澳台同胞。海外一日游游客包括乘坐游船、游艇、火车、汽车来华旅游，在车（船）上过夜的游客和机、车、船上的乘务人员，但不包括在境外（内）居住而在境内（外）工作当天往返的港澳同胞和周边国家的居民。

从上述有关我国对来华游客的定义解释中可以看出，我国有关游客、国际旅游者的定义基本上遵循了罗马会议定义的相关规定。目前，世界各国对国际旅游者进行界定和统计时也多以罗马会议定义或世界旅游组织定义为基准。可以说，各国就国际旅游者的界定已在原则上达成共识。

### （二）国内旅游者

对于国际旅游者，目前世界上已经有了原则上公认的定义。虽然国际旅游者和国内旅游者的根本区别在于是否跨越国界，但对于国内旅游者的定义目前尚不完全统一，主要分歧在于是以离开常住地的时间长短为标准，还是以离开常住地距离远近为标准来界定国内旅游者。各个国家在参照世界旅游组织所提供的国内旅游者的定义的基础上，针对本国情况又分别给出了自己的定义。

1. 世界旅游组织的定义

1984 年，世界旅游组织参照国际旅游者的定义，对国内旅游者做出的界定是"任何以消遣、娱乐、度假、商务、公务、会议、学习、疗养、保健、体育运动和宗教等为目的，而在自己居住国（不论国籍如何），进行 24 小时以上，1 年以内旅行的人，均被视为国内旅游者。与对国际旅游者所做的划分类似，国内旅游者也被区分为国内过夜旅游者（domestic tourist）和国内不过夜旅游者（domestic excursionist）。前者是指在本国某一旅游目的地旅行超过 24 小时而少于一年的人，其目的是休闲、度假、运动、商务、会议、学习、探亲访友、健康或宗教。后者是指基于以上任一目的并在目的地逗留不足 24 小时的人。

2. 北美国家的定义

北美的加拿大和美国是以出行距离为标准来区别是否属于国内旅游者的（在英语国家中，不同机构在使用 visitor 或 tourist 时相当混乱，没有加以明确的区分）。例如，美国有些机构，如美国国家旅游资源评价委员规定国内旅游者是指离家外出旅行至少 80 千米（单程）的人，而美国旅游数据资料中心和美国人口普查局用外出旅行至少 160 千米的标准。而不问其逗留时间的长短。同时还规定,下述情况不能列为旅游:①火车、飞机、货运卡车、长途汽车和船舶的驾驶及乘务人员的工作旅行;②因上下班而往返于某地的旅行;③学生上学或放学日常旅行。加拿大统计局和加拿大旅游局使用最小距离为80千米的标准。

3. 欧洲国家的定义

与北美国家的风格不同,以英国为代表的一些欧洲国家在判断是否属于国内旅游者时所采用的标准不是出行距离,而是在异地逗留的时间长度。例如英格兰旅游局在每年一度的英国旅游调查中对国内旅游者的定义是:基于上下班以外的任何原因,离开居住地外出旅行过夜至少一次的人。至于外出旅行的距离则未作任何明确规定。而法国旅游总署的定义则是:凡以下列原因离开自己的主要居所,外出旅行超过24小时,但不超过4个月的人均可视为国内旅游者。这些原因包括:①消遣;②健康;③出差或参加某种形式的会议;④商务旅行;⑤改变课堂教学的修学旅游等。

4. 我国关于国内旅游者的定义

目前,我国将国内旅游者通称为国内游客,是指任何一个因休闲、娱乐、观光、度假、探亲访友、就医、疗养、购物、参加会议或从事经济、文化、体育、宗教活动而离开常住地到我国境内其他地方访问连续停留时间不超过6个月,并且出游的目的不是通过所从事的活动获取报酬的人。

国内游客按照出游时间分为国内(过夜)游客和国内一日游游客。

(1) 国内(过夜)游客,指我国大陆居民离开常住地,在我过境内其他地方的旅游住宿设施内至少停留一夜,最长不超过6个月的国内游客。

(2) 国内一日游游客,指我国大陆居民离开常住地10千米以上,出游时间超过6小时、不足12小时,并未在境内其他地方的旅游住宿设施内过夜的国内游客。

我国国家统计局规定,下列人员不在国内游客统计范围内:

(1) 到各地巡视工作的部以上领导;
(2) 驻外地办事机构的临时工作人员;
(3) 调遣的武装人员;
(4) 到外地学习的学生;
(5) 到基层锻炼的干部;
(6) 到其他地区定居的人员;
(7) 无固定居住地的无业游民。

从上述内容可以得知,我国关于国内旅游者的界定基本上与世界旅游组织的建议保持一致。但是,在我国实际旅游统计中未将在亲友家中过夜的国内旅游者包括进去,这是由于此项内容存在着统计上的困难和不确定性。所以,我国关于国内游客人次的统计数字可能低于实际规模。

# 第二节 旅游者形成的条件

一个人能否成为旅游者和实现旅游活动，往往受自身、社会经济等条件的影响，概括起来有主、客观两方面的条件。主观条件也就是个人主观上的旅游动机；客观条件包括个人可自由支配收入、闲暇时间及其他因素。

## 一、主观条件（旅游动机）

一个人如果要外出旅游，必须同时具备主观和客观两个方面的条件。主观上，要有外出旅游的动机，客观上要具备一定的支付能力和闲暇时间，而且身体状况允许等。如果一个人主观上没有旅游的动机和愿望，即使具备客观条件，也不可能成为旅游者。事实上，总会有一些人收入高却不曾或不愿意外出旅游。因此，有必要对实现旅游活动所必须具备的主观条件进行深入探讨。而这一主观条件，就是旅游动机。

### （一）旅游动机和旅游需要

1. 旅游动机

何为旅游动机？动机是一个心理学名词，指的是激励促进和维持人的活动，并促使活动指向一定目的的心理倾向。通俗地讲，动机就是激励人们行动的主观因素。人的各种行动都由动机引起，是为了实现某些被满足的需要而进行的。因此，简单来说，旅游动机是直接推动一个人有意去旅游及确定到何处去、做何种旅游的内在驱动力或动力，是激励和维持一个人进行旅游活动，以促进满足其旅游需要的一种心理倾向。

2. 旅游需要

旅游动机常常以愿望、兴趣、爱好、猎奇等形式表现出来，从而促使人们产生旅游行为。动机是需要的表现形式，一个人的行为动机总是为了满足自己的某种需求而产生的。有什么样的需要，便会有什么样的动机表现出来。旅游动机同样是为满足或实现人们的旅游需要而产生的，旅游动机是旅游需要的表现形式。而旅游需要是旅游者出游的内驱动力，是一种心理上、精神上的需要。有别于人类先天形成的生理需要，心理需要是维持人们认知、感情、意识等方面平衡的产物，是后天形成的。人都有哪些需要？外出旅游能满足人的哪些需要呢？或者哪些需要促使旅游者产生旅游动机呢？

1）受尊重的需要和自我实现的需要——马斯洛的需要层次理论

人的需要是多方面的，不同的人有不同的需要，即使同一个人在不同的背景环境中，其需要也不同。人有哪些需要呢？心理学家从不同角度对人类的需要进行了分类，其中影响最大的是美国著名心理学家亚伯拉罕·马斯洛的需要层次理论，该理论提出了人有五个层次需要（如图3-1所示）。

（1）生理上的需要：即衣、食、住、行等人类生存最基本的需要。这是最低层次的需要。

（2）安全上的需要：指维护人身安全与健康和财产、职业安全的需要，如免于伤害、免于受剥夺、免于失业等。

（3）社会的需要，也称归属和爱的需要，指参与社会交往，取得社会承认和归属感的需要，如友谊、爱情、荣誉和归属等方面的需要。

（4）尊重的需要，指在社交活动中受人尊敬，取得一定社会地位、荣誉和权力的需要，如要求他人给予尊敬、赞美、赏识和承认地位的需要。

（5）自我实现的需要，即自我实现、最大限度地发挥个人潜能，获得成功，实现自己的理想。

图3-1　马斯洛的需要层次理论示意图

马斯洛认为，人的需要是由低层次、基本需要层次向高层次、专项需要层次方向发展的，一个人只有当低级需要得到满足后，追求高一级的需要才会成为人的行为的推动力。同时，低级的需要可以从外部条件，通过物质的手段得到满足，而高级需要则是从内部使人得到满足，属于精神需要，并且对人具有更高的激励作用。那么，马斯洛需要层次理论中，哪些需要促使旅游者产生旅游动机呢？

在五个层次的需要中，前两种纯属于基本物质需要，后三种属于精神需要。当人们的物质需要得到满足后，就会产生精神需要，就会有驱动人们进行某种活动来满足精神需要的意愿，而旅游恰恰能满足理论中的后三种需要。旅游是高层次的精神文化需要，是超脱一般生理需要的高级需要形式。通过旅游，人们可以获得对异地的了解，获得友谊，享受服务，得到尊重，实现自己的理想和抱负并能实现自我。

后三种需要中，就社交需要而言，一个人归属和爱的需要，只有在熟悉的社会群体中才能够得到真正的满足。因为只有在长期的共同生活和工作中，人们才能通过熟悉和了解产生真正的持久感情，并在团体中获得认可，拥有自己的位置而获得归属感。虽然，加入旅游团，通过旅游活动交流，结识新朋友，得到旅游团内人的接纳，从而带来一定的归属感和感情的满足，但是，这只是旅游这一社会性活动的客观结果或者说影响，这并不足以说明人们就是为了满足社交这一需要而外出旅游的。受尊重的需要，除了包括在他人心目中受到重视、赏识或尊重外，还包括取得成就、提高地位和自信等表现自己的需要。在欧美，某些形式的旅游，如到外国名胜地区旅游的经历经常被人们羡慕和崇敬，因此有助于满足个人受尊重的需要。另外在旅游目的地，旅游接待机构与各类服务人员全程提供的优质服务，会使旅游者受到贵宾的待遇，从而满足他们受尊重的需要。自我实现的需要指发挥个人最大能力，实现理想与抱负的需要。有的人为了实现自己抱负或谋求自我发展而外出旅游考察，从中获取信息或启示，以寻求发展机会，如考察旅游、会议旅游等。有的人通过各种挑战自我极限的方式表现出来，如攀登险峰、孤身穿越万里戈壁、骑车周游世界等活动，使旅游者充分表现自己、突出自己、提高自我评价，从而获得成就感，满足自我实现需要。

综上所述，马斯洛的需要层次理论为我们研究旅游动机提供了基础，理论中受尊重需要和自我实现需要会激发人们外出旅游的动机。但是，如果仅用这一理论去解释所有人的旅游动机和现代社会如此大规模的旅游者外出旅游的动机，则有些勉强。因为根据上述分析，旅游动机只与较高层次的需要有关。按照马斯洛的解释，需要层次越高，到达这一需要层次的人数就越少。

2）探新求异的需要

追求新鲜感符合人的本性，好奇之心，人皆有之。早在18世纪，以教育为目的修学旅行即在欧洲流行，人们普遍认为，旅行可以增加一个人对异乡事物的了解并开阔眼界。而在现代，这一需要仍然在旅游中占重要地位。人们对常住地生活环境感到平淡乏味了，就希望到异地探新求异，走向国内各方和世界各地，了解各方面知识，亲临其境地接触各地人民，欣赏多种自然风光，体验异地文化。尤其是随着教育的发展和信息技术的进步，人们就愈加想了解世界上的其他地区，这就更加使人们渴望亲自到那些地方旅行游览，以满足自己的好奇心和求知欲。

3）满足人们回归自然的需求

随着工业文明的发展和科学技术水平的不断提高，使许多现代人摆脱了经济上和政治上的束缚，摆脱了繁重的体力劳动。但也正因为如此，人们常住在钢筋水泥、喧闹纷扰的城市环境中，再加上各种环境污染如汽车尾气、工业废水、噪声等污染源一天比一天严重地损害着人们的身心健康，破坏着由人类自己建造的生活环境，使人们感觉到缺少了人与自然的沟通，人与自然之间的距离越来越远了。在这个车水马龙的世界中，人们听不到鸟鸣，看不到蔚蓝色的天空，更嗅不到绿意葱葱的大自然的芳香。于是，人们渴望回归、享受大自然。而到森林、海滨、河流、山川等不受污染的大自然去旅游，就正好能够满足人们的这种回归自然、回归本性的愿望。据载，欧美、日本等发达国家的旅游者普遍偏重自然风光，乡村旅游流量增长迅速。

西班牙旅游部的一次抽样调查结果表明，52%的旅游者愿意到恬静的环境中度假。

4）逃避紧张现实，调节身心节律的需要

现代社会，竞争激烈，人们的生活节奏日益加快，工作压力、生活压力、人际关系压力等使人们的精神常年处于高度紧张之中。人们已经厌倦并不堪忍受，使得人们需要逃避、需要放松、需要调节。这是一种现代人追求的生存质量，又是一种生活时尚。因此，人们普遍希望在可能的情况下，暂时避开这样的环境，到环境幽雅、空气清新的地方度过一段时间，以调节自己的身心节律，恢复精神，松弛神经。旅游就是暂时躲避现实的一种很有效的方式。在外旅游期间，人们摆脱了日常身份的束缚，新奇的环境又带了新的刺激，舒缓原来紧绷的神经，从而可以有效地缓解人们的紧张和压力。随着旅游活动的大众化，越来越多的人把旅游看作是从日常喧哗的生活中解脱出来、消除紧张、调节身心的一种手段和方式。

总之，旅游是复杂的社会行为，旅游者产生旅游动机可能源于上述旅游需要的某一种，也可能出于其中两种或多种旅游需要。旅游者通过满足单一性或复杂性的需求，找到心理上的平衡点，促进身心健康，这是现代人热衷于外出旅游的动机所在。

## （二）旅游动机的基本类型

动机表现需要，不同的需要产生不同的动机，即使相同的需要也可能因为人的民族、性别、年龄、职业和文化程度等因素的影响而以不同的动机表现出来，因此，促使人们外出旅游的直接旅游动机也是多种多样的。美国的学者约翰·A. 托马斯早在1964年就归纳出了18种重要的旅游动机，实际上，如果进一步详细罗列还能得出更多直接的旅游动机。为此，另一位美国的著名旅游学者罗伯特·W. 麦金托什则提出，因具体需要而产生的旅游动机可划分为下列四种基本类型（见表3-1）。

表 3-1　罗伯特·W·麦金托什列举的旅游动机

| 身体健康的动机 | 休息、运动、游戏、治疗等 |
| --- | --- |
| 文化的动机 | 艺术、风俗、语言、宗教等 |
| 交际的动机 | 在异地结识新的朋友、探亲访友、摆脱日常工作和家庭事务等 |
| 地位与声望的动机 | 考察、交流、会议、从事个人兴趣的研究、求学等 |

资料来源：MCINTOSH, GOELDNER. Tourism. Ohio: Grid Publishing. 1984: 171-172.

1. 身体健康方面的动机

包括为了调节生活规律，促进健康而进行的度假休息、体育活动、海滩消遣、娱乐活动，以及其他直接与保健有关的活动。此外，还包括遵医嘱或建议做异地疗法、洗温泉浴、做医疗检查以及类似的疗养活动。属于这方面的动机都有一个共同特点，即通过与身体有关的活动来消除生理疲劳和心理紧张。

2. 文化方面的动机

人们为了认识、了解自己生活环境和知识范围以外的事物而产生的动机，其最大的特点是希望了解异国他乡的情况,包括了解其音乐、艺术、历史、语言、民俗、舞蹈、绘画及宗教等。

3. 人际(社会交往)方面的动机

人们通过各种形式的社会交往,保持与社会的接触,改变环境,结交新朋友,包括希望接触他乡人民、探亲访友、逃避日常的琐事及惯常的社会环境。

4. 地位和声望方面的动机

这方面的动机主要与个人成就和个人发展的需要有关。属于这类动机的旅游包括事务、会议、考察研究、追求业余癖好以及求学等类型的旅游。旅游者通过旅游实现自己受人尊重、引人注意、被人赏识、获得好名声的愿望。

实际上,人们外出旅游很少只出于一个方面的动机,而可能是几种动机综合作用的结果。只是有时某一动机为主导动机,其他为辅助动机,而有时则是有的动机被意识到了,而有的动机未被意识到而已。但是,不管怎样,旅游动机是人们对认识到的旅游需要的表现形式。

### (三)影响旅游动机的因素

人们从产生旅游动机到实际旅游行为是一个比较复杂的心理过程,并且人们外出旅游的动机是多种多样的,所以,人们必然会考虑旅游所需的自身和客观环境因素。

1. 个人自身主观因素

1)受性别、年龄和身体状况、受教育程度、职业的影响

(1)性别。性别对旅游者动机的影响主要在于社会传统观念赋予的性别角色不同,以及不同性别在社会中所处的地位和由此而来的就业、收入差别。使其旅游动机的产生和发展存在很大差异。长期以来,妇女担当以家庭为中心的社会角色,更多地从事家务,而男性更多地从事社会事务,对外界了解得多,相比之下男性的旅游动机更强烈。两性在体力方面的差异,导致对旅游内容的选择上也有不同,如探险旅游和商务旅游中以男性为主,而购物旅游以女性居多。另外,在选择旅游地,旅游工具,旅游价格方面,也有较大的心理差异。

(2)年龄和身体状况。年龄和身体状况对旅游动机影响很大。一个人在成长的每个阶段,随着生理、心理的发展和身体状况的变化,对旅游的欲望和需求也有很大的差异。如少年儿童好奇心强,喜欢游乐场所、动物园等;青年人求新、求异、求知等倾向强,乐于参加具有冒险性强、刺激、体力耗费大的活动,喜欢登山、游泳、跳伞等;中年人的旅游动机大都倾向求实、求名或出自专业爱好和求舒适享受方面;老年人由于健康及其他方面的原因,大多喜爱清静、节奏舒缓的活动,倾向于自然风光、疗养、怀古、访友等。身体状况是影响旅游心理的一个重要因素。身体好坏程度不仅对旅游动机的产生及强度影响极大,而且对旅游地、旅游资源的性质及旅游环境有较多要求,使旅游行为的实现受到多方面的限制。

(3)受教育程度。受教育程度会影响人的文化程度和修养,不同的文化差异间接造成了游客社会地位、经济收入以及旅游需求的明显差异,同时也影响到旅游者的旅游动机以及旅游目的地的选择。受教育程度越高,求知欲望越强,其出游倾向就越明显,就越是愿意牺牲

部分的物质享受,通过旅游获得精神生活上的满足。

(4) 职业。职业在很大程度上决定一个人的社会地位、收入水平以及闲暇时间的多少。职业不同,意味着收入、闲暇时间和教育程度的不同,旅游需要和旅游动机也不一样,如教师对异域风情、风景名胜区较感兴趣;行政人员、工程技术人员、公司职员主要以缓解压力放松、疗养与休闲为特征。

根据国家旅游局官网公布的《2015年来华入境旅游市场总览报告》显示,按照性别划分,2015年入境旅游外国人男性高于女性。男性来访人次为1 681.19万人,女性为917.35万人,如表3-2所示。按照年龄划分,2015年入境旅游外国人中,25~44岁来访人数占主体,为1 184.25万人;其次为45~64岁人群,为949.76万人;年轻群体和青少年来访比例低,如图3-2所示。

表3-2 2015年按性别统计的来华外国旅游人数

| 项目 | | 人数/万人 | 占总人数的比重/% |
|---|---|---|---|
| 性别 | 男 | 1 681.19 | 65 |
| | 女 | 917.35 | 35 |
| 合计 | | 2 598.54 | 100 |

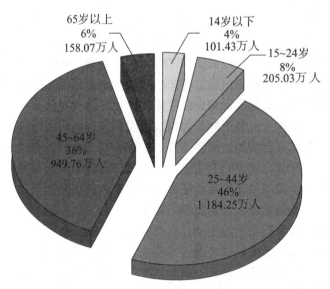

图3-2 2015年按年龄统计的来华外国旅游人数及比例

2) 个性心理的差异

一个人的个性心理特征起着重要的作用,不同个性心理特征的人有着不同的旅游动机,不同的旅游动机产生不同的旅游行为。在这一领域的研究中,美国的心理学家斯坦利·C. 帕洛格的研究颇具代表性。帕洛格研究发现，人们可以被分为如下五种心理类型（见图3-3），这五种心理类型分别被称为自我中心型（psychocentric）、近自我中心型、中间型、近多中心型、多中心型（allocentric）。其中处在两个极端的心理类型分别是自我中心型和多中心型。

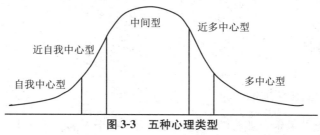

图 3-3　五种心理类型

资料来源：McIntosh & Goeldner. Tourism. Grid Publishing, Inc, Columbus, 1984.

心理类型属于自我中心型的人，其特点是思想谨小慎微，多忧多虑，不愿冒险。这类人强烈的旅游动机是休息与轻松。在行为表现上，这一类型的人喜欢安逸，好轻松，活动量小，不主动与陌生人交往，喜欢熟悉的气氛和活动，理想的旅游是一切都事先安排好，比较欣赏团体旅游的方式，旅游的习惯做法是乘车到他所熟悉的旅游地。

处于另一端的心理类型属于多中心型的人，特点是思想开朗，兴趣广泛而多变。行为表现上为求新奇，喜刺激，好冒险，活动量大，不愿随大流，喜欢与不同文化背景的人相处，喜欢到偏僻的、不为人知的旅游地体验全新的经历。这类人虽然也需要旅游企业为他提供某些基本的旅游服务，如交通和住宿，但是他们更乐于有较大的自主性和灵活性，有些人甚至会尽量不使用或少使用旅游企业的服务和产品。

除了这两个极端类型外，中间型属于各种性格特点均不明显的混合型，近自我中心型和近多中心型则分别属于两个极端类型与中间型之间但又略倾向于各极端特点的过渡类型。帕洛格的这一模型，虽然大体上将人按个性心理特征划分为这五种主要类型，但是划分并非绝对。他也肯定了人在心理上存在某种连续性，表现在行为上就是人的行为具有明显的弹性或灵活性。

2. 外部客观环境因素

旅游动机除了受个人自身主观因素影响之外，还会受社会文化因素、微社会环境、家庭或个人的收入状况等外部客观环境因素的影响。这些因素对人的旅游动机产生或大或小或正或负的影响。

社会文化因素对人的旅游动机产生影响。如受民族风俗的影响方面，一般而言，欧美国家的人把度假、娱乐作为文化生活中的重要组成部分，他们往往爱好四处周游、探险、欣赏异域文化。而一些发展中国家的人，则崇尚勤劳、节俭、乡情浓郁、故土难离，往往视旅游为游手好闲、浪费钱财。

微社会环境（即个人所属的社会团体及阶层、周围的人际关系等）也可影响一个人的需要和旅游动机。如一个原本不打算外出旅游的人在朋友的影响下也可改变主意而外出旅游。

家庭或个人的收入状况对旅游动机也会产生很大影响。旅游活动需要花费大量的钱财，需要以一定的经济收入做后盾，人们可自由支配收入的多少和旅游费用的高低直接影响旅游活动的范围和旅游动机的形成。当一个家庭的收入不足以购买基本生活必需品时，该家庭很少会外出旅游。

## 二、客观条件

### （一）个人可自由支配收入

收入如果只能维持温饱，那旅游就是一句空话。一个人的收入水平，或其家庭的收入水平和富裕程度，决定一个人能否实现旅游及其外出旅游消费水平的高低，是外出旅游的重要物质基础和首要条件。但是，一个人或家庭的收入并不可能全部都用于旅游。所以，决定一个人能否实现旅游的个人或家庭收入水平，实际上是指其个人或家庭的可支配收入（disposable income），更确切地说是其个人或家庭可自由支配收入。

个人可自由支配收入是旅游产生的首要条件。所谓可支配收入是指扣除全部纳税后的收入。可自由支配收入则指扣除全部纳税及社会消费（如健康人寿保险、老年退休金和失业补贴的预支等），以及日常生活必须消费部分（衣、食、住、行等）之后所余下的收入部分。另外，收入水平不仅影响旅游者在外旅游期间的消费水平和消费构成，还会影响旅游者对旅游目的地及旅行方式、旅游活动内容的选择。

### （二）闲暇时间

人们购买普通的物质产品通常只需要金钱，但外出旅游购买旅游产品，不但需要金钱，还需要时间，因为，旅游者的旅游活动都表现为异地性，旅游者必须离开常住地前往异国他乡参观访问，这就要求旅游者只有拥有足够多的闲暇时间才能完成旅游活动。所以，闲暇时间是旅游产生的重要条件。

什么是闲暇时间呢？我们从人类活动时间构成来谈起。如表3-3所示。

表3-3 人类活动时间构成

| 时间 | | 活动 |
| --- | --- | --- |
| 工作时间 | 法定工作时间 | 我国目前实行每周工作5天，每天8小时工作制 |
| | 附加工作时间 | 必要的加班加点，必要的第二职业 |
| 用于满足生理需要的生活时间 | | 吃饭、睡觉、家务等 |
| 必要的社会活动时间 | | 必要的社交约会、学校的家长会、家庭事务等 |
| 闲暇时间（自由时间，可自由支配时间） | | 休闲、娱乐、消遣、社交或自己乐于从事的活动 |

从上述时间构成来看，人类活动时间可分为工作时间、生活时间、社会活动时间和闲暇

时间三个部分。也就说明闲暇时间是除去前三项之外的非工作时间。但是它不包括所有的非工作时间，而只是其中的一部分。所以，闲暇时间是指人们在劳动时间之外，除去满足生理需要和社会活动需要等必需时间后，剩余的个人可自由支配的，从事休闲娱乐或自己乐于从事的其他事情的时间。闲暇时间可分为每日闲暇、每周闲暇、公共假日和带薪假期四种。

当然，并非所有的闲暇时间都可以用来旅游。这里的闲暇时间通常是指拥有一定数量并且连续集中的闲暇时间。

1. 每日闲暇

每天工作（学习）和生活之后的闲暇时间。这部分余暇时间很零散，虽可用于娱乐和休息，却不能用于旅游。

2. 每周闲暇

周末休息日或每周轮休日，一般有1至2天不等。如现在我国每周实行5天工作日，故周末假日为2天，可以进行一些短程旅游。

3. 公共假日

即我们通常所说的节日放假。世界各国公共假日的多少不同（见表3-4），大都与各国民族传统和宗教信仰有关。如目前我国的春节、清明节、端午节、中秋节、"五一"、"十一"都是公共假日，每次假期时间为3到7天（包括周末假日在内）人们可以利用这类闲暇时间进行旅游活动。西方国家最重要的公共假日是圣诞节和复活节。节假日往往是家庭外出探亲访友或旅游度假的高峰期。

表3-4 部分国家公共假日的情况

| 国家（地区） | 公共节假日/（天/年） |
| --- | --- |
| 意大利 | 15 |
| 西班牙、日本、芬兰 | 14 |
| 德国、英国、新加坡、希腊 | 13 |
| 新西兰、葡萄牙 | 12 |
| 美国、法国等 | 11 |
| 比利时 | 10 |
| 丹麦、澳大利亚 | 9 |
| 加拿大 | 8 |
| 瑞士 | 7 |

4. 带薪假期

大多数发达国家和部分发展中国家规定了对就业员工实行带薪休假制度。法国是第一个以立法的形式规定就业人员享有带薪假期的国家。目前，世界各国的带薪假期各不相同（见表3-5）。例如，德国，受法律保护的带薪假期达到至少18天。法律还规定，人们可以根据自己的实际情况分拆安排休假日期,但至少有一次休假必须达到 12 天。我国 2008 年 1 月 1 日起施行的《职工带薪年休假条例》中规定,职工累计工作已满 1 年不满 10 年的,年休假 5 天;已满 10 年不满 20 年的,年休假 10 天;已满 20 年的,年休假 15 天。由于带薪假期时间长并且集中,成为人们外出旅游,特别是开展远程旅游的最佳时机。

表 3-5  部分国家带薪假期的情况

| 国家 | 带薪假期/(天/年) |
| --- | --- |
| 德国、意大利 | 35～42 |
| 瑞典 | 33 |
| 澳大利亚、丹麦 | 30 天以上 |
| 法国、西班牙、巴西、芬兰 | 30 |
| 英国 | 20～27 |
| 比利时 | 24 |
| 韩国 | 20 |
| 澳大利亚 | 至少 20 |
| 泰国 | 10～20 |
| 日本 | 6～20 |

以上四种闲暇时间主要针对就业人员的休闲旅游,公务旅游和离职人员的旅游不受时间因素的限制。另外,教师和学生比较特殊,其寒暑假是可进行旅游活动的最佳时间。

总之,人们有足够数量而且比较集中的闲暇时间才有可能实现外出旅游。虽然并非所有的闲暇时间都用于旅游,但从旅游需求的角度来看,闲暇时间,尤其是时间较长且较集中的闲暇时间仍是实现个人旅游的重要条件。

### (三)其他客观条件

足够的个人可自由支配收入和充足的个人可自由支配时间是实现旅游活动的两个重要的客观条件,但是并不是说,一个人只要具备了这两项条件就肯定能成为旅游者。实际上,一个人能否成为现实的旅游者,还受到许多客观因素的影响和制约。主要有旅游目的地的自然因素、社会条件、旅游者的个人因素三个方面(见表 3-6)。

表 3-6  其他客观因素对旅游倾向的影响

| 社会经济因素和个人因素 | 对旅游倾向的影响 |
| --- | --- |
| 家庭户主学历 | 积极影响 |
| 家庭户主职业 | 积极影响(就职业的社会地位而言) |
| 户主年龄 | 消极影响 |

续表

| 社会经济因素和个人因素 | 对旅游倾向的影响 |
|---|---|
| 生命周期 | 消极影响（就婴幼儿拖累而言） |
| 种族 | 有色人种不如白人积极 |
| 性别 | 男性比女性积极 |

资料来源：Arthur D. Little, Inc., Tourism and recreation, Oct 1967: 64.

1. 旅游目的地的自然因素

旅游者对各种因素非常敏感，微小变化都可能影响旅游者是否外出旅游。旅游目的地包括地震、瘟疫流行、洪水、气候异常等自然现象，都会使旅游者望而却步。如我国2003年的"非典"疫情、2008年1月的"雪灾"和"5·12"汶川大地震、2009年甲流等都使旅游者人数急剧下降，给旅游业造成了重创。

2. 旅游目的地的社会条件

旅游目的地的社会条件主要是指一个国家或地区的政治经济制度、社会政治环境以及社会治安等方面。世界经济形势及外汇市场汇率的变化会对旅游产生影响，世界经济增长较快的时期，国际旅游者就会增加。2008年，金融海啸迅速从西半球传导到全世界，国内游、出境游、入境游均受到不同程度的影响。另外，一个国家或地区的政局不稳定或者社会治安混乱，都会使来这些地方旅游的人数减少。交通运输技术的发展和旅游住宿业的完善，会极大地推动旅游的发展。

3. 旅游者的个人因素

年龄、性别、种族、教育程度等因素都可能影响一个人旅游活动的实现。但其中有两个因素最为重要。

（1）个人身体状况。人们都知道，任何旅游活动都要耗费一定体力和精力，并非人人都适宜出游。根据我国国家旅游局对来华国际旅游者的统计，50岁以下的旅游者占旅游人数的80%左右，旅游者中以身强力壮的中青年最多。而老年人在外出旅游者中比例不高，究其原因在于他们身体状况随着年龄的增加而下降，无法适应旅游活动中的舟车劳顿。不过，随着社会医疗条件和保健技术的发展，人类平均寿命也在增长。同时随着人们生活水平的提高，生活条件的改善，以及注重对身体锻炼，当今老年人的身体状况和素质都有了显著的提高。人口老龄化现象越发突出，老年人的思想也不断解放，旅游业界也针对老年人旅游的普遍心理和体能特征的要求推出了许多旅游产品，"银发"旅游的高潮即将到来。

（2）个人家庭状况。个人家庭状况主要是指家庭拖累状况。很多调查表明，家中有4岁以下婴幼儿的家庭，因为有小孩的拖累，外出旅游的可能性很小。同时，有重症病人及年龄较高的老人的家庭也因类似的原因而较少外出旅游。而丁克家庭或单身户外出旅游的比例最大，他们生活自由自在的，没有牵挂，没有羁绊，可以随心所欲地选择时间、地点去旅游。

## 第三节　旅游者类型及其需求特点

### 一、旅游者的类型

旅游者是旅游活动的主体,有何种类型的旅游活动,就有何种类型的旅游者。由于旅游活动没有统一的划分标准,因此旅游者的类型划分也没有统一的标准。目前在学术界和实际工作部门根据不同的标准来划分旅游者的类型。

#### (一)国际组织和机构的划分

(1)世界旅游组织,将旅游者根据是否过夜分为旅游者和一日游游客,对于这两类,又根据其是否是本国居民分为国内和国际两类。

(2)罗马会议,根据旅游者主要访问目的分为以下类型:娱乐、度假、保健疗养、学习、商务、探亲访友、公务会议、宗教和体育活动等。

#### (二)比较常见的划分

(1)按照地理范围划分,可分为国内旅游者、国际旅游者、洲际旅游者、环球旅游者。

(2)按旅游活动的组织形式划分,可分为团体旅游者和散客旅游者。

(3)按旅行距离划分,可分为远程旅游者和中短程旅游者。

(4)按消费方式划分,可分为自费旅游者、公费旅游者、奖励旅游者。

(5)按年龄和身份划分,可分为儿童旅游者、青少年旅游者、中老年旅游者、学生度假旅游者、新婚蜜月旅游者。

(6)按旅游活动内容或旅游者出游目的划分,可分为观光型旅游者、娱乐消遣型旅游者、差旅型旅游者、个人和家庭事务型和特种旅游者。

除了以上列举的几种划分方法以外,还可以根据研究和实际需要来划分旅游者类型,比如还可以按旅游交通方式、年龄性别、旅游者的消费水平、享受程度、旅行距离等多种方法划分类型。显而易见,依照不同标准划分的旅游者类型,彼此之间互有交叉重叠。在实际研究和工作中,有时需要运用两种或多种标准对旅游者进行细分。值得一提的是,划分旅游者类型只是为一定的研究目的服务的手段,并非单纯为了划分而划分,是根据实际需要而选择和进行的。

对旅游者分类的主要目的是研究旅游者在旅游中不同需要的特点,以便为旅游服务业提供依据,那么,研究按旅游活动内容和出游目的为标准划分的旅游者的不同需求是最合适的。

## 二、按旅游活动内容或旅游者出游目的划分的旅游者及其需求特点

### (一) 观光型旅游者

观光型旅游者以观赏自然风光、城市风光、名胜古迹、了解民俗风情等获得美的享受和身心愉悦,以调节体力为主要目的,观光型旅游者的核心行为就是两个字——审美,这类旅游者的需求多表现为新鲜、奇特,其特点如下。

1. 历史最悠久,最普遍的类型

这是世界上最古老、最常见、最为普及、最基本的旅游者类型,无论是什么文化程度、生活阅历和价值取向,几乎所有的旅游者都不会排斥此类旅游活动。2018年,我国入境外国游客人数4 795万人次(含相邻国家边民旅华人次),按出行目的划分,会议商务占12.8%,观光休闲占33.5%,探亲访友占2.9%,服务员工占15.5%,其他占35.3%,如图3-4所示。

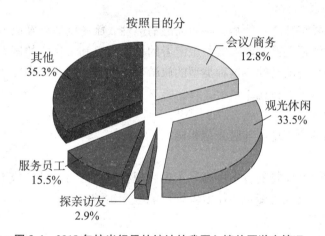

**图 3-4　2018年按出行目的统计的我国入境外国游客情况**
资料来源:中华人民共和国文化和旅游部官网2018年旅游市场基本情况

2. 以观赏、游览为主,缺乏参与性

旅游者对旅游吸引物(自然风光、文物古迹、民族风情、都市风貌等)以静态观赏为主,缺乏旅游活动中的参与性和交流性。

3. 旅游范围则以热点城市为主

旅游者喜欢知名度较高的旅游热点城市和地区。

4. 花费较少,对价格敏感

旅游者由于流动性大,因此,在旅游地实现的消费量较少。由于属于自费旅游,对价格

非常敏感。

  5. 出游的季节性强

  这是基于三个方面的原因。一是观光的对象受自然条件的影响，其景观存在着季节性的差异，各旅游地在不同的季节吸引力不同；二是一些人文旅游资源，如节庆活动也有时间性，导致观光旅游随季节变化；三是旅游者外出旅游主要是利用节假日和带薪假期，这也客观上形成了旅游的淡旺季差异，如我国的春节、"五一"、"十一"就形成了旅游旺季。

  6. 活动空间范围和自由度大

  旅游者在旅游地的活动空间范围和自由度大，在目的地逗留的时间不长，且重游率低。

## （二）娱乐消遣型旅游者

  娱乐消遣型旅游者是以娱乐、消遣求得精神放松，消除紧张，享受无负担、无压力的环境所带来的欢愉为主要目的。包括度假旅游者、休闲旅游者、娱乐旅游者等。这类旅游者人数正在不断增多，并逐步发展成为当今世界旅游者的主要类型之一。这类旅游者的需求表现为追求娱乐、参与、消遣、刺激和享受。其特点如下。

  1. 比例大

  现代旅游的主要特征之一就是旅游活动的消遣性。旅游度假已经成为人们生活的重要组成部分，由于娱乐消遣型旅游能够摆脱旅游者的社会角色和工作中的压力、调节旅游者的生活节奏，达到愉悦身心的目的，这种类型的旅游者人数日趋增多。在发达国家的所有旅游者中，娱乐消遣型旅游者所占比重最大。

  2. 季节性强

  外出季节性强的原因基本与观光型相同。

  3. 自由度高

  旅游者对旅游活动安排的自由度高，主要表现在对旅游目的地、旅游方式及出发时间的选择等方面。比如天气发生变化，旅游者则可能改变出游的时间。

  4. 对价格比较敏感

  由于自费的缘故，娱乐消遣型旅游者大都对价格较为敏感。如果旅游者认为某旅游目的地旅游产品过于昂贵，则会拒绝前往而另选别处。他们追求物有所值，一般花费较高。

  5. 出游和停留时间较长

  例如这类旅游者来华旅游时很少只参观游览一个城市，总要去各地走走。即使主要逗留于某一旅游胜地，由于消遣度假的原因，停留时间也会相对较长。

## （三）差旅型旅游者

  差旅型旅游者是指根据工作需要，以贸易合作、商务洽谈、出席会议、举办展览、科学文化交流等为主要目的，在完成商务的前后，参观游览风景名胜，进行旅游消费等活动的旅游者。多样性消费，是差旅型旅游者的一个特征，包括商务旅游者、会议旅游者、会展旅游者等。其特点如下。

1. 人数少，出行次数频繁

人数相对较少，可能是三五人，也可能是一人出行，但出行次数较多，根据工作需要，他们可能多次出游同一个目的地。

2. 季节性不强

由于他们出行是出于工作或业务的需要，因而不受季节的影响，或者说出行没有季节性。只要业务需要，可以在任何季节外出旅行。除非该目的地发生严重自然灾害而影响该次差旅之行，否则，一般季节、气候不会构成影响外出的因素。

3. 对价格不大敏感

旅游者费用主要由团体的公费开支，支付能力较强，一般对消费价格不大计较。

4. 自由度低，计划性强

因为任务在身，对目的地的选择性较小，甚至根本没有选择的余地。对旅游时间没有太多选择余地，根据工作需要，可以在任何季节和时间外出旅游。但由于工作安排，外出旅游计划性强，旅游目的地及停留时间的长短都被限定，一般以就近短途和短时旅游为多。

5. 消费能力较高，对旅游产品和服务质量要求较高

旅游者为了提高工作效率和维护自己的身份和地位，其中特别是商务旅游者，豪华享受是他们经济实力和经济地位的象征。因此，他们在外出旅游过程中，追求档次、追求高消费，对旅游产品和服务质量要求较高。

（四）家庭及个人事务型旅游者

家庭及个人事务型旅游者是指以探亲访友、寻根问祖、出席婚礼、参加开学典礼或节庆活动、购物等涉及处理家庭和个人事务为目的而出行的旅游者。包括探亲访友旅游者、求学旅游者、医疗保健旅游者、购物旅游者等。这类旅游者出游主要以解决家庭及个人事务为主，消遣娱乐为辅。由于出行目的的多样性，所以他们的需求比较复杂，旅游者的特点要视具体情况具体分析，一般而言，具有以下特点。

1. 对价格较敏感

由于这类旅游者是因家庭及个人事务而出行，属于自费旅游，因此大多在乎价格。如果旅游产品价格过高，他们就有可能减少旅游活动的项目，或采取其他方法和途径来代替出行。

2. 季节性较弱

家庭及个人事务往往具有偶然性和突发性，因此很多事务型的出行季节不以旅行者的主观意志为转移，而是根据家庭或个人事务需要确定出游时间，因此季节性较弱。如出席婚礼、参加节庆活动，不管什么季节，只要受到邀请并愿意赴约，人们就一定会按活动的日期准时出席。

3. 多集中于传统节假日

在旅游时间上，多数人是利用节假日或带薪假期外出旅行，处理家庭及个人事务，如探亲访友者相当多的人都是选择传统节假日出行。

4. 很少或没有选择目的地和时间的自由

旅游者对目的地、动身时间、旅行方式等方面的选择性较小或者根本没有选择余地，往往因时间紧迫，他们对交通工具也不会太挑剔。

5. 在旅游过程中旅游者往往很少在旅游地住宿以及利用其他服务设施

总的来看，家庭及个人事务型旅游者因具体事务差异性较大，因而在表现出来的特点上又具有一定的复杂性，所以对这类旅游者的情况只能根据具体情况具体分析。

## （五）特种旅游者

特种旅游（special interest tour）是一种新兴的旅游形式，它是在观光旅游和度假旅游等常规旅游基础上的提高，是对常规旅游形式的一种发展和深化。它是一种高品质的旅游产品。"特种旅游"，这一概念，通常也被称为"专题旅游""专项旅游""特色旅游"等。它是为满足旅游者某些方面的特殊兴趣与需要，定向开发组织的一种特色专题旅游活动。

特种旅游作为旅游形式的一个类别，除了与观光旅游、度假旅游一样都具有为旅游者提供食、住、行、游服务的共性之外，它强调的是参与与体验，侧重个性化、目的性。最主要的是要与全体旅游者共同参与旅行，并在参与中互相帮助、互相指导，用自己的专业知识实现旅游目标。此种旅游活动面大，常常涉及边远、人迹罕见的地域，旅游活动方式超乎寻常，难度极大。就目前我国的实际情况，地区跨度大、使用汽车、自行车、摩托车作为旅游交通工具的旅行和非赛事的滑雪、攀岩、漂流、热气球、滑翔等体育旅游；到高山、峡谷、沙漠、洞穴、人迹罕至区域的探险旅游；以及短期观赏、勘探、考证为主要旅游形式的自然、人文景观科考旅游等均可列入特种旅游的范围。

根据特种旅游的开展及实际操作经验的性质判断，它与观光旅游、度假旅游相比较，具有下述几个方面的内在特质。

1. 特种旅游者以中青年人为主体

年老及年幼者很少参与特种旅游。一方面，年老者对新、奇、险和浪漫与刺激的特种旅游体验的需求较少，另一方面，特种旅游出于对旅游者身体素质的要求以及旅游安全的考虑，限制老年及年幼者参与一些难度较大的特种旅游。

2. 参与特种旅游活动的旅游者志趣相投

参与特种旅游活动的旅游者一般具有冒险精神和耐受艰苦条件的体魄，一般会选择志同道合的人作为旅伴，并在旅游者团体内部形成共同的文化准则。

3. 特种旅游者对行程的组织有较高的自主性、参与性和能动性

由于特种旅游强调参与性和能力性，因此在旅游过程中很多事项都需要旅游者自己安排，诸如自备交通工具、自备架拆帐篷、参与餐食准备、组织娱乐活动，甚至参与排除事先

安排的"险情"或偶尔出现的"危险"局势。旅游者在参加特种旅游过程中的自主参与性，在某种意义上改变了他们在常规旅游中的角色和心理上的被动性，使旅游者有一种感觉，即特种旅游是充分发挥他们自身潜力、施展才干的机会，使他们在体验、欣赏自然风光和人文风情的同时，享受自身潜能和才干在探险中得到体现的欣喜愉悦。

4. 特种旅游者追求旅游过程体验性

对旅游过程的体验成为特种旅游者的重要追求之一。如徒步、野营、高山探险、江河漂流、自驾旅游等旅游活动，其魅力更多地表现在活动的过程当中。例如高山探险，旅游者的目的不仅仅是追求登顶成功后的喜悦，在行进过程中对自身极限的挑战和对自己毅力的磨炼才是登山的意义所在。

5. 特种旅游者强调感受刺激与浪漫

特种旅游者对旅游内容要求"新、奇、险"，通过"新、奇、险"来感受浪漫和刺激。特种旅游者常常还追求冒险的体验和感受。但要说明的是，他们并不是真正去冒险，而要的恰恰是"有惊无险"。漂流、登山、攀岩、探洞、露营等特种旅游，集新、奇、险于一身，最能满足特种旅游者的期望。

6. 特种旅游者对路线和区域有特殊的要求

特种旅游的路线和区域，无论自然环境还是人文环境，必须具有浓烈的原始自然性。由此而组成的旅游线路和项目，对旅游者才能有新鲜感、刺激感和探险性。因此，特种旅游项目的路线通常是边（边疆）、古（有悠久文明史）、荒（沙漠、人迹罕至之处）、奇（有奇特的地形地貌特征）、险（高山、峻岭、险地、恶水）、少（少数民族聚居地）地区。

7. 特种旅游者的出游方式具有特殊性

特种旅游的出游方式可能借助人力出游（徒步、狩猎、登山、驮队、自行车旅游），也可能自驾机动车出游（汽车、摩托车、其他机动运输工具）。

8. 特种旅游者在时间、线路、吃住标准等方面都有较大的灵活性

在旅游消费价值取向上，特种旅游者侧重于自主性、个性化、目的性。一般而言，特种旅游者更注重精神或心理上的满足感，对物质上的要求相对而言不高。因此，此类旅游者对食宿及服务设施的要求低，耗费不多，甚至是零消费。

**阅读资料**

# 我国最新休假制度

2007年12月，国务院公布了《职工带薪年休假条例》和第二次修订后的《全国年节及纪念日放假办法》，标志着新的休假制度正式出台。《职工带薪年休假条例》的内容如下。

第一条　为了维护职工休息休假权利，调动职工工作积极性，根据劳动法和公务员法，

制定本条例。

第二条 机关、团体、企业、事业单位、民办非企业单位、有雇工的个体工商户等单位的职工连续工作1年以上的，享受带薪年休假（以下简称年休假）。单位应当保证职工享受年休假。职工在年休假期间享受与正常工作期间相同的工资收入。

第三条 职工累计工作已满1年不满10年的，年休假5天；已满10年不满20年的，年休假10天；已满20年的，年休假15天。国家法定休假日、休息日不计入年休假的假期。

第四条 职工有下列情形之一的，不享受当年的年休假：

（1）职工依法享受寒暑假，其休假天数多于年休假天数的；

（2）职工请事假累计20天以上且单位按照规定不扣工资的；

（3）累计工作满1年不满10年的职工，请病假累计2个月以上的；

（4）累计工作满10年不满20年的职工，请病假累计3个月以上的；

（5）累计工作满20年以上的职工，请病假累计4个月以上的。

第五条 单位根据生产、工作的具体情况，并考虑职工本人意愿，统筹安排职工年休假。年休假在1个年度内可以集中安排，也可以分段安排，一般不跨年度安排。单位因生产、工作特点确有必要跨年度安排职工年休假的，可以跨1个年度安排。

单位确因工作需要不能安排职工休年休假的，经职工本人同意，可以不安排职工休年休假。对职工应休未休的年休假天数，单位应当按照该职工日工资收入的300%支付年休假工资报酬。

第六条 县级以上地方人民政府人事部门、劳动保障部门应当依据职权对单位执行本条例的情况主动进行监督检查。工会组织依法维护职工的年休假权利。

第七条 单位不安排职工休年休假又不依照本条例规定给予年休假工资报酬的，由县级以上地方人民政府人事部门或者劳动保障部门依据职权责令限期改正；对逾期不改正的，除责令该单位支付年休假工资报酬外，单位还应当按照年休假工资报酬的数额向职工加付赔偿金；对拒不支付年休假工资报酬、赔偿金的，属于公务员和参照公务员法管理的人员所在单位的，对直接负责的主管人员以及其他直接责任人员依法给予处分；属于其他单位的，由劳动保障部门、人事部门或者职工申请人民法院强制执行。

第八条 职工与单位因年休假发生的争议，依照国家有关法律、行政法规的规定处理。

第九条 国务院人事部门、国务院劳动保障部门依据职权，分别制定本条例的实施办法。

第十条 本条例自2008年1月1日起施行。

资料来源：职工带薪年休假条例．中华人民共和国国务院令，第514号

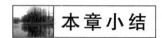

在本章中我们对旅游活动的主体——旅游者进行了较为系统、全面的了解。在旅游者的

概念上，世界各国对国际旅游者进行界定多以罗马会议定义或世界旅游组织定义为基准。对于国内旅游者，各国则有不同的定义和统计口径。旅游者的形成取决于主客观两方面条件。客观条件包括个人可自由支配收入、闲暇时间及其他因素；主观条件也就是个人主观上的旅游动机。旅游动机来源于旅游需要，直接引发旅游行为；因具体需要而产生的旅游动机可划分为四种基本类型，影响旅游动机的因素很多，最根本的是个人心理特征。我们根据研究和实际需要来划分旅游者类型，其中最常用的分类是按旅游活动内容与旅游目的来划分，可分为观光型旅游者、娱乐消遣型旅游者、差旅型旅游者、家庭及个人事务型旅游者、特种旅游者五大类。并对五类旅游者的需求特点进行了分析。

## 复习思考题

1. 一个人离开了本单位或家宅，在本居住地的城市或郊野游玩了几个小时，当晚又回到了住地。请问这个人算不算旅游者？
2. 我国对海外来华旅游人员以及国内游客是如何界定的？
3. 一个人要成为现实的旅游者应具备哪些条件？认识这些条件有什么意义？
4. 旅游动机有哪几种类型？
5. 根据旅游活动内容或旅游者出游目的划分，从行程、消费、时间安排等方面归纳三种不同旅游者的特点。
6. 自2008年1月1日起施行《国务院关于修改〈全国年节及纪念日放假办法〉的决定》对旅游者外出旅游有何影响？
7. 实训题

选择一个旅游景点，对游客进行实地调查，了解他们的出游原因及动机，分析他们所属的旅游者类型和特点，整理成调查报告或论文。

8. 案例分析

（1）宁乡炭河里古城的管理人员王先生一行12人，于2017年8月到广州佛山参加为期3天的旅游博览会，之后利用余暇时间游览了西樵山、佛山祖庙、千灯湖、三水荷花世界等景点。

（2）高考结束后，海南的小徐和同学来到北京，进行了为期10天的"京城深度游"。

（3）2018年国庆节期间，上海的易女士一家三口，回到老家湖南常德参加她表妹的婚礼，之后带着家人游览了凤凰古城等景区。

请分析上述旅游者属于哪一种类型的旅游者？为什么？

# 第四章
## 旅游资源

**本章要点**

熟悉旅游资源开发的条件、旅游资源保护主要措施；

了解我国旅游资源及特点、类型及旅游资源破坏的原因；

掌握旅游资源的概念、特征、开发的基本原则、主要内容及可行性研究。

旅游资源作为旅游活动的三大要素之一，是旅游活动的物质基础和客观要素，也是满足旅游者旅游愿望的客观存在物。一个国家或地区旅游资源的数量、规模、特色、分布状况以及开发和保护水平，直接影响着该国或该地区旅游业经营规模、客流量以及与此相关的旅游消费水平。

# 第一节  旅游资源的概念

## 一、旅游资源的定义

### （一）国内学者对旅游资源的定义

关于旅游资源的概念，许多学者曾对此作过积极的探讨。但由于研究的视角和出发点不同，因此对于旅游资源的理解可谓众说纷纭、莫衷一是，比较有代表性的解释有以下几种。

（1）旅游资源是在现实条件下，能够吸引人们产生旅游动机并进行旅游活动的各种因素的总和。

（2）凡是能够为人们提供旅游欣赏、知识乐趣、度假休闲、娱乐休息、探险猎奇、考察研究，以及人民友好往来和消磨时间的客体和劳务，都可称之为旅游资源。

（3）凡是能够造就对旅游者具有吸引力的自然存在和历史文化遗产，以及直接用于旅游目的的人工创造物。

（4）凡能激发旅游者旅游动机，吸引旅游者前来观光、浏览，满足其生理和心理需求的一切自然和人文因素，都可称之为旅游资源。

（5）旅游资源就是能对旅游业产生经济效益的旅游对象物，即对旅游者能够产生观赏吸引力的客体资源。

（6）自然界和人类社会凡是能对旅游者产生吸引力，可以为旅游开发利用，并可产生经济效益、社会效益和环境效益的各种事物和因素，都可以视为旅游资源。

### （二）国外学术界对旅游资源的理解

国外学术界对旅游资源虽然使用过"tourism resource"这一术语，但它所指的旅游资源的涵盖面与我国相比要广泛得多。它除了包括我们所说的旅游对象物外，还包括所有其他各种可为旅游业所使用的设施和条件，如旅游接待设施、旅游服务及旅游交通条件等。

### (三）旅游资源的本质属性

**1. 旅游资源具有吸引性**

旅游资源是吸引人们旅游的源泉，具有激发旅游者旅游动机的吸引性。这是旅游资源最大的特点和属性并已在学术界得到公认。旅游资源对旅游者吸引力的大小是评价旅游资源的根本尺度，同时也直接决定着旅游资源效益的高低。

**2. 旅游资源具有客观存在性**

旅游资源作为资源的一种类型，与其他资源一样，具有客观存在性，是旅游业发展的基础。无论是湖光山色、阳光海滩，还是文化名城、珍贵文物，都是物质的、有形的客观实体，具有客观存在性。非物质形态的旅游资源如文学作品、神话故事等只要同物质景观相结合，就能够为原有的物质景观增添不少色彩，并进一步增强其旅游吸引力。所以，无论是物质景观形态的旅游资源，还是依附于物质景观的非物质形态的精神旅游资源，均是旅游资源的重要组成部分，其实质上都具有客观存在性。

**3. 旅游资源具有动态变化性**

旅游资源是一个发展的概念，在区域旅游业分组的不同历史阶段，以及全国乃至全球旅游业发展的不同历史阶段，人们对旅游资源的内涵都有不同的理解与认识。一般来说，旅游资源的范畴会随着社会、科学技术的进步，以及物质文化、精神文化的发展而不断发展变化，其总体趋势是不断扩大的。随着人们生活水平的提高，人们的旅游需求不断多样化、个性化，为满足人们日益增长的事物，在某种条件和因素的作用下，可以变为旅游资源。近年来，工业旅游、都市旅游、探险旅游、休闲度假旅游的兴起，就很好地说明了这一发展趋势。此外，人们的旅游活动也不再局限于地面，还开始向水下、空中发展。21世纪，人类实现了乘航天飞机翱翔太空的愿望，使得旅游资源的范围从地球的地理环境扩展到地球外的太空环境。可以预见，随着旅游业的发展，旅游资源的范围还将继续扩大，有些现在看起来还不是旅游资源的客体或因素，很可能会成为新的旅游资源。因此，旅游资源是一个不断运动和发展变化的概念，我们只有用动态的、发展的观点去认识它，才能对其做出科学的界定。

基于上述认识，我们将旅游资源的概念界定为：凡是对旅游者有吸引力、能激发旅游者的旅游动机，具备一定旅游功能和价值，可以为旅游业开发利用，并能产生经济效益、社会效益和环境效益的事物和因素，都可称为旅游资源。

## 二、旅游资源的类型

对旅游资源进行科学分类，是认识、评价旅游资源的前提，这不仅仅是旅游资源开发利用的基础工作，也是旅游管理者、旅游开发者和旅游决策者制定旅游发展规划、保护旅游资源及其旅游环境所必不可少的科学资料和重要依据。关于旅游资源的分类标准和方法很多，从不同的角度、不同的目的出发，可以有不同的分类标准和分类方法，其各种要素也可根据旅游资源的开发和利用进行取舍。就目前比较通行的分类方法，根据旅游资源的基本属性和特征，可把旅游资源分为自然旅游资源、人文旅游资源和社会旅游资源三大类。

1. 自然旅游资源

凡是各种自然环境、自然要素、自然物质和自然现象构成的自然景观，能够激发人们兴趣、使人产生美感体验且具有观赏、游览、休憩、疗养价值的，都属于自然旅游资源的范畴。自然旅游资源主要是天然存在的，具有明显的地域性特征，在观赏和利用上有着较大的随意性和共同性。根据自然旅游资源的组成物质和成因的不同，可以分为：地质构造类自然旅游资源、风景水体类自然旅游资源、生物类自然旅游资源、大气气象类自然旅游资源、宇宙景观类自然旅游资源。具体来说，地质构造类自然旅游资源，就是通过地质构造形成的旅游资源，表现为山峰、峡谷、峰林、熔岩、洞穴、沙滩、火山、沙漠、戈壁等；风景水体类自然旅游资源，以水体为载体，表现水体自然之美，如江河、海洋、溪流、湖泊、瀑布、泉、冰川等；而生物类自然旅游资源通过森林、草原、古树名木、珍稀动植物等，给人以美的享受；大气气象类自然旅游资源是以大气气象为对象，表现为云海、雾海、海市蜃楼、日食、月食等；宇宙类自然旅游资源则包括如太空、星体、陨石等宇宙景观。

2. 人文旅游资源

人文旅游资源构成比较复杂，一般说来，各种社会环境、社会生活、民族风情、历史遗迹、文化成就、艺术结晶和科技创造，都可以包括在人文旅游资源的范畴内。具体来说，人文旅游资源可以分为宗教类（如宗教场所、宗教仪式活动、宗教文化作品、民俗活动等）；园林类（如古代园林、现代园林等）；文化娱乐类（如公园、动物园、植物园、游乐场所、体育设施等）；购物类（如市场与购物中心、商场店铺、其他物产等）。

人文旅游资源和自然旅游资源、社会旅游资源属不同的概念，但它们之间又往往彼此结合，互相补充，共同构成旅游景观，难以简单区分。如都市景观、山乡景观、海滨渔村、民族村寨等。这些旅游资源既可以称为自然旅游资源，也不乏人文、社会旅游要素，互相融合，又构成综合性旅游景观，因此又称为复合旅游资源。

3. 社会旅游资源

传统的旅游资源分为自然旅游资源和人文旅游资源。近些年，随着旅游业的发展，一些学者提出了社会旅游资源的概念，也有人称之为社会民俗旅游资源或民俗文化旅游资源。目前，对社会旅游资源的概念和分类仍存在意见分歧。主要的观点有：彭一万提出的"旅游资源应划分为自然资源、人文资源和社会资源三大类。社会资源是指与人类社会生活有紧密联系的事物和活动，包括传统文化、民俗风情、各种节庆、艺术表演、医药保健、体育娱乐、工艺特产、品茶饮食、选购物品、变革业绩等"。杨时进、沈受君所指出的"旅游景观资源，包括自然旅游景观资源、人文旅游景观资源和社会民俗资源。社会民俗资源是指民情风俗、人际关系、传统节庆、民间生活方式、特有的民族服饰与文化艺术形式等，还可以包括现代建设成就、变革新事等"。上述几种观点中都提出了社会旅游资源的概念，但在认识上又有较大的不同。这主要表现在以下几个方面。①在旅游资源分类的认识上不一致,有的主张社会旅游资源与自然旅游资源和人文旅游资源完全并列,即旅游资源分成三大部类;有的主张旅游资源仍然分成自然旅游资源和人文旅游资源两大部类,人文旅游资源再分成历史文化旅游资源和民俗文化旅游资源两大亚类。②在社会旅游资源概念的使用上不一致。有的用社会旅游资源,有的用社会民俗旅游资源。这种对社会旅游资源概念使用上的不同,必然会带来对社会旅游资源内涵认识上的不同。要对社会旅游资源概念加以界定,必须首先正确认识"社会"一词。在现代汉语中,"社会"一词有两种含义,一是"指由一定经济基础和上层建筑构成的整体";二是"泛指由于共同物质条件而互相联系起来的人群"。据此,我们给社会旅游资源作如下的定义。

社会旅游资源是以特定社会文化为载体,对旅游者产生吸引力的人群及与其生活有紧密联系的事物和活动。社会旅游资源与自然旅游资源、人文旅游资源相比,具有下列特点。

(1) 社会旅游资源是以社会文化为载体。人文旅游资源和社会旅游资源的共同处在于都出自于人工的创造和制作。其区别在于人文旅游资源是以物为载体。有些人文旅游资源虽以一定的物质实体为载体,但又包含着精神文化的内容,甚至是极为丰富的精神文化内容,以至于物质实体本身显得无关紧要。但它终究是以具体的物为载体的,不能脱离具体的物而存在。而社会旅游资源主要的是以人类的社会文化为载体,它与人类生活密不可分或融为一体。如龙舟是一种工艺美术品,赛龙舟属于社会旅游资源的范畴,而赛龙舟夺锦则成为颇具吸引力的社会旅游资源。

(2) 社会旅游资源是动态的。人文旅游资源是以物为载体,用静态的物来反映动态的历史;而社会旅游资源主要以人的社会文化为载体,是动态的,给旅游者提供参与性、体验性的美感享受,令人记忆深刻,回味无穷。例如,成都的武侯祠是刘备和诸葛亮君臣合祀祠庙,为全国重点文物保护单位,算得上是成都的重要人文景观。这里的茶文化也非常独特,茶馆用的是小方木桌,配以舒适的竹靠背椅。茶具为三件头的"盖碗茶",冲水用的是长嘴紫铜壶。茶客刚落座,技术娴熟的茶倌会立刻把茶托摆上,再把装好茶叶的碗放进茶托,右手手腕转动,壶嘴由后转向前,老远作一个"雪花盖顶",开水划一条优美的弧线滴水不漏地把茶碗斟了个满。完了,茶倌用小拇指把茶盖轻轻一勾,来个"海底捞月",稳稳地扣住碗口。这套动作一环扣一环,一气呵成。接下来,你就可以一边细细地品茶,一边听成都人摆龙门阵(四川方言,谈天或讲故事之意)。成都的茶文化是一种社会生活文化,属于社会旅游资源。

(3) 社会旅游资源突出文化性。人文旅游资源突出的是历史特性,以形写神,表现历史文化的内涵和神韵。社会旅游资源注重人的心理和社会特性,突出社会文化内涵,具有文化性。例如,新加坡国土的面积只有722.5平方千米,不如中国的一个县大;人口只有约564万,还不如中国的广州、武汉的人口多,和南京、西安的人口相当。新加坡的自然旅游资源和人文旅游资源都较为贫乏,但新加坡的旅游业相当发达,2017年接待外国游客达到1 740万人次,国际旅游收入达268亿新加坡元。新加坡旅游业发展的成功经验,主要在于重视社会旅游资源的开发。这里既充分展示现代化国际大都市的繁荣和朝气，又保存了东方国家固有的文化传统和社会文明。在新加坡这个"礼仪之邦"，总给人以"宾至如归"的感觉。

（4）社会旅游资源的民族和地方色彩更浓。由于各民族、各地区的自然环境和历史、政治、经济等方面存在着一定的差异，人文旅游资源具有明显的民族性和地方性。与人文旅游资源相比，社会旅游资源的民族和地方色彩更浓。以中国少数民族的服饰为例，从不同特色的帽子，可以区分不同的民族：维吾尔族的花帽、阿昌族（分布在云南省）妇女的高筒式包头、藏族的金花帽、裕固族（分布在甘肃省）的喇叭形红缨帽、回族的回回帽（圆形无檐小白帽）都各有特点。藏族以金花帽为华贵，但不同地区的藏族，又有不同形式的金花帽，拉萨地区的金花帽有四个皮毛翅，男子戴时往往把三个翅折掩进去，留一个翅在前方；工布一带的藏族青年妇女多戴一种有两个三角形尖翅的圆形"桑林霞莫"帽。社会旅游资源产生于人类生活，许多社会旅游景观就充分体现了人类的创造力。如广东省的深圳市，以前只是一个普通的集镇，1979年建市以来，经济建设突飞猛进。现在的深圳，高楼林立，交通畅达，草坪花圃点缀着大街小巷，生活环境舒适宜人。作为中国改革开放的窗口城市，深圳市城市景观就是一道独特的风景线，它有力地诠释了邓小平同志的高瞻远瞩，也反映了中国人民的勤劳和智慧。再如，走在河南省开封市的"宋都御街"，店铺的门面、幌子，店员的服饰，都像北宋著名画家张择端的《清明上河图》中所描绘的那样，你会领略到千年以前大都市的市井风情和繁华景象。"宋都御街"已成为开封市社会旅游资源中的精品。

所以，社会旅游资源虽然突出了文化性，但它与人文旅游资源也相互影响，存在许多紧密的联系，甚至有些旅游资源属于社会还是人文旅游资源很难区分。如上面提到的"宋都御街"，其建筑物本身应属于人文旅游资源，而里面的人物活动及其场景反映的是北宋朝代的社会风情，属于社会旅游景观。所以，"无论从哪个角度对旅游资源进行分类，都只是相对而言"。

## 三、旅游资源的特征

旅游资源是旅游目的地借以吸引旅游者的最重要因素，也是旅游开发必备的条件之一。正确认识、了解旅游资源的特点，对合理开发、充分利用旅游资源，发展旅游业具有重要的促进作用。旅游资源既具有一般资源的共性，又有其独特性。

### （一）广域性和地域性

旅游资源作为地理环境的重要组成部分，必然受到地理环境的影响和制约，从而表现出广域性特点和地域性特点。

旅游资源的广域性是指旅游资源分布十分广泛，在地球的各个角落都有旅游资源存在。在陆地上有各种自然、人文景观；在海洋有波涛汹涌的海浪、一望无际的水面、奇特的海洋生物；在天空有瞬息万变的天象、气象；在地下有神秘的溶洞、地下河流、湖泊；在城市有体现现代建筑、科技水平的城镇风貌；在乡村有浓郁的民俗及田园风光；在人烟稀少的山区、沙漠，有原始、纯朴的自然风光；在赤道地区有热带雨林，在极地有冰天雪地。

旅游资源的地域性是指任何形式的旅游资源必然受到当地的自然、社会、文化、历史、环境的影响和制约，不同的地域表现出不同的地质、地貌、气候、水文、动植物特征。这种差异性体现为不同地区旅游资源的地方特色和旅游景观各不相同。如热带风光、高山冰雪、沙漠驼铃、椰林竹楼、林海雪原等，均与不同的地理环境有关。不仅自然旅游资源如此，人文旅游资源的分布也同样受到地理环境的影响，存在着区域差异。人们在长期的生存发展中，为了求得自身较好的生存，便顺应自然、适应自然，因而作为人类创造出的各种人文景观、灿烂的文化，也受到一定的地理环境的影响，打下了一定的区域特征的烙印。例如，在民居建筑中，黄土高原的窑洞、牧区的帐篷与毡房、西南地区亚热带的"竹楼"、华北地区的四合院等差异，都与一定的自然环境的区域差异密切相关。

### （二）多样性和组合性

一个旅游景观的形成是由多样的要素组合而成，孤立的景物要素很难形成具有吸引力的旅游资源。在特定的地域中，旅游资源体总是由复杂多样、相互联系、相互依存的各个要素共同构成，孤立的景物要素很难形成具有吸引力旅游资源。自然风光由山、水、土、气候、动植物等自然因素组成，再融合古迹、史话、传说等人文景观，便具有了吸引力，成为旅游资源。总之，旅游资源的组合要素比例越协调、组合内容越丰富、规模越大、富集程度越高，其旅游价值就越高，综合利用开发的潜力也就越大。例如，黄山的自然景观需要山下的徽州文化相配合、衬托。

### （三）发展变化性和特殊效用性

旅游资源是旅游者的对象物，旅游资源能唤起旅游动机，并诱发旅游者的旅游活动。旅游资源能够具有这样的功能，是因为旅游资源具有特殊的使用价值或效用。不同的旅游资源具有不同的效用，即使同一种旅游资源的效用也不相同。因此，每一项旅游资源都必须对旅游者具有某种或某些特定的旅游的效用。

旅游资源是发展变化的，发展变化不仅仅是指旅游资源数量上的变化，也包括旅游资源的质量和内涵也在不断变化。

### （四）永续性和不可再生性

永续性是指旅游资源具有长期供游人使用的性能。纵观旅游业的发展史，不难发现，旅游资源具有无限重复使用的价值。一般情况下，自然风景和人文旅游资源既不能向旅游者出售，也不能转移，旅游者只能前来参观游览，只能带走各种印象和感受，不能把这些旅游资源带走。但是，如果开发利用不当，旅游资源也会遭到破坏，而且一旦破坏就难以再生，这就是旅游资源不可再生性的内涵。旅游资源受自然灾害及人为因素的影响极易破坏而且难以再生,这就要求旅游资源的开发,必须以保护性开发为原则,以科学合理的规划为依据。

### (五)季节性和时代性

旅游资源的季节变化性指景物有随季节变化的特征。旅游资源的季节性是由纬度和地势、气候及日、月运动等因素决定的。除了地理纬度的因素外,地势的高低、坡向等,也会直接影响自然景观发生季节性变化和垂直变化。有些自然景观只在特定的季节和时间里出现,同样的景观在不同季节里表现出不同的特征。旅游资源的季节性变化,使旅游资源增加了动态美,也是造成旅游季节性的主要原因之一。

旅游资源在不同的历史时期,不同的社会经济条件下,其含义是不同的。现代旅游业向多样化、个性化方向发展,旅游资源的含义也越来越丰富,原来不是旅游资源的事物和因素,现在可以成为旅游资源。因此,旅游资源具有显著的时代特征。

### (六)审美性与文化性

旅游资源同其他类型资源最主要的区别就在于它具有美学上的观赏性,可以使旅游者获得美的感受或者引发其美的联想。旅游资源具有美学特征和观赏性,旅游的过程就是对旅游吸引物观赏和审美的过程,是对景观美的体验过程。毫无疑问,旅游资源的美学价值越高,观赏性越强,知名度越高,吸引力就越强。但是由于旅游者性格、气质及审美能力、文化素质的差异以及旅游资源自身的美感、丰度、价值、结构和布局的不同,美学观赏的效果呈现出多层次和多样化的特征。

一般的旅游资源都具有一定的文化内涵,即蕴藏着一定的科学性和自然的或社会的哲理。正因为如此,旅游活动本身才成为一种文化交流活动。人们通过观光、游览、参与、体验,可以获得各种知识和美的享受,丰富人们的知识,提高人们的审美水平。因此,旅游的开发者不仅应该深入研究旅游资源的文化内涵,而且应该采取合理的措施使其文化内涵充分地展现在旅游者面前,增加对游客的吸引力。

## 四、我国旅游资源及其特色

我国位于亚洲大陆东部、太平洋西岸,是一个地大物博、人口众多,拥有五千多年历史的文明古国。辽阔的疆域,复杂的自然地理环境,悠久的历史,古老而延续的传统文化,众多的民族及其各民族的传统习俗,构成了我国丰富多彩的旅游资源。那些雄伟奇特的名山大川,优美而古老的名胜古迹,特有的风味食品,具有民族特色的工艺美术品,区域特色明显的风土人情,以及各种珍禽异兽、奇花异木等,都是中外旅游者向往的游览目标。总体上看,我国旅游资源具有如下特征。

## (一) 种类繁多,分布广泛

我国疆域辽阔,巨大的经纬度差异(南北跨纬度约 50 度,东西跨经度 60 度)和背依亚欧大陆、面向太平洋的地理位置,呈网格状分布的地貌格局,以及地形的高差,形成我国类型众多、千姿百态的自然旅游资源。

从地域分布上讲,我国的旅游资源分布十分广泛,几乎全国各省(自治区、直辖市)都分布有各种类型的自然旅游资源。从黑龙江到海南岛以及南海诸岛,从东海之滨到我国西部边陲,三大平原、四大高原、四大盆地、五大丘陵,纵横交错的各大山系,无不分布着各具特色的自然旅游资源。

我国东北有长白雪峰、五大连池等,中原地区有泰山、嵩山、恒山、华山、太白山、黄河壶口瀑布等,西北有博格达峰、天池、火焰山、鸣沙山、青海湖等,西南有滇池、桂林山水、路南石林、珍珠泉、黄果树瀑布等,华中有长江三峡、神农架、洞庭湖、峨眉山、九寨沟、张家界、七星岩、庐山、黄山等。这些自然旅游资源遍布全国各地,又各具特色,千姿百态,种类繁多。游览名山和著名河湖泉瀑常常令人流连忘返。我国的人文旅游资源更是多姿多彩,不仅塔、楼、寺观、亭阁、园林、古遗址、古墓葬、古城等种类众多,而且在各地都有分布。各民族各地区的传统习俗和传统文化艺术等民族风情,体现了我国社会旅游资源的深厚内涵,尤以少数民族聚居地区形式丰富、各具风韵。新疆吐鲁番葡萄架下的维吾尔族歌舞令人陶醉,内蒙古草原风情令人神往,杭州西湖、苏州园林的妙趣自不消说,滇池之滨大观楼的"天下第一长联"亦可让人一饱眼福。

## (二) 集中连片,地域特色明显

由于自然条件的地区差异和各地区历史文化的差异,我国旅游资源往往以某一类或几类为主,集中连片或呈带状分布,形成明显的地域特色。如西北甘肃、新疆古丝路和唐蕃古道沿线,以古文化旅游资源为主,分布有麦积山石窟、一百零八塔、须弥山石窟、两夏王陵、银川清真寺、海宝塔、拉卜楞寺、兰州白塔寺、炳灵寺石窟、塔尔寺、日月山、青海湖、嘉峪关、敦煌莫高窟、楼兰古城遗址、高昌古城遗迹、交河古城遗迹、火焰山、葡萄沟、克孜尔千佛洞等,形成以古文化遗址、遗迹和古寺庙建筑为主的古丝路文化旅游资源区;西南地区云、贵、黔三省区地形复杂,石灰岩溶蚀地貌发育,有路南石林、桂林山水、贵州溶洞,以及"圣泉"、"乳泉"、珍珠泉和苍山、洱海、滇池、漓江等奇山异水。加之这里少数民族众多,民族风情多姿多彩。因而形成以自然山水胜景和民族风情为主的西南奇山异水风土民情旅游资源区;另外还有内蒙古以草原风情为主,华中以名山峡谷胜景为主,华东以山水园林为主,中原地区以古都古迹为主的特色旅游资源区。

## (三) 自然景观和人文景观相互映衬、紧密结合

我国山河锦绣,历史文化悠久。勤劳智慧的中华儿女,在长期的生产、生活实践中,利

用自然，改造自然，留下了无数的遗迹、遗物，成为中华民族的宝贵遗产和财富，这些古物遗迹中，有不少与自然环境融为一体，相互映衬，构成独特的风景名胜。如明十三陵位于北京北郊军都山南麓的一个小盆地中，方圆40平方千米，四面环山，北以天寿山为屏，两翼向南环抱，南口两山对峙，东为长龙山，西为卧虎山，形成天然门户。十三座陵墓，长陵居天寿山主峰南建正中，其余各陵因山就势，沿盆地边缘的山建台地分布，从盆地南口的天然大门往北布置一系列建筑：牌坊、门、亭、楼，直达长陵。这一系列富有节奏感的导向性的人文景观，把人们引到风景最佳的景区。十三陵墓群构成的人文景观与整个盆地的自然景观融为一体，形成规模宏大的陵园风景区。承德避暑山庄，占地564万平方米，按照"自然天成地就势，不待人力假虚设"的设计思想建设。山川、林、泉自然天成，苍松翠柏之中，雉兔鹿鹤等动物均未经人工驯化，保持着自然生态环境。园内建筑兼具南秀北雄之美。山庄外有八庙，更远处有"丹霞地形"构成的奇峰异石，如形象逼真的蛤蟆石，高达38米的磬锤峰，不少奇峰在山庄十里之外，却用建筑轴线加以联系，或借景入庄，使山庄内外，山水相借，情景呼应，皆融于自然。

我国一些城市及附近的风景区，如北京西山风景区、杭州西湖风景区、昆明西山风景区、西安骊山风景区等更是自然、人文因素相结合而形成风景名胜的代表。我国古代城址的选择，包括聚落的选择和建设，不仅考虑政治、经济、交通地理位置诸条件，而且很重视城市周围的自然景观。城市是一个受人类改造最大的区域，其自然景观更多地受人文因素的影响。南京北临滚滚长江，东北有钟山，相传当年诸葛亮和孙权在清凉山上论南京地理形势时说："钟阜龙蟠，石头虎踞，真乃帝王之宅也。"这里景色秀丽多姿，气势磅礴，又有六朝古都的不少遗迹，孙中山陵墓、长江大桥、雨花台烈士陵园等人文建筑。南京，可谓"风景与文化交融，山川共古迹映辉"，是一座融化在秀山丽水之中的城市。长沙岳麓山，位于湘江西岸。山不高，只有海拔297米，但踞湘江之滨，遥对长沙古城，层峦耸翠，高林蔽日，山涧幽深，江山相映，景色壮阔而秀丽，山上有爱晚亭、岳麓书院、麓山寺等名胜。这类自然、人文因素相融合形成的旅游资源还很多。仔细分析我国旅游资源，可以发现这样的特点：自然风景区往往有亭、台、楼、塔、碑、刻等人文造景点缀，名胜古迹等人文旅游资源则往往巧妙地利用自然背景陪衬，形成具有整体综合观赏价值的旅游风景。

### （四）历史悠久，观赏内容丰富

中国是世界人类的发源地之一，人类生产、生活活动的历史非常久远。悠久的开发历史，使得我国几乎所有风景区，几乎无一例外地都渗透了文化遗迹。特别是一些著名的风景名胜区，都是我们的祖先，按照自己的山水观，经过数千年的历程逐期开发和完善而成的，如果从"禹封九山"算起，那么我国风景区的历史已有4 000多年了。据史书记载，秦始皇曾率文武百官五次出巡，曾登临泰山，说明至少在秦代，泰山就已成为能吸引帝王前去游览的名山。我国古代，特别是秦汉以来，帝王巡游，封建官僚宦游，文人学士漫游，和尚道士方游以及平民百姓的观光旅游都已兴起，旅游资源开发已初具规模。这一点，可以从我国众多的山水诗文中略见一斑。李白的《望庐山瀑布》《下江陵》，杜甫的《望岳》，范仲淹的《岳阳楼记》，张岱的《西湖七月半》《湖心亭赏雪》等，既描述了这些旅游景观的特征，又是我国旅游资源历史悠久的见证。具有悠久历史的古老旅游资源，经过历代的开发培育和改造，景点不断增多，再加上佛、道、教建筑和纪念性建筑、刻石，以及其他赞美诗文碑石和亭台、桥等，使得其观赏内容越来越丰富。以泰山为例，经过几千年的历史，人工培植开发的自然景观不断增加，如望夫松、五大夫松、云桥飞瀑、仙人桥等；人工建筑也不断增加，山下有规模宏大的寺庙，山上有中天门、南天门、天街、碧霞祠、普照寺庙、玉皇顶等；还有沿途及山顶众多的石刻，如著名的"秦二世泰山石刻"、唐玄宗御书《纪泰山铭》摩崖石刻、《金刚般若波罗蜜经》石刻等。所有这些，都成为登泰山的重要观赏内容。同泰山一样，杭州西湖、山西五台山、四川峨眉山等，亦是经过长期开发，逐渐增加观赏景点和内容，使其日趋完善而成为著名旅游风景区。

### （五）景观奇特，引人入胜

在我国丰富的旅游资源中，从山川风景到虫鱼鸟兽、树木花草，从文物古迹到民族风情、文化艺术，都有许多令中外游人叹为观止的奇景；特别是对于国际游客来讲，具有中国特色的各类旅游资源都会使他们感到新鲜好奇，耳目一新。

黄山是我国名山奇特的形象的代表，山上的怪石、奇松、云海、温泉构成了"黄山之奇"。黄山千米奇峰有72座，每座都有各自的形象，遍山耸立着奇特的似人似物、似鸟似兽的石头。加之大量的神话传说，这些奇峰异石构成游人心目中无限的遐思。黄山松树或盘根虬枝悬结于危岩，或在峭壁裂缝间破石而出，有"无石不松，无松不奇"之誉。著名的"迎客松"被游人奉为黄山一大奇观，黄山云海更是名闻古今。变幻莫测的云海如一支神奇的彩笔，一会儿把黄山打扮得淡抹轻装含情脉脉，一会儿又浓墨重彩、银浪滔滔，使奇峰更奇，怪石更怪。黄山水泉之奇在于湖、溪、潭、瀑应有尽有，温泉之水终年喷涌。人们常用"山中一夜雨，到处挂飞泉"等诗句来表征黄山水泉之奇。

不仅黄山如此，我国上千座名山，都有各自奇特之处，无数条河流小溪都有各自动人之景。再加上民间流传的神话传说更为山水之胜增加了神秘奇妙之色彩。如西湖断桥、雷峰塔与"白蛇传"的传说，石林与阿诗玛的传说，长江三峡中"神女峰"的传说。我国还有许多奇树、奇花、奇草，如西双版纳有"会流血的树""会流油的树"；福建九江一带有一种"四季开花结果的橘树"；陕西山阳县有一株"三层果树"，主干为栗子树，上层是桂花、松柏，中层是核桃、大枣、橘子，下层是石榴、桃；云南耿马县的"钟表花"等。

我国的文物古迹等人文旅游资源更有许多奇特性。我国是古老的东方文化最兴盛的国度，五千年间，智慧的中华民族在这片辽阔的国土上创造了许多人间奇迹。举世闻名的"万里长城""京杭大运河""北京故宫""陕西临潼秦始皇陵兵马俑"，乃至中国书法、烹饪、丝绸、瓷器等，游人无不称奇。我国56个民族的风土民情，对异族异地的游人也有新鲜而奇特的吸引力。众多的奇特旅游景观，是我国旅游资源具高度吸引力的内容之一。在竞争日益激烈的国际旅游市场中各国都在挖空心思开发独具特点的旅游活动内容,我国固有的奇特的旅游资源是跻身世界旅游大国的一大优势,充分利用这一特点,对于促进我国旅游业的发展有着不可低估的意义。

### (六)资源丰富,开发前景广阔

我国的旅游资源,无论是已开发的还是潜在的、尚未开发的,都具有丰富的内容和众多的数量。在中国 960 万平方千米的土地上,各大山系纵横排列,大江大河及其如网的支流穿流其间,还有星罗棋布的大小湖泊。由于大自然塑造,形成许多奇峰异石、峡谷险滩及泉、瀑、涧、台等自然胜景,千姿百态,数量众多,真是山有山景,水有水景,山水相映又成一景。如风光绚丽的桂林山水、奇峰竞秀的黄山胜景、晶莹高耸的天山雪峰,景象独特的五大连池,还有三山五岳、白山黑水、长江三峡、路南石林、张家界、九寨沟等,不胜枚举,数量之多,恐怕任何其他国家都无法与之相比。具有 5 000 年文明历史的中华民族,在祖国大地上生存、繁衍、改造和利用自然,又留下了无数文化遗迹、古迹名胜。如古遗址、古建筑、古墓葬、宗教寺观、古都、园林,等。这些人文景观,有的与自然景观相互穿插,交相辉映,有的与自然景观相互叠加,融为一体,更增加了我国旅游资源的密度和数量。不仅如此,我国还有众多民族,各具风采的民族风情、五光十色的民间工艺美术、婀娜多姿的民族舞蹈、妙趣盎然的传统体育表演和民间武术,也是区域特色明显,流派众多。丰富的旅游舞蹈,为我国旅游资源的开发和旅游业的进一步发展,提供了优越的条件和广阔的前景。

## 第二节 旅游资源的开发与保护

### 一、旅游资源的开发

#### (一)旅游资源的开发条件

从区域经济学的角度来看,进行旅游资源开发的目的是以最小的投入来获取最佳的经济效益。因此,旅游资源的开发必须具备以下几个方面的条件。

**1. 区位条件和客源条件**

旅游资源所在地区的行政地位、地理位置、交通条件以及与周围旅游区之间的相互关系等统称为区位条件。区位条件的优越与否是决定旅游业能否得以成功的最基本条件。景区地理位置越好,其吸引力就越大,越能够产生巨大的聚居效应,越容易成为旅游热点。

客源条件是指客源数量变化存在着时空二维变化的特殊性。游客数量的多少决定了旅游业经济效益的好坏。在开发旅游资源时，我们必须首先进行广泛的客源市场调查，只有在弄清楚客源市场发展变化的规律，并且有稳定的客源保证之后，才能进行旅游资源的可行性开发，这种旅游资源因开发而带来的经济效益才会很高。

2. 投资环境和施工条件

旅游资源区内的社会经济环境、经济发展水平、该区政府所制定的经济发展战略及当权者能够给予投资者的优惠政策等，直接影响着投资者的投资意向和投资数量。因此，认真研究旅游资源区的投资环境和政策条件是非常必要的。施工条件是指旅游资源的开发所具备的基础条件。

## （二）旅游资源开发的主要内容

由于旅游资源的开发范围、规模、重点和背景条件不同，各地的旅游资源开发难以达成共识。如城市附近的旅游资源开发侧重于景点、旅游线路的合理规划与城市原有服务设施的利用和改造，而远离城市的旅游资源的开发侧重于景点景观设计、旅游线路安排、旅游服务设施以及与外界的交通联系等。因此，旅游资源开发的内容，不仅包含旅游资源本身的开发、利用，还包括旅游配套设施建设、相关外部条件的开发与改造、旅游环境的建设等。但是，一般来说，旅游资源开发的内容涉及以下几个方面。

1. 解决和提高旅游资源区的可进入性

可进入性问题，主要是指交通、通信条件，包括交通线路、交通设施、交通方式以及现代化的通信设施等。旅游资源区的可进入性是指旅游者抵达旅游资源区的便捷程度和旅游者旅行中的舒适程度。因此，解决和提高旅游资源区的可进入性有赖于包括陆路、水路和空中通道的交通基础设施的完善、交通客运工具的配套以及各种交通运营的合理安排和建设良好的通信设施。

2. 建设和完善旅游配套设施

为了旅游者在游览过程中的基本生活需要，旅游地必须建设和完善旅游配套设施。旅游配套设施包括旅游服务设施和旅游基础设施两类。其中，旅游服务设施主要供外来旅游者使用，如住宿、餐饮、交通及其他服务设施；旅游基础设施则是为了旅游地居民生产生活需要而提供给大家共同使用的设施。

3. 培训专业旅游管理人员和服务人员，提高旅游服务质量

旅游服务是旅游产品的核心。旅游者购买并消费旅游产品，除了少量有形物质产品的消费外，大部分是接待和导游服务的消费。因此，旅游资源只是旅游活动的吸引物和旅游产品的基本条件，其开发必须注重提高旅游服务质量。旅游服务质量是吸引旅游者的关键因素之一，而旅游服务质量的高低依赖于旅游服务人员的素质高低。因此，旅游资源的开发还应包括对旅游从业人员的培训。

4. 加强旅游宣传，开拓客源市场

旅游资源的开发不仅仅局限于对旅游资源本身进行景点开发和配套设施建设等，还必须进行市场开拓。通过各种有效的方式加大宣传经过开发的旅游资源，将旅游产品介绍给旅游者，不断扩大客源市场，才能最终达到旅游资源开发的目的。

5. 重视旅游资源的保护，营造良好的旅游环境

旅游资源的保护主要是通过在旅游从业者和当地群众中树立资源保护的意识和建立科学的旅游资源保护机制来实现的。而营造良好的旅游环境主要是通过制定有利于旅游业发展的旅游政策、制定方便外来旅游者出入境的管理措施、保持稳定的政治环境和安定的社会秩序、提高当地居民的文化修养、培养旅游观念等工作的展开来实现的。良好的旅游环境既可突出本地旅游资源的特色，又可提高旅游者对旅游资源的认可度和满意度。

6. 旅游景点的建设和管理

旅游景点的建设和管理包括对尚未开发的景点的论证、规划、设计、施工和交付使用后的管理，以及对已开发的景点的维护、更新改造和管理。

## （三）旅游资源开发的主要原则

旅游资源开发的原则是指旅游资源开发过程中所遵循的指导思想和行为准则。虽然不同的旅游资源在性质、价值、数量和空间分布等方面存在差异性，开发方式不同，但旅游资源的开发仍有一定的基本原则可循。

1. 旅游资源开发的独特性原则

特色是旅游之魂，而旅游资源的特色是发展特色旅游的基础，是构成旅游吸引力的关键因素。因此，在旅游资源的开发建设中必须尽量保持自然和历史形成的原始风貌；尽量开发利用具有特色的旅游资源项目，以突出自己的优越地位，即所谓"人无我有，人有我优"；各种设施尽可能利用当地的材料和技术，使之与景观相适应相协调，努力反映当地文化，突出民族特色和地方特色。此外，特色性并不是单一性，在突出特色的基础上，还应围绕重点项目，不断增添新项目，丰富旅游活动内容，满足旅游者多样化的需求。

2. 效益原则

旅游资源开发的目的是求得效益，在开发中要特别注意发挥包括生态效益、社会效益和经济效益三方面协调一致的综合效益。旅游资源开发是一项经济活动，必须遵循经济效益原则。因此，经济效益是旅游资源开发的首要目标。这就要求根据旅游资源的特点、地区经济实力和有关开发项目的投资效益，分析旅游资源开发的现实可能性；针对基础设施、配套设施的投资、建设等问题，尽量引导利用本地资源和旅游从业人员，因地制宜地进行旅游资源开发，从而获得预期的经济效益。同时，旅游业又是一项文化事业，因而在注重经济效益的同时，还必须注重社会效益和环境效益。注重社会效益，就是要考虑旅游者在旅游地获得精神享受、情感熏陶后的愉悦感和满足感以及旅游者与当地居民之间的经济、文化交流所产生的相互影响。此外，开发旅游资源的目的是更好地利用旅游资源，而生态环境是旅游资源赖

以生存的物质空间，这就要求注重旅游资源与环境保护，控制污染，保持旅游地的生态平衡，依赖优美的旅游资源和良好的环境质量来吸引旅游者，所以在旅游资源开发中必须遵循"保护第一，以发展促保护"的总体思路，重视资源与环境的保护，在保护的基础上进行科学的适度开发。总之，只有实现经济效益、社会效益和环境效益的协调统一，旅游资源的开发才能成功。

3. 市场导向原则

所谓市场导向原则，就是根据旅游市场的需求内容和变化规律，确定旅游资源开发的主题、规模和层次。这是市场经济体制下的一条基本原则，也是旅游资源开发的第一原则。市场导向原则要求旅游资源开发一定要进行市场调查和市场研究，准确把握市场需求和变化规律，结合资源特色，寻求资源条件与市场需求之间的最佳结合点，确定开发主题、规模和层次。市场导向原则要求根据旅游者需求来开发旅游资源，但是并不意味着凡是旅游者需求的都可以进行开发。例如，国家法律所不允许的，对旅游者会有危险或有害于旅游者身心健康的旅游资源，就应该受到限制或禁止开发。总之，树立市场观念，以市场为导向，才能使旅游资源开发有据有序，重点突出，确保旅游产品的生命力经久不衰。

4. 开发与保护相结合的原则

旅游资源，经过人类有意识、有目的开发，具备基本的与环境相协调的基础设施，才能被旅游业所利用。保护是开发旅游资源的前提，随心所欲地开发必然使旅游资源遭到损害，环境、意境受到破坏。旅游资源遭受破坏后，一部分需要相当长的时间才会自然恢复，另一部分则根本不可能恢复。因此在开发的过程中，要将保护工作放在首位，切实加强措施保护景观景物、环境和意境；通过开发有力地促进旅游资源的保护，保护的成果又会使旅游资源质量提高，吸引力增大，促使区域旅游业的持续发展。

5. 综合开发原则

要使一个具有特色或某一主题的旅游地能吸引各种类型的旅游者，综合开发是必不可少的。综合性原则包含两重含义：一是围绕重点项目进行综合开发，形成系列产品和配套服务，丰富旅游活动内容，延长旅游者停留的时间，提高旅游经济效益，从而使旅游资源开发向深度和广度发展；二是旅游资源开发既要注重经济效益，也要强调社会效益和环境效益。

此外，旅游资源开发还要注重旅游者参与原则，使旅游者在整个游览娱乐活动中有广阔的自主活动空间、主动接触大自然的机会及充分展示自我的环境。真正体验到人与环境融为一体的感受。

### （四）旅游资源开发的可行性分析

旅游资源的开发是一项经济技术活动，在对旅游资源开发项目进行投资之前，必须进行可行性论证分析，即经济可行性分析、技术可行性分析和社会环境可行性分析，从而确定其开发在经济效益上是否划算，在技术上能否达到要求，能否产生良好的社会效益和环境效益。可行性分析是任何项目投资之前所必不可少的一个重要步骤，是开发决策的重要依据，因此，旅游资源的开发必须进行可行性分析。

1. 经济可行性分析

经济可行性分析是可行性论证分析的主要内容和关键，由市场分析和经济效益分析两部分组成。市场分析要求对旅游市场的需求和态势进行预测和分析。通过调查研究旅游者的来源地及其空间距离和社会经济发展水平、可支配收入、主要旅游动机以及人口统计学特征来确定旅游客源市场。通过研究市场制约因素如季节因素、与其他旅游资源的相似性及互补替代关系来预测旅游客源市场需求的方向和大小。通过对客源地、客源类型、数量和客源消费水平等主要指标的考核，衡量市场开发利用的市场价值和经济性。市场分析通常是整个研究过程中最耗时最耗钱的，因为往往要通过实地调查才能获得所必需的资料。经济效益分析则主要确定旅游资源的开发项目是否能够产生令投资者满意的经济效益，通过对投资分析、建设方案、开发规模、建设周期、回收效益等方面的评估概算，以评定开发建设的经济可行性，选择那些投资效益较好的旅游资源优先开发。

2. 技术可行性分析

旅游资源开发必须进行技术可行性分析，技术可行性分析作为一项技术工作，判断开发能否达到技术上的预期目的。首先，要分析旅游资源开发的技术要求和施工难度，然后对一定时期内的施工条件、施工设备、施工技术和工作量进行评估。通过对这些因素的充分论证，提出每一项工程建设的经济技术指标，既做到技术过关，又节约资金，产生良好的施工技术效益。

3. 社会环境可行性分析

旅游活动是人在地理空间的运动现象，必然会给旅游目的地带来各种社会影响和环境影响。因此，旅游资源开发必须进行社会环境可行性分析，主要包括当地居民对旅游开发的观念和态度、当地政府的支持力度、有关法律政策对旅游活动的规定、旅游业可能带来的文化冲击和社会影响、旅游资源的脆弱性、生态环境的敏感性、旅游环境容量（包括旅游心理容量、资源容量、生态环境容量、经济发展容量和地域社会容量等）、旅游活动可能造成的资源和环境破坏程度等。

由此可见，只有通过对旅游资源进行经济可行性、技术可行性和社会环境可行性这三方面的审视和综合评估，才能确定旅游资源开发是否合理，是否能够列入国家和地方的开发计划与规划建设的日程。

## 二、旅游资源的保护

### （一）旅游资源保护的必要性

1. 旅游资源的保护是发展旅游业的基础

一个地区发展旅游业的基础是旅游资源，如果没有旅游资源，旅游者根本不会到该地区进行旅游，从而该地区旅游业的发展便成为无源之水、无本之木。因此，对旅游资源的保护是发展旅游业的基础。

2. 保护旅游资源是实现旅游业可持续发展的根本保证

旅游资源是旅游业存在和发展的基础，是旅游开发的必备条件之一，是构成旅游产品的重要组成部分，没有丰富的旅游资源，就没有旅游业的生存和发展。然而，旅游资源在经过开发成为旅游产品后，若不能进行有意识的保护就会受到不同程度的影响和破坏，从而削弱或失去旅游资源对旅游者的吸引力，甚至缩短旅游资源"重复使用性"的时限，严重地影响旅游业的发展。因此，保护旅游资源才能实现旅游业可持续发展。

3. 保护旅游资源就是保护生态环境、保护旅游地文化

旅游资源既包括自然界赋予的山川、江河、湖泊、动物、植物等自然旅游资源，又包括人类活动所创造的历史古迹、宗教建筑、历史文化名城等人文旅游资源。前者是生态环境的重要组成要素，后者是重要的文化遗产。因此，对旅游资源的保护实质是对生态环境和旅游地文化进行保护。

## （二）旅游资源遭受破坏的因素

随着旅游业的日益发展，旅游资源保护问题越来越受到关注，对旅游资源保护的研究离不开对旅游资源破坏因素的分析，只有全面深入地探讨旅游资源质量下降以及遭到破坏的主要原因，才能寻求合适的防范对策与措施，最终达到妥善保护旅游资源的目的。破坏旅游资源的因素是多方面的，经过调查分析，旅游资源受到破坏的原因，大体上可归结为自然因素的破坏和人为因素的破坏。

1. 自然因素的破坏

无论自然旅游资源、人文旅游资源还是社会旅游资源都处在一定的自然界中，依附于自然界而生存，因此自然界的任何现象和变化，都会对其产生影响，如地震的发生、火山的爆发、洪水的浩劫、海啸的破坏、飓风的袭击、风沙的侵蚀、干旱及气候变迁等，对各类旅游资源都有着直接的影响。根据影响的程度和速度，可分为突发性破坏和缓慢性破坏两种。

（1）突发性破坏。主要是指由地震、滑坡、崩塌、沉降、泥石流、火山喷发等地质灾害和台风、暴雨、冰雹、大雾、洪涝、沙尘暴等气象灾害所引起的对旅游资源的破坏。如2008年发生的"四川汶川大地震"，就严重破坏了四川卧龙大熊猫自然保护区和著名的都江堰水利枢纽，成都的武侯祠也身受波及。1995年4月19日，南京市栖霞山公园突然出现地面塌陷，面积达200m$^2$，深达七八米，严重威胁到明镜湖、栖霞寺等景观。闻名遐迩的西安大雁塔明代时遭到两次大地震的破坏。

（2）缓慢性破坏。主要是由于寒暑变化、风吹雨淋等引起的自然界风化作用、溶蚀作用、氧化作用、风蚀作用、流水切割作用、温度变化及生命规律等导致旅游资源的形态和性质的缓慢改变。如埃及基奥斯普大金字塔一千年来每年风化损耗50 m$^3$。我国西北部的干燥气候使一些历史文化古城、寺院、城堡的风化更加严重。山西大同云冈石窟由于长期受到石

壁渗水浸泡和自然风化的侵蚀，现在大部分洞窟的外檐塌裂，使许多雕像面目全非。

2. 人为因素的破坏

（1）生产建设性破坏。随着人类经济活动范围、规模的日益扩大，人为因素对旅游资源的破坏也越来越大，甚至会酿成灾难性的后果。最令人痛心的是，不少未曾毁于战火和风雨侵蚀的宝贵的文化遗产和自然景观，却在今天的经济活动中被人为地破坏了。在工业生产中，人们环保意识差，往往片面强调生产，忽视环境保护，工业发展产生的"废水、废气、废渣"及农业生产、工程建设、城市化发展都对旅游资源产生直接的破坏。如富春江沿江的小化肥厂、造纸厂、农药厂对秀丽的富春江旅游区造成严重威胁，济南城市及工农业用水剧增，深层地下水过量开采，导致地下水位下降，大部分泉水断流，甚至枯竭。

落后的农业生产方式、乱砍滥伐、滥捕乱猎和开山造田，不仅破坏了自然环境，甚至对重要旅游资源本身直接造成危害。开山炸石使一些景点被炸得"体无完肤"。工业企业占用旅游景区（点）有关设施，使这些景区（点）遭到严重毁坏。开山造田严重破坏植被。城市建设公然拆毁历史街区、古居老宅、名人故居、寺庙、城墙，砍伐古树名木，一些极富特色的历史街道也被开膛破肚改造为商业街，历史文化名城珍贵的人文环境被破坏，丧失了它们的灵气、个性和历史文化的依托，破坏了旅游景观。

（2）旅游资源开发及旅游活动本身所造成的破坏。旅游资源在开发过程中，倘若没有事先进行科学的规划和设计，没有充分考虑到旅游资源自身的一些特性，盲目实施、仓促进行，势必会对旅游资源造成破坏。例如，为了方便游人登山，各地争先恐后地在名山景区修建索道，甚至连一些相对高度不到百米的山上也修建了索道。"索道建设热"大大破坏了景观的完整性及视觉效果，成为旅游开发建设中的一大败笔。

除旅游开发外，旅游活动本身也会给旅游资源带来一定的破坏，包括游人过量、生活污水、垃圾污染及各种有损社会公德的行为等。

### （三）旅游资源保护的措施

根据旅游资源破坏的原因，对旅游资源采取相应的以防为主、以治为辅、防治结合的保护措施。虽然灾难性的自然变化不可避免，但可以采取措施，减弱自然风化的程度，延缓其发展过程；而人为破坏，则可以通过法律、政策、宣传和管理途径予以杜绝；至于已遭破坏的旅游资源，可视其破坏轻重程度和恢复的难易程度，采取一定的修复和重建措施。

1. 减缓旅游资源自然风化的对策

旅游资源无论是处于地下还是地上，尤其是一些文物古迹，都会受到大气中光、热、水的影响而发生自然风化现象。风化作用对旅游资源本身的破坏是一个渐变的过程，但后果是相当严重的。因此，需要采取措施减缓其风化速度。在不破坏旅游资源的前提下，可以在它的表面添加一层保护设施。如乐山大佛曾建有13层的楼阁覆罩其上，这对乐山大佛起到了很好的保护作用。

2. 杜绝人为破坏旅游资源的对策

透过旅游资源人为破坏原因的表面看本质,其根源主要是广大民众保护旅游资源的意识不强,不少人不知道旅游资源的价值;法制不够健全;旅游资源保护理论研究不成熟;旅游资源开发和旅游管理不善等。只有解决根源上的问题,才能真正杜绝旅游资源遭受的人为破坏。具体可采取以下几种方法。

(1) 加强旅游资源保护意识和知识的宣传教育,包括对当地居民、旅游者、当地政府和某些人员的宣传教育。

(2) 大力开展旅游资源保护的研究和人才培养。

(3) 健全旅游资源法制管理体系。

(4) 完善风景名胜区保护系统。

(5) 在旅游业发展中把旅游资源保护放在首位。

3. 修复已破坏的旅游资源的对策

对文物古迹类的旅游资源应以修复为主,重建为辅进行保护。在修复的过程中,要遵守"修旧如旧"和保持原来的形制、结构、材料、工艺的原则。

**阅读资料**

## 张家界旅游资源

张家界在湖南旅游资源当中最具代表性,也是最有影响力的旅游星城,在山的王国里当属张家界地貌最具特色,她有泰山之雄、华山之险、庐山之秀、黄山之变化、九寨沟之野、神农架之神秘,具众山之美兼而有之。

张家界市位于湖南省西北部,原名大庸县,是古庸国所在之地,国内重点旅游城市和国际知名旅游胜地。近年来先后荣获世界特色魅力城市200强、中国最具海外影响力城市、中国最佳旅游目的地等称号,并成为首批国家旅游综合改革试点城市。面积9 653平方千米,人口164.61万,其中城镇人口66.27万,城镇化率40.1%。辖2区2县:永定区、武陵源区(张家界国家森林公园、黄石寨、金鞭溪、天子山、袁家界、杨家界、大观台、乌龙寨、十里画廊、宝峰湖、黄龙洞、魅力湘西、激流回旋漂流、紫霞观)、慈利县、桑植县。

张家界以得天独厚的旅游资源闻名于世。由中国第一个国家森林公园张家界森林公园和天子山、索溪峪两个自然保护区组成的武陵源风景区面积达264.6平方千米,区内以世界罕见的石英砂岩峰林峡谷地貌为主体,集桂林之秀、黄山之奇、华山之险、泰山之雄于一体,藏路、桥、洞、湖、瀑于一身,有"扩大的盆景,缩小的仙境"之美称。张家界更是生物资源的宝库,区内有木本植物110科1 409种,脊椎动物109种,仅国家一、二级保护珍稀动、植物就多达81种。珍奇树种有银杏、珙桐、红豆杉、水杉、樱花等;名贵药材有灵芝、天麻、何首乌、杜仲等；珍稀动物有娃娃鱼、苏门羚、云豹、猕猴、灵猫等。

张家界是以旅游立市的城市，2015 年，全市各景区（点）旅游接待人数为 5 075.09 万人次，其中接待境外游客 334.2 万人次，旅游总收入为 340.7 亿元，外汇收入 57 220 万美元。2017 年张家界景区旅游接待人数达到 7 336 万人次，旅游收入高达 623.8 亿元。

资料转自 http://www.zjjta.com/news/shengnei-11214366.html

## 本章小结

本章首先从旅游资源的基本概念入手，介绍了旅游资源的类型、旅游资源的特征和我国旅游资源及其特色；其次，介绍了旅游资源的开发条件、开发的主要内容、遵循的主要原则及旅游资源开发的可行性分析；最后，阐述了旅游资源保护的必要性以及遭受破坏的原因，从而提出一些保护性措施。

## 复习思考题

1. 什么是旅游资源？有哪些特点？
2. 请列举十种自然旅游资源和十种人文旅游资源。
3. 旅游资源开发的原则和主要内容是怎样的？
4. 你认为应当如何对旅游资源进行保护？

# 第五章
# 旅游业

**本章要点**

熟悉旅游业的构成及各部分的含义；

掌握旅游业的概念、性质和特点；

了解旅行社、旅游饭店、旅游交通、旅游购物等在旅游业中的地位及作用；

了解旅游业各组成部分的含义及特点；

掌握旅游业各组成部分经营活动的一般规律。

# 第一节　旅游业的性质及特征

随着世界经济的飞速发展，旅游业迅速发展起来，成为新兴的"朝阳产业"。全面客观地认识旅游业的性质和特征，把握旅游业发展的内在规律，对旅游业的发展具有重要意义。

## 一、旅游业的概念

关于旅游业的概念有狭义和广义两种观点。

狭义的观点认为，旅游业就是在旅游者和交通、住宿及其他有关单位之间，通过办理旅游签证、中间联络、代购代销，通过为旅游者导游、交涉、代办手续，并利用本企业的交通工具、住宿设备为旅游者提供服务，从而取得报酬的行业。这种观点实际上是将旅游业等同于旅行社业。

广义的观点认为，旅游业是为国内外旅游者服务的一系列相互有关的行业。这种观点实际上认为旅游业既包括直接为旅游服务的旅游企业如旅行社、饭店等，也包括间接的旅游企业如交通等，同时，还包括支持旅游发展的各种旅游组织。

尽管人们对旅游业的认识存在着这样或那样的分歧，但旅游业是客观存在的一项产业却已经是不争的事实。许多国家虽未在自己的产业划分中将旅游业作为一项产业单独分项，甚至在联合国公布的《国际标准产业分类》中，都没有将旅游业列为单独的立项产业。在我国的《国民经济行业分类》中，也没有"旅游业"的字样，而是将与之有关的活动划归"租赁和商务服务业"一类。但各国都在本国经济发展规划中将旅游业作为一项重要内容。

旅游业是旅游活动的媒介，是为旅游活动的主体旅游者与旅游活动的客体旅游资源之间的有机联系提供服务条件的中介，是由旅游设施和各种专业人才构成的能为旅游活动提供各种服务的整个服务体系。

过去，有人把旅游业等同于旅行社业。在我国，也曾有人认为只有旅游局和旅行社才算旅游业部门。也有人认为，旅游业的产品是由一系列相互有关的行业共同提供的，体现了旅游业所具有的综合性特点。但这一供给取向的定义对于旅游业在何种意义上构成一项产业的问题，并没有做出很好的回答。

综上考虑，如果要给旅游业下一个定义，旅游业就是以旅游资源为依托，以旅游设施为条件，以旅游者为主要服务对象，为旅游者旅游活动创造便利条件并提供其所需要商品和服务的综合性产业。这个定义强调了三点。第一，旅游以旅游资源为依托。旅游资源是一个国家和地区发展旅游业的物质基础。第二，旅游业以旅游者为主要服务对象。尽管有些旅游企业的服务对象不全部是旅游者，也包括当地居民，但其主要服务对象应是旅游者。第三，旅游业是一项综合性产业，由多种行业构成。各行业通过提供各自的产品和服务满足旅游者不同的结构性需求，其作用是便利旅游活动，并在满足旅游者的总体需求的前提下统一起来。我们通常认为，旅游餐饮住宿业、旅游交通业、旅行社业是旅游业的三大支柱，在旅游业中居主导地位，除此以外，旅游业的构成还包括旅游观赏娱乐业、旅游购物品经营业、旅游电子商务、旅游业产品等部分。

## 二、旅游业的性质

旅游业作为一个独立的行业，有着许多不同于其他行业的性质。

### （一）旅游业具有经济性

旅游业是通过对旅游的推动、促进和提供便利服务来从中获取经济收入的。旅游业的主要构成是各类旅游企业。所谓企业是指以盈利为目的并需要进行独立核算的经济性组织。同样，由这些企业构成的旅游业也必须进行经济核算。此外，我国也把旅游业列入国民经济的组成部分。所有这些都说明，旅游业从根本上说是一项经济性产业。其经济性质主要表现在以下几个方面。

（1）旅游业是社会经济发展到一定阶段的产物，是建立在一定的经济发展水平之上的。
（2）旅游业可以带动和旅游相关的其他行业的发展，进而带动区域经济的发展。
（3）旅游业可以增加外汇收入，促使货币回笼，保障国民经济健康发展。

虽然，旅游业的活动要接受国家旅游政策的指导，要遵循并有义务贯彻执行国家规定的其他有关方针政策，但是这并不能改变旅游业作为一项经济产业的根本性质。

### （二）旅游业具有文化性

旅游业的文化性主要表现在以下两个方面。
（1）旅游资源具有文化性。从自然旅游资源来看，大都有文化因素隐含在内，而人文旅游资源如历史古迹、民俗风情、建筑、城市建设等都具有文化性质。
（2）旅游设施也具有文化性。不同的旅游设施代表了不同的文化，无论旅游交通工具还是旅游饭店，都体现着本地特有的文化。从旅游交通工具来说，有的是飞机、火车、汽车、轮船；有的是轿子、马车、毛驴；不久的将来人们还会乘坐宇宙飞船、航天飞机遨游太空。从旅游饭店来说，有的是摩天大厦，有的是西式洋房，有的是民族建筑等。这些无不体现了某种文化。

### （三）旅游业具有服务性

把国民经济部门划分为三次产业是由英国经济学家费希尔首先提出来的。其后一些国家便开始用三次产业来划分国民经济部门。我国国家统计局为满足国民经济核算、服务业统计其他统计调查对三次产业划分的需求,根据《国民经济行业分类》制定了《三次产业划分规定》:结合国际行业划分标准,第一产业,农业;第二产业,采石业、制造业,电力、热力、燃气及水产和供应业、建筑业;第三产业,服务业。旅游业属于第三产业,是为旅游者提供服务的行业。因此,旅游业具有服务性。

## 三、旅游业的特点

旅游业是具有经济性质的服务行业,但旅游业与其他服务行业相比又有其自身的特点。

### (一)综合性

旅游业通过提供旅游服务来满足旅游者的需求。一次完整的旅程需要食、住、行、游、购、娱等多方服务。为了满足旅游者的多方面需求,需要由多种不同类型的企业为其提供服务,这必然涉及国民经济中的多个行业和部门,它们通力合作,才能保证旅游者的整体需求得以满足,并赚取收入。因此,旅游业具有综合性的特点。

### (二)季节性

在某些情况下,供旅游业观赏的路线和景点有明显的季节性。例如承德避暑山庄、北戴河海滨浴场、哈尔滨冰雪世界等地的旅游活动具有季节性。这给旅游企业的经营带来很大的困难,使它们在旺季接待能力不足,旅游服务质量受到影响。而到了淡季,出现大量的旅游设施闲置,从而蒙受经济损失。

### (三)敏感性

旅游业是一个非常敏感的产业,社会各种因素的变化都会对旅游产生影响,而且反应迅速。首先,从旅游业内部环境来看,它由多种部门构成。这些部门之间存在着一定的比例关系,它们必须协调发展,其中任何一个部门脱节都会造成整个旅游业供给的失调,进而影响旅游业的经济效益和社会效益。其次,从旅游业的外部环境来看,各种自然、政治、经济和社会因素都可能对旅游业产生影响。如自然因素中地震等自然灾害、恶劣的气候、各种流行疾病,政治因素中的政治动乱、政府的政策变化、国家间关系的变化及恐怖活动、战争等,都会对旅游业带来举足轻重的影响。

### (四)依托性

旅游业是一个具有高度依托性的产业,这主要表现在三个方面。首先,旅游业以旅游资源为依托。旅游资源是发展旅游业的客观基础,旅游资源的特色与丰富程度,在很大程度上影响到旅游业的发展。旅游资源不丰富,则意味着旅游业的发展先天不足。其次,旅游业的发展依托于国民经济的发展。国民经济发展水平既决定了旅游供给水平，同时也决定了旅游者的旅游需求水平。最后，旅游业依托于各有关部门和行业的通力合作、协调发展。任何一个相关行业脱节，都会影响到旅游经营活动的正常进行。

### （五）关联性

旅游业是一个关联性较强的产业。旅游业本身是由多种行业构成的一个产业群体，具有综合性和依托性，这就决定了旅游业必然是高度关联的。这种关联性不仅涉及那些直接为旅游者提供产品和服务的行业，如住宿餐饮业、交通运输业等，也涉及间接为旅游者提供产品和服务的行业，如园林、纺织、外贸、邮电、食品等。

### （六）涉外性

旅游业是一项涉及国与国之间的人际交往的产业，具有涉外性。当代的旅游是一种跨越国界的广泛的人际交往活动。就一国而言，既可以是旅游接待国，也可以是旅游客源国，由于各国的社会制度、社会文化、生活方式等诸方面都存在较大差异，因此，发展国际旅游业的政策性很强，具有较强的涉外色彩。

## 第二节 旅行社

旅行社是为人们旅行提供服务的专门机构，旅游活动的发展是旅行社得以产生和发展的前提条件。旅行社是旅游业的重要组成部分，它和旅游交通、旅游饭店构成了旅游业的三大支柱，共同为旅游活动的进行创造了条件和便利，在旅游业的三大支柱中处于核心地位。

## 一、旅行社的产生与发展

### （一）世界旅行社的产生与发展

旅行社的产生是经济、科技和社会分工发展的直接结果，也是旅行活动长期发展的必然产物。18世纪中叶发生在英国的工业革命，使全世界的经济和社会结构发生了巨大的改变，也使世界范围内旅行活动的发展受到了显著的影响。

随着工业革命的开展，社会生产力水平得到不断提高、社会财富急剧增加、有产阶级规模日趋扩大，使得越来越多的人具备了外出旅游的经济条件。工业革命的开展，也带来了整个社会科学技术的进步，提高了交通运输能力、缩短了运输时间、扩建了运输网络，使大规模的人员流动成为可能。同时，工业革命也加快了城市化的进程，改变了人们原有的工作和生活方式，使人们产生了回归自由、宁静的大自然的要求，主观上产生了旅游动机。在此背景下，一批具有敏锐信息的先行者首先捕捉到了市场信息，开始创办旅行代理事业。世界上公认的第一位真正的专职旅行代理商是英国的托马斯·库克（Thomas Cook）。

1841年，身为传教士的托马斯·库克利用面对机器化大生产中人们产生的心理危机，以参加禁酒为号召，创造性地组织了世界上第一次团体包价旅游。1845年，托马斯·库克在英国的莱斯特正式成立了托马斯·库克旅行社，开始专门从事旅行代理业务。世界上第一家旅行社诞生，这标志着近代旅游业的开始。1845年，为组织到利物浦的观光旅游，托马斯·库克整理出版了《利物浦之行指南》，并为此设立了专门的旅游向导。1855年，托马斯·库克以包价的形式组织了赴法国的旅行。到1864年，经托马斯·库克组织的参加旅游的人数已累计达100多万，他的名字也成为旅游的代名词，在欧美地区家喻户晓。后来，欧洲及北美诸国和日本纷纷仿效托马斯·库克组织旅游活动的成功模式，先后组织了旅行社或类似的旅游组织，招募陪同或导游，带团在国内参观游览。1865年，托马斯·库克在托马斯·库克旅行社的基础上建立了托马斯·库克父子公司，该旅行社后来发展成为当时世界上最大的旅行社。此后，他又相继在美洲、非洲和亚洲地区建立了分公司，旅游业务遍布全球。之后，欧美各国不断涌现出类似的旅行社组织，如1850年在英国成立的"旅游者组织"，1885年在英国成立的帐篷俱乐部，1890年在法国和德国相继建立的观光俱乐部，以及1893年在日本成立的"喜宾会"等，其中尤以美国的运通公司最为著名。

### （二）我国旅行社的产生与发展

中国早期的旅行社是外国人在中国设立的旅行机构。我国自己创办的旅行社最早产生于20世纪20年代。1923年，爱国人士陈光甫先生在上海商业储蓄银行设立旅行部，为国人办理各项旅游业务。1927年该部独立并更名为中国旅行社，这是中国最早的旅行服务机构。此后，全国各地出现了不少类似的旅游企业，如公路旅游服务社、浙江名胜导团，以及1935年的中国汽车旅行团，1937年的萍踪旅行团、现代旅行社等。但它们后来都因战事而自然解体。新中国成立后，随着我国国内形势和旅游业发展方针政策的变化，以及社会经济体制的改革，我国旅行社逐步得到发展。1949年11月在厦门成立了华侨服务社，这是新中国第一家国营旅行社。1957年，由各地的华侨服务社组建而成的华侨旅行社总社（1974年更名为中国旅行社，也即现在的中旅）及其分、支社相继成立，专门负责接待海外华侨、外籍华人、港澳及台湾同胞等，属于政府的侨务系统。另外，我国先后于1954年和1980年在北京成立中国国际旅行社和中国青年旅行社。中国旅行社、中国国际旅行社和中国青年旅行社并称为"中国三大旅行社"。1984年，国务院就我国旅行社体制改革做出规定：打破行业垄断，放开经营；并规定旅行社由行政事业单位改为企业。1985年，《旅行社管理暂行条例》出台，它为旅行社的发展提供了有利条件。1850年在美国成立的"运通公司"从1986年起，旅行社的数量开始增加，1991年后旅行社数量猛增。据统计，截至2017年年底，我国共有旅行社 27 409 家。

## 二、旅行社的性质和类型

### (一) 性质

虽然旅行社产生已有一个半世纪之久，然而，世界各国或地区对旅行社的解释和规定却并不一致。世界旅游组织的定义是：零售代理机构向公众提供关于可能的旅行、居住和相关服务，包括服务酬金和条件的信息。旅行组织者或制作商或批发商在旅游需求提出前，以组织交通运输、预定不同方式的住宿和提出所有其他服务为旅行和旅居做准备。我国对旅行社的定义为：旅行社是依法设立的并具有法人资格，从事招徕、接待旅行者，组织旅游活动，实行独立核算的企业。在学术界，对旅行社的定义也各不相同。

因此，要正确把握旅行社的性质，应从以下几个方面入手。

1. 旅行社是旅游中间商

旅游者外出旅游，需要购买各种服务和产品，如景点门票、交通票据、客房、餐饮等，这些产品都可以从旅行社预购。虽然这些产品也可由生产者直接出售，但通过旅行社出售是一种更为方便的选择。旅行社以低于市场的价格向旅游产品要素的提供者（如酒店、航空公司等）购进食、宿、行、游等产品，然后根据市场需求配置资源，对原有产品进行包装、组合，使之形成有差别的旅行社产品，并以总的价格出售给旅游者，从而获得利益。因此，旅行社实际上扮演的是中间商的角色。它是通过为旅游者提供中间商服务来获取收益的，是沟通旅游产品生产者与消费者的重要流通环节，是融产品设计与组合功能于一体的旅游产品销售者。

2. 旅行社提供的是服务产品

服务一般是指提供劳动形式，满足他人某种需要并取得报酬的商业行为。它有两个基本特征：一是服务同样具有使用价值，这种使用价值表现的不是物而是活动；二是服务不论是由人来提供的还是由物提供的，服务产品的交易仅局限于使用权的转移，而不是所有权的让渡。

旅行社作为服务企业提供的服务产品，不同于主要是由实物支撑的饭店服务产品，即主要是通过对物的使用来满足旅游者的住宿需求，而更多表现为人的活动，如代办食宿、预订机票、提供导游接待服务等。而且，旅行社的包价旅游使得旅行社产品具有综合性服务的特征。

### (二) 类型

由于各国旅行社行业发展水平和经营环境不同，世界各国旅行社行业分工的形成机制和具体分工情况存在着较大的差异。

1. 国外旅行社的分类

（1）欧美国家旅行社的分类。在欧美国家中，一般是按照经营业务范围将旅行社分为旅游批发商、旅游经营商和旅游代理商。

①旅游批发商（tour whole saler）。旅游批发商低价批量预订交通、住宿、旅游设施和景点使用权，并将其组合成整套旅游产品（旅游线路、项目和日程）以包价批发形式出售给旅游经营商。根据法律规定，旅游批发商不与旅游者发生直接关系，既不出售也不从事接待业务。我国目前不存在此类旅行社。

②旅游经营商（tour operator）。旅游经营商通过自己的零售网点或代理商向公众销售旅游产品。它们从旅游批发商处购买旅游产品后，负责组织团队和具体旅游接待服务。根据旅游产品中规定好的日程表，以提供陪同、导游员的服务形式为其经营的基本手段。

③旅游代理商（tour agent）。旅游代理商是以上旅行社和旅游交通、饭店等企业向旅游者销售旅游产品、交通票据、预订客房等的中介组织。主要工作是负责旅游宣传、推销和旅行服务。旅游代理商的具体零售业务如下。

- 为潜在旅游者提供有关旅游点、客运班次、旅游公司产品及旅游目的地情况的咨询；
- 代客预订（交通、食宿及游览和娱乐门票等）；
- 售发旅行票据和证件；
- 陈列并散发有关旅游企业的旅游宣传品；
- 向有关旅游企业反映顾客意见。

旅行代理商提供的服务是不向顾客收费的，其主要收入来自被代理企业支付的佣金。

（2）日本旅行社的分类。日本旅行社的分工属于混合分工体系。在1996年以前，日本旅行社分为一般旅行社、国内旅行社和旅行社代理店三种。1996年4月1日起实施新的《旅行业法》，以旅行社是否从事主催旅行业务为主要标准，将日本的旅行社重新划分为第Ⅰ种旅行社、第Ⅱ种旅行社和第Ⅲ种旅行社三种。

①第Ⅰ种旅行社。可以实施海外和国内主催旅行业务的旅行社。

这类旅行社可从事国际旅行、国内旅行和出国旅行三种业务，主要是开展对外旅行业务。这类旅行社的规模都比较大。

②第Ⅱ种旅行社。只能实施国内主催旅行业务的旅行社。

这类旅行社可从事国内旅行（包括接待部分到日本国内旅行的外国人）业务。

③第Ⅲ种旅行社。不能实施主催旅行业务，但可作为第Ⅰ种和第Ⅱ种旅行社的代理店。这类旅行社可作为一般旅行社的代理店，从事与其相同的业务。

根据日本的界定，主催旅行相当于我们所说的包价旅游，它是指"旅行业者事先确定旅游目的地及日程、旅游者能够获得的运送及住宿服务内容、旅游者应对旅行业者支付的代价等有关事项的旅游计划，通过广告或其他方法募集旅游者而实施的旅行"。

第Ⅰ种和第Ⅱ种旅行社之间的分工是水平分工，而第Ⅰ种、第Ⅱ种与第Ⅲ种旅行社之间的分工则是垂直分工。

2. 我国旅行社的分类

1978年改革开放后,特别是1985年《旅行社管理暂行条例》颁布后我国旅行社真正开始市场化进程,旅行社行业才有了法律意义上的分类制度,至今经历了三个时期。

(1) 根据来华旅游者的类别分为三类社时期(1985—1996)。1985年《旅行社管理暂行条例》将我国旅行社分成三大类,即一类社、二类社、三类社,其中一类社是指经营对外招徕,并接待外国人、华人、华侨或港澳台同胞来中国或内地旅游业务的旅行社;二类社是指不对外招徕,只经营接待第一类旅行社或其他涉外部门组织的外国人、华人、华侨或港澳台同胞来中国或内地旅游业务的旅行社;三类社是指经营中国公民国内旅游业务的旅行社。

(2) 根据是否经营国际业务分为两类社时期(1996—2009)。1996年颁布的《旅行社管理条例》将旅行社分为两大类,即国际旅行社、国内旅行社,其中国际旅行社经营国内旅游业务、入境旅游业务、出境旅游业务(要经国家旅游局批准);国内旅行社只经营国内旅游业务。

(3) 根据是否可经营出境旅游业务分为两类社时期(2009— )。2009年5月1日开始实施的新《旅行社条例》,根据是否可以经营出境旅游业务,将我国旅行社分为两大类:一类是可以经营国内业务和入境业务的旅行社,另一类是可以经营国内业务、入境业务和出境业务的旅行社。

## 三、旅行社的基本业务

在市场经济条件下,所有旅游服务与产品的供给都是为了满足特定的旅游消费。旅行社的基本业务也主要是围绕旅游者的消费来进行的。因此,我们可以将旅行社的业务归纳为三项基本业务。

### (一) 营销业务

1. 旅行社外联业务

旅行社外联业务是指旅行社通过各种直接或间接的方式,将其产品转移到最终消费者手中而进行的一系列销售活动。旅行社是旅游活动的组织者,旅行社之间的竞争也日趋激烈,要保证旅游接待的高质量,在竞争中获得有利地位,就必须与游客、景区、饭店、餐馆、交通部门、保险公司、海关、公安等部门保持良好的关系,同时还要处理好与同行旅行社的合作关系,特别是有业务往来的地方接待社。

2. 旅行社产品开发、销售业务

旅行社的经营是以旅游者为中心的。旅行社要进行市场调研,了解旅游者的旅游动机,并且根据旅游者的旅游动机有针对性地设计、开发旅游产品。然后通过有效的市场营销工作把产品销售出去。旅游产品的销售方式多种多样,可以通过新闻媒体宣传,也可以直接举行促销活动,发放宣传资料等。

## (二) 计调业务

计调就是计划和调度的意思,是完成地接、落实发团计划的总调度、总指挥、总设计。就旅行社而言,计调工作非常重要,计调部门是旅行社工作的核心部门。

旅行社的计调业务主要是指旅行社在接待业务工作中为旅游团安排各种旅游活动所提供的间接服务,包括安排食、住、行、游、购、娱等事宜,选择旅游合作伙伴和导游,编制和下发旅游接待计划、旅游预算清单等,以及为确保这些服务而与其他旅游企业或与旅游业相关的各个行业和部门所建立的合作关系的总和。旅行社计调业务的宗旨就是为业务服务,为旅行社决策层和管理部门提供技术、统计服务,为外联部门提供信息咨询服务,为接待部门提供后勤联络服务,为财务部门提供结算凭证服务以及为旅游者提供委托代办业务等,旅行社计调具有计划、信息、选择、签约、协调、联络、统计和创收八大职能。

## (三) 接待业务

旅行社接待业务是指旅行社为已经预订了旅游产品的旅游者到达本地后提供实地旅游服务的一系列工作。

旅行社的接待工作过程,主要也就是导游服务的过程。当然,这是在旅行社其他部门提供的交通、票务和食宿预订服务保证下完成的。但长期以来我国旅游业界更多地把精力放在营销和计调业务上,对接待业务不够重视。殊不知,接待和销售互为因果,若接待不好,导游服务质量差,终将失去顾客。因此,旅行社在重视营销的同时应重视旅游接待业务,只有这样才能保证旅行社在旅游业竞争中健康发展。

# 四、旅行社的作用

旅行社在旅游业中的主要作用表现在以下几个方面。

## (一) 旅行社是旅游活动的组织者

旅行社不直接承担"生产"旅游产品的任务,但它把各地各类的旅游产品和产品要素组合成多种多样的形式,适应不同旅游者多样化的需求。其具体工作内容就是编排日程计划,将各类产品组合成路线产品的形式供旅游者选择和消费。从旅游者需求角度来看,特别是对团体旅游而言,旅行社发挥着作为旅游活动组织者的作用。这种组织作用是从托马斯·库克开始的。以团队出游为主要形式的现代大众旅游的迅速发展,同旅行社这种组织作用的推动是分不开的。人们只要选定旅游目的地,其他一切活动皆可由旅行社负责组织安排。因此,使用旅行社的旅游服务,参加由旅行社组织的旅游已成为现代大众旅游者外出旅游,特别是出境旅游的常规化模式。此外,旅行社在将自己组织的包价旅游项目及线路出售给旅游者之后,并不意味着组织工作的完成。旅游者旅游活动的开展以及各有关旅游企业之间的联系衔接,仍有赖于旅行社进行组织和协调。因此,旅行社不仅为旅游者组织旅游活动,而且在旅游业各组织部门之间起着组织和协调的作用。

### (二)旅行社是旅游者与旅游目的地之间联系的中介者

旅行社是旅游者和旅游目的地之间联系的桥梁。它了解和传导信息,促进旅游目的地与客源市场的相互了解,为旅游者提供咨询,反馈市场变化动态。拉近了旅游目的地和旅游者市场的距离,完成了供给与需求之间平稳的对接,促进了旅游市场的活跃与繁荣。作为旅游活动的组织者,旅行社同旅游业其他各部门也有密切的联系,应及时、准确、全面地将旅游目的地各相关部门或企业最新的发展和变化情况传递到旅游市场去,以便促进购买者购买。作为旅游产品的重要销售渠道,旅行社始终处于旅游市场的最前沿并首先直接同旅游者接触,熟知旅游者的需求变化和市场动态,这些信息若能及时提供给各相关部门或企业,会对他们的经营管理起到指导作用。

### (三)旅行社是旅游产品的销售者

由于旅游活动的"异地性"特征,旅游目的地产品很难直接地对旅游者销售。旅行社身处旅游者市场所在地,对旅游者的需求把握比较准确,对市场比较敏感。它们的促销是旅游销售最重要的形式。旅游业中的交通运输部门、以饭店为主的餐饮住宿业部门以及其他旅游服务部门虽然也直接向旅游者出售自己的产品,但其相当数量的产品都是通过旅行社销售给旅游者的。在现代大众旅游的情况下,旅游产品各组成部分的生产者经常不直接与消费者发生购销接触,而是通过旅行社这一中间媒介完成销售工作。远在他乡的潜在旅游者则可通过旅行社了解和购买旅游目的地的各项旅游产品。因此,旅行社不仅在客源地与目的地之间架起联系的桥梁,而且也为目的地旅游产品生产者沟通了销售渠道。

## 五、中国旅行社的发展现状及发展趋势

### (一)发展现状

我国的旅游组织根据管理权限分为旅游行政管理机构组织和旅游行业组织两大类。旅游行政管理机构主要是由国家文化与旅游部和省(自治区、直辖市)文化与旅游厅组成,负责管理全国或者所辖行政区域旅游事业;旅游行业组织是旅游企业自愿联合的组织。

### (二)发展趋势

1. 集团化趋势

中国的旅行社行业将出现集团化的趋势,一批具有一定规模并且覆盖一定区域的旅行社集团将出现在中国的大地上,成为中国旅行社行业的一道亮丽风景线。目前中国旅行社行业

的格局也将为之一变。这种集团化的趋势既适应中国旅行社行业的发展需要,也符合国际上旅行社行业的发展进程。中国的旅行社行业集团化,既有利于旅行社发挥其在采购、预订、营销、资金、人才等方面的优势,实现规模经营和获得规模经济效益,也可以引导和稳定市场,克服旅行社市场因过度分散和紊乱造成的问题。

2. 专业化趋势

随着中国旅游市场的不断发展和旅行社行业的逐渐成熟,将会出现专业化的发展趋势。旅行社行业的专业化,是指旅行社为了最大限度地满足特定细分市场旅游者的需求,适当调整其经营方向,针对某些细分市场,对某些产品进行深度开发,形成特色产品或特色服务。专业化经营将主要出现在中国的中型旅行社,为了避开在经营标准化产品方面的比较劣势,集成本优势与产品专业化优势于一身,中型旅行社应该实现专业化开发和专业化经营,使产品更加多样化,从而增强其产品的总体吸引力。

3. 品牌化趋势

中国旅行社行业的竞争已开始从价格竞争逐步转向质量竞争和品牌竞争。随着旅游者的旅游消费需求水平的提高,旅行社所奉行的低价格战略已经不再像过去那样奏效了,必须采用新的竞争战略,以应对我国加入世界贸易组织后,特别是国际名牌旅行社进入中国旅游市场后所带来的严峻挑战。所以,名牌旅行社瓜分市场必将成为我国旅游市场走势的一个趋势。中国的旅行社必须大力发展名牌战略,否则将会在日趋激烈的市场竞争中落败。目前,中国旅行社业的一些有识之士已经开始注重建立中国的旅行社品牌,努力争取得到旅游者的认同,产生对其服务的亲近感和信任感,以便在市场上立于不败之地。

4. 网络化趋势

旅行社的网络化趋势是由旅游需求的特点所决定的。随着社会经济的发展和人们所受教育水平的提高,旅游需求必将日益普及,导致旅游需求可能在任何一个地方产生。为了便于消费者的需求和购买,旅行社营业的场所必须广泛设立于消费者便于购买的所有地方,即所谓的网络化布局。中国的旅行社行业实行网络化,不仅是完全必要的,而且是十分可行的。信息技术的普及和互联网的发展,为旅行社的网络化经营奠定了坚实的技术基础。旅行社通过内部改造或增设经营网点,可为旅行社的网络化经营提供组织基础。因此,旅行社的网络化,必将成为中国旅行社行业的一个发展趋势。

## 第三节　旅游饭店

住宿业是利用住宿场地和设施设备,以生活服务的方式向需要临时投宿的旅行者提供休息环境与安全保障的接待组织。进入大众旅游时代,住宿业已基本具备全方位地向人们提供得以进行高消费的综合服务的功能。目前，旅游饭店是住宿业中最重要的企业类型。

## 一、旅游饭店的兴起与发展

饭店是随着社会生产力的提高、国民经济的发展和社会联系的加强以及社会活动规模的扩大而产生和发展起来的。在世界范围内，饭店的发展经历了一个漫长的过程。

### （一）古代客栈时期

客栈，英文称为"inn"，是指乡间或路旁的小客店，供过往的客人寄宿的地方。据说，欧洲最早的食宿设施大约出现于古罗马时期。那时的客栈通常是由奴隶或战俘从事劳作。在西方，客栈作为一种住宿设施虽然早已存在，但真正流行却是在15—18世纪。当时，虽然欧洲许多国家如法国、瑞士、意大利和奥地利等国的客栈已相当普遍，但以英国的客栈最为著名。在中国古代也有不同类型的客栈，从最早的"逆旅""马日传""驿传"，到清代的"商馆""客店""递铺""驿站"，3000多年间出现了"馆""驿""舍""店"四大类几十种名称，形成了一部旅馆名称流变史。据记载，周代时，为了传递官府文书和军事情报，就在一些重要交通点修建了驿站，并在交通要道处修筑了供客人投宿的"客舍"。这些驿站或客舍是中国历史上最古老的住宿设施，主要是为了满足办理各种公务、商务和外交、军事人员的基本生存需要——食、宿而设立的。战国时期，由于农业和手工业的进步，商业的发展，民间的客店业初步形成并不断发展和完善。两汉中期，随着对外贸易的日益发展，长安城内建造起180多所"群郡"，供外国使者和商人食宿。南北朝时期出现了"邸店"，供客商食宿、存货和交易。宋朝出现了众多的"同文馆""大同馆""来宾馆"等旅馆。这些住宿设施不但提供客房，还提供酒菜饭食，晚上还有热水洗身，可以说这些民间的客店和旅馆，是现代意义上的饭店的雏形。

古代客栈为投宿者提供食、宿等生活需求，但规模小，设备简陋，坏境卫生差，也不安全。在当时并不为人们所重视，被认为是低级行业。

### （二）大饭店时期

随着古代客栈的发展，其设施越来越先进，服务越来越周到，规模越来越大。18世纪后期，随着欧美各国进入工业化时代，世界饭店业也进入了大饭店时期。大饭店一般建造在大都市，规模宏大，服务对象主要是王公贵族、官宦和社会名流。世界上第一座现代化的饭店是1829年在波士顿落成的特里蒙特饭店（Tremont），它为整个饭店行业确立了明确的标准，并推动了美国各地现代化饭店的蓬勃发展。这一时期经营代表人物是里兹，"客人永远是对的"这一服务理念就是他提出来的。

## （三）商业饭店时期

大约从20世纪初到20世纪50年代，是饭店业的商业饭店时期。1908年，斯塔特勒建造了"一个带浴室的房间只需要1.5美元"的斯塔特勒饭店，并提出了"饭店从根本上只销售一样东西，那就是服务"的经营名言，这标志着饭店业进入了现代商业饭店时期。

斯塔特勒在饭店经营中有许多革新和措施：他按统一标准来管理他的饭店，不论你到波士顿、克利夫兰，还是纽约、布法罗，只要住进斯塔特勒的饭店，标准化的服务都可以保证；他的饭店里设有通宵洗衣、自动冰水供应、消毒马桶坐圈、送报上门等服务项目；他讲究经营艺术，注重提高服务水平，亲自制定《斯塔特勒服务手册》，开创了现代饭店的先河。斯塔特勒的饭店经营思想和既科学合理又简练适宜的经营管理方法，如"饭店经营第一是地点，第二是地点，第三还是地点"等，至今对饭店业仍大有启迪，对现代饭店的经营具有重要的影响。

商业饭店时期的饭店主要讲究舒适、方便、清洁、安全和实用，而不追求奢侈和繁华；经营管理上注重价格合理，注重质量的标准化和降低成本，以获得最佳利润。商业饭店时期，是世界各国饭店最为活跃的时代，是饭店业发展的重要阶段，它使饭店业最终成为以一般平民为服务对象的产业，它从各个方面奠定了现代饭店业的基础。

## （四）现代新型饭店时期

第二次世界大战后，随着世界范围内经济恢复、人口增长，世界上出现了国际性的大众化旅游。科学技术的进步，使交通条件大为改善，为人们外出旅游创造了条件；劳动生产率的提高，人们可支配收入的增加，使人们对外出旅游和享受饭店服务的需求迅速扩大；现代国际贸易和信息技术的发展，使世界各国政治、经济、文化等方面的交往日益频繁。这种社会需求的变化，促使饭店业由此进入到了现代新型饭店时期。

与传统饭店相比，现代新型饭店向多样化方向发展，饭店服务功能也日益齐全，在设备、设施、管理方法、服务质量、价格、标准等方面都发生了较大的变化。饭店的使用者以日益增加的旅游者为主，商务旅游者的人数也有所增加。

现代新型饭店多种多样，如度假饭店、观光饭店、商务饭店、会员制俱乐部饭店等；饭店设施也在不断发生变化，经营方式也更加灵活；由于饭店产业的高利润加剧了市场竞争，使饭店趋向于与其他行业联合或走向连锁经营、集团化经营的道路；同时，现代科学技术革命和科学管理理论的发展，使现代饭店管理日益科学化和现代化。

# 二、旅游饭店的作用

旅游饭店在旅游业中的作用，主要有以下几个方面。

1. 旅游饭店大多数是所在城市或地区对外交往和社会交际活动的中心

旅游饭店的发展，将刺激和促进当地社会的对外交往、经济发展和文化交流，提高社会的文明程度。随着我国社会经济的不断发展，越来越多的外国科学家、企业家、实业家和政治、经济、文化界人士来我国进行访问、经商与贸易，创办合资企业，进行学术交流以及科学考察，这些对外交往的活动，都需要旅游饭店的服务为其顺利地创造种种条件。

2. 旅游饭店是发展国际和国内旅游事业的物质基础

旅游饭店是创造旅游收入，尤其是外汇收入的重要部门。

3. 旅游饭店为社会创造了直接和间接的就业机会

目前，我国旅游饭店的人员配备状况是：平均每间客房约配备1.2～2人。这样，一个300间客房的酒店就创造了500～600人的直接就业机会。此外，旅游饭店还为与它相关的行业，如饭店设备、饭店物品的生产或供应行业提供大量的间接就业机会。我国近几年的实践经验证明，高级饭店每增加一个房间，就可以直接和间接为5～7人提供就业机会，中低档饭店大约可以为4～5人提供就业机会。

4. 旅游饭店的发展，可以带动其他行业的发展

旅游饭店的发展为所在地区带来巨大的经济效益，如建筑材料、装饰材料、卫生用具等。统计资料表明，旅游者开支中近60%花费在饭店以外的社会其他行业，这就间接地刺激了其他行业的发展。

5. 旅游饭店的发展，可以促进社会消费方式和消费结构的发展

近年来，尤其在一些大城市，越来越多的人在饭店举办新春家庭宴会、中秋家庭宴会以及婚礼等。

## 三、旅游饭店的类型与等级

### （一）旅游饭店的类型

从不同的角度可以将旅游饭店进行各式各样的分类。英国旅游学家迈德利克教授在他的著作《旅馆业》一书中，对饭店提出了10种分类方法。如可根据饭店所处的地区、具体位置、规模、等级、所有权、经营方式等来进行分类。下面着重介绍两种分类方法。

1. 按主要宾客下榻饭店的目的分类

（1）商务性饭店。这类饭店主要以接待从事商务活动的客人为主，是为商务活动服务的。这类客人对饭店的地理位置要求较高，要求饭店靠近城区或商业中心区。其客流量一般不受季节的影响而产生大的变化。商务性饭店的设施设备齐全、服务功能较为完善。

（2）度假性饭店。这类饭店以接待休假的客人为主，多兴建在海滨、温泉、风景区附近。其经营的季节性较强。度假性饭店要求有较完善的娱乐设备。

（3）长住性饭店。这类饭店为租居者提供较长时间的食宿服务。此类饭店客房多采取家

庭式结构，以套房为主，房间大者可供一个家庭使用，小者有仅供一人使用的单人房间。它既提供一般饭店的服务，又提供一般家庭的服务。

（4）会议性饭店。这类饭店是以接待会议旅客为主的饭店，除食宿娱乐外还为会议代表提供接送站、会议资料打印、录像摄像、旅游等服务。要求有较为完善的会议服务设施（大小会议室、同声传译设备、投影仪等）和功能齐全的娱乐设施。

（5）观光性饭店。这类饭店主要为观光旅游者服务，多建造在旅游点，其经营特点不仅要满足旅游者食住的需要，还要求有公共服务设施，以满足旅游者休息、娱乐、购物的综合需要，使旅游生活丰富多彩，旅游者得到精神上和物质上的享受。

2. 按饭店建筑规模分类

目前对饭店的规模，旅游行政部门还没有一个统一的划分标准，较通行的分类方法是以客房和床位的数量多少，区分为大、中、小型三种。

（1）小型饭店，客房在 300 间以下；
（2）中型饭店，客房在 300～600 间；
（3）大型饭店，客房在 600 间以上。

## （二）旅游饭店的等级

世界各国对饭店等级的划分不一，有的划分为五个等级，有的划分为七个等级。在饭店等级表示方法和等级标定方式方面，有的以数字等级表示，有的以字母表示。但较为流行的划分和标定方式是以星号（★），即划分为一、二、三、四、五星，五个等级。按星级划分饭店等级的一般划分标准见表 5-1。

表 5-1　饭店等级星级划分标准

| 星　级 | 一般划分标准（设施设备、服务项目与质量） |
| --- | --- |
| ★ | 设备简单，提供食、宿两项最基本的饭店产品，能满足客人最基本的旅游需要，设施和服务标准符合国际流行的基本水平 |
| ★★ | 设备一般，除食、宿基本设施外，还设有简单的小卖部、邮电部、理发部等便利设施，服务质量较好 |
| ★★★ | 设备齐全，有多种综合服务设施，服务质量较高 |
| ★★★★ | 设备豪华，服务设施完善，服务项目健全，服务质量优秀 |
| ★★★★★ | 这是饭店的最高等级，其设备、设施、服务项目设置和服务质量均为世界饭店业的最高水平，真正达到这一等级的饭店为数不多 |

表 5-1 所列出的只是人们对饭店星级标准的一般性划分。实际上，在对饭店评定等级时，各国在饭店的建筑、客房面积、设施设备条件、管理水平、服务项目和服务质量等具体

方面都有详细而明确的规定。但总的来说，考核一个饭店的等级时需要从其"硬件"（设施设备）、"软件"（服务和质量）以及顾客满意程度等多方面同时评定。其中包括：①设施和设备；②服务项目；③服务质量；④顾客满意程度；⑤外界的印象。

我国饭店的等级划分也采用星级制。根据《中华人民共和国评定旅游涉外饭店星级的规定》，按一星、二星、三星、四星、五星来划分饭店等级。五星级为最高级，在五星级的基础上，再产生白金五星。饭店的星级是按其建筑、装潢、设备、设施条件和维修保养状况，管理水平和服务质量的高低，服务项目的多少，进行全面考察、综合评价后确定的。

## 四、现代旅游饭店集团

### （一）国际知名酒店集团

1. 希尔顿国际酒店集团公司（Hilton Hotels Corporation）

希尔顿国际酒店集团是总部设于英国的希尔顿集团公司旗下分支，拥有除北美洲外全球范围内希尔顿商标使用权，管理405间酒店，包括263间希尔顿酒店、142间面向中端市场的"斯堪的克"酒店，以及与总部设在北美的希尔顿酒店管理公司合资经营的、分布在12个国家中的各间"康丁立德"酒店。它与希尔顿酒店管理公司组合的全球营销联盟，令世界范围内双方旗下酒店总数超过2 700间，其中500多间酒店共同使用希尔顿酒店品牌。希尔顿国际酒店集团在全球的80个国家拥有超过7万名雇员。

2. 万豪国际酒店集团公司

万豪国际酒店集团公司，即万豪国际集团是全球首屈一指的国际酒店管理公司。它创建于1927年，总部位于美国华盛顿特区。自从2017年万豪集团收购了喜达屋（SPG）酒店集团之后，万豪拥有遍布全球120个国家和地区的超过6 000家酒店和30个品牌。其2011财年的财报收入超过120亿美元。多次被世界著名商界杂志和媒体评为酒店业内最杰出的公司。旗下的主要酒店品牌包括：万豪，J.W.万豪，万丽，万怡，万豪居家，万豪菲尔菲得，万豪度假俱乐部，丽思卡尔顿等。

3. 洲际酒店集团（Inter－Continental Hotels Group）

洲际酒店集团成立于1777年，是一个全球化的酒店集团，是目前全球最大及网络分布最广的专业酒店管理集团，在全球100多个国家和地区经营和特许经营着超过4 400家酒店，超过660 000间客房。拥有洲际酒店及度假村、假日酒店及假日度假酒店、皇冠假日酒店、智选假日酒店（Holiday Inn Express）、英迪格酒店等多个国际知名酒店品牌。

4. 温德姆酒店集团（Wyndham San Jose Hotel group）

温德姆酒店集团是全球规模最大、业务最多元化的酒店集团企业，总部设于美国新泽西州帕西帕尼，目前在六大洲68个国家经营15个品牌，近7 440家酒店，拥有638 300多间客房。除设于美国新泽西州帕西帕尼的总部外，同时在全球主要城市设立办公室，包括伦敦、香港、上海、北京、新加坡、新德里等，员工总人数超过 6 000 名。其旗下经营品牌从享誉全球的高档酒店品牌——与集团同名的温德姆酒店及度假酒店，到家喻户晓的舒适酒店品牌——华美达酒店、戴斯酒店、速 8 酒店以及豪生酒店等，一贯为不同消费群体提供多样化的酒店选择和物超所值的优质服务。

5. 精选国际酒店集团（Choice Hotels International）

精选国际酒店集团成立于 1939 年，总部位于美国的马里兰州。它起源于信誉良好的品质客栈（Quality Inn）连锁集团，这是一家以中等价格、一贯的高质量服务的饭店业先驱。1981 年，随着舒适客栈（Comfort Inns）的开设和发展，精选开始快速发展。在相继收购了 Clarion、RodewayInn 和 EconoLodge 之后，精选又对 SleepInn 和 MainStaySuites 进行了革命性的改造，使自身的业务范围得到全面拓展，从经济型消费到高消费，从基本服务到高档次的娱乐享受，各种服务无所不包，能够满足社会各阶层人士的需求。目前在全世界近 100 多个国家连锁经营 6 000 多家酒店，房间总数超过 50 万间套。旗下拥有凯瑞华晟酒店、凯瑞华晟国际酒店、希瑞华晟酒店或国际俱乐部、凯瑞华晟国际度假村、凯瑞华晟度假别墅酒店、凯瑞华晟行政公寓、凯美酒店等多个国际知名酒店品牌。

6. 雅高酒店集团（Accor Hotels Group）

雅高酒店集团成立于 1967 年，总部设在巴黎，是欧洲最大的酒店集团，也是国际领先的旅游及时尚生活集团。其在全球的酒店都位于主要城市的商务区域和枢纽地带，面向商务往来人士，深深吸引着无论来自国际或是区域的商务客人。在世界范围内约有 4 300 多家饭店，从经济型酒店到豪华饭店，雅高提供了全系列不同档次的酒店服务，满足了不同层次顾客的不同需要。旗下拥有莱佛士、索菲特传奇、费尔蒙、索菲特、美憬阁索菲特、铂尔曼、瑞士酒店、美爵、诗铂、诺富特、美居、宜必思和宜必思尚品等多个国际知名酒店品牌。

7. 铂涛酒店集团（Plateno Hotels Group）

铂涛酒店集团总部在广州，是一家专注体验消费领域的中国企业，在中国酒店业首倡"品牌先行"理念，基于消费者的价值诉求、内心喜好来打造及运营品牌。目前，铂涛集团业务涵盖酒店、公寓、咖啡馆连锁、艺术品公益平台等，旗下拥有超 20 个品牌，会员人数超过 8 000 万，门店总数超过 3 900 家，覆盖全国 300 多个城市，并积极扩张至东南亚、欧洲、非洲等海外市场。2015 年 5 月，铂涛集团联合携程旅行网，共同战略投资中国的移动酒店预订公司艺龙旅行网，是中国酒店业中与 OTA 合作最紧密的伙伴之一。2015 年 9 月，铂涛集团与锦江国际集团组合，打造全球前五的中国酒店集团。旗下拥有 7 天酒店、7 天优品、派酒店、IU 酒店、丽枫酒店、喆·啡酒店等多个酒店品牌。

8. 喜达屋国际酒店集团（Starwood Hotels & Resorts Worldwide）

喜达屋国际酒店集团是全球最大的酒店及娱乐休闲集团之一，以其酒店的高档豪华著称。它运用直接或间接由其子公司管理的方法来经营酒店和娱乐休闲业务。喜达屋国际酒店集团拥有一项行业领先且备受赞誉的忠诚计划——SPG 俱乐部（SPG），会员可获得积分并将其兑换成客房住宿、客房升级和航班，且无日期限制。它还拥有喜达屋度假住房所有权股份有限公司,旗下的别墅式度假酒店和喜达屋旗下品牌的贵宾特权缔造出世界级的度假体验。旗下拥有瑞吉、豪华精选、W 酒店、艾美、威斯汀、喜来登、雅乐轩、源宿以及福朋等国际知名酒店品牌。

9. 锦江酒店集团(Jinjiang International Hotel Group)

锦江酒店集团总部在上海,是中国领先的酒店集团,主要从事酒店营运、管理与特许经营、餐厅营运、客运物流和旅行社等业务。在全球范围内拥有或管理的酒店超过 6 700 家,客房总数超过 68 万间,分布于全球 60 多个国家,覆盖高、中、低端全系列品牌酒店。旗下酒店品牌包括 J. Hotel、锦江(Jinjiang)、锦江都城(Metropolo)、锦江之星(Jinjiang Inn)等。

10. 最佳西方国际酒店集团(Best Wester International Hotel Group)

最佳西方国际酒店集团成立于 1946 年,总部设在美国亚利桑那州菲尼克,是全球单一品牌下最大的酒店连锁集团。在全球近 100 个国家和地区拥有成员酒店 4 200 多家,总客房数超过 30 万间,在美国、加拿大及欧洲具有广泛的影响。旗下品牌有 Best Western、Best Western Plus、Best Western Premier。

11. 如家酒店集团(Home Inns & Hotels Management)

如家酒店集团创立于 2002 年,2006 年 10 月在美国纳斯达克上市。截至 2014 年 12 月,集团在中国 330 个城市共有 3 000 家酒店投入运营,形成了国内规模最大的连锁酒店网络体系。它是国内首家以"汽车旅馆"为概念的经济型酒店。旗下现有五个酒店品牌:和颐酒店、如家精选酒店、如家酒店、莫泰酒店和云上四季酒店。

12. 华住酒店集团(China Lodging Group)

华住酒店集团创立于 2005 年,是国内第一家多品牌酒店集团,全球酒店 20 强。在短短数年间已经完成全国 31 省市的布局,并重点在长三角、环渤海湾、珠三角和中西部发达城市形成了密布的酒店网络。截至当前,以"成为世界住宿业领先品牌集团"为愿景的华住,在创始人季琦的带领下,在中国超过 200 个城市里已经拥有 2 100 多家酒店和 30 000 多名员工,旗下拥有 6 个酒店品牌,包括商旅品牌——禧玥酒店、全季酒店、星程酒店、汉庭酒店、海友酒店,以及度假品牌——漫心度假酒店,在全国为宾客提供从高端到平价、商务差旅到休闲度假的住宿体验。

此外,还有香格里拉酒店集团、格林豪泰酒店集团、凯宾斯基国际酒店集团、海逸国际酒店集团等。

## (二)饭店集团的优势

1. 资金优势

对内,饭店集团可以及时调控各间酒店的资金余缺,对新开业的酒店或经营较困难的酒店,可予重点扶持;对外,饭店集团具有较强的信誉度,能迅速吸纳社会资金,对发展酒店业务、加快设备设施及技术的更新,具有突出的作用。

2. 客源优势

饭店集团最大特点和优点之一，就是客源联网。一般说饭店集团作为一个群体，它有着统一的名称、标志，具有统一先进的经营管理模式和规范的服务标准。再加上利用完备、高效的预订系统，建立起自己独立的全国乃至全球的客房预订中央控制系统，从而便于争取客源。

3. 人才优势

饭店集团从实际出发，一般均聘请并培训一批理论水平高、实践经验丰富的各方面人才，他们可以随时为集团内各酒店提供服务。同时，饭店集团一般都有自己比较完善的培训系统，能培养饭店所需要的各类人才，并经常对在职人员进行轮训，可提高管理和技术水平。

4. 价格优势

一是客房价格，可以充分利用饭店集团网络多、信息灵的特点，及时制定集团内各酒店的价格，在价格策略上赢得主动；二是酒店设备设施和酒店物品供应的价格，可以发挥集团内集中采购的优势，取得优惠价格，降低成本。

### （三）饭店集团化管理的几种形式

经过半个多世纪以来的发展，世界饭店集团化（联号经营）管理越来越普及和完善，它不仅在区域上实现了跨国经营，而其经营方式、管理手段也变得越来越复杂和科学。就目前饭店集团化管理的情况看，大致有如下几种方式。

1. 直接经营

即酒店集团既是各酒店的经营者，又是拥有者。一是直接投资建造酒店并经营；二是购买现有的酒店并经营；三是控股经营。直接经营是以赢得酒店的所有权为经营酒店的前提，并自主经营、自担风险。

2. 租赁经营

即酒店集团从酒店所有者手中将酒店租赁过来，对酒店进行经营。联号酒店向酒店的所有者交付一定的租金即可取得经营权。

3. 委托经营

即合同经营。酒店集团与酒店的拥有者签订合同，明确各自的责、权、利。

4. 特许经营权转让，或叫协助管理

酒店的拥有者无须出让酒店的拥有权或经营权，只需向联号酒店交纳一定的费用，购买特许经营权。

5. 顾问指导式的经营管理

即管理公司担任饭店业主的顾问，参与制定计划决策、检查业务和监督质量，收取微薄的顾问指导费。

饭店集团化发展是形势发展的客观要求，是涉外饭店的战略发展方向，是争取客源、拓展市场、实现规模经济效益的重要途径。随着市场经济体系的日益完善和旅游业的蓬勃发展，集团化（联号式）酒店必将有一个大的发展，并显示强大的生命力。

# 第四节　旅游交通

旅游交通是为旅游者由客源地到目的地的往返及在目的地各处的旅游活动而提供的交通设施及服务。它既是旅游者抵达目的地的手段，同时也是目的地内活动往来的手段。旅游者借助公共交通从常住地到达旅游目的地，再借助旅游交通到达具体的旅游地点。就完整的旅游活动来说，无论是公共交通还是旅游交通，都承担着运送旅游者的任务。因此，在研究旅游业的时候，往往把公共交通综合到一起考虑。

## 一、交通在旅游业中的重要作用

### （一）旅游交通是旅游业产生和发展的重要条件

从需求方面看，旅游交通是旅游者完成旅游的先决条件。旅游者外出旅游时，首先要解决从居住地到目的地的空间转移问题，通过采用适当的方式抵达旅游地点。通达的旅游交通是沟通接待地和客源地联系的基础。现代的大众化旅游需要安全、快捷、大载量的现代运输工具的基础支撑。从供给方面来看，旅游交通则是发展旅游业的命脉。旅游业是依赖旅游者来访而生存和发展的产业。只有旅游者能够光临，旅游业的各类设施和服务才能真正发挥作用，才能实现它们的使用价值和价值；只有在旅游目的地的可进入性使旅游者能够大量地、经常地前来访问的情况下，该地的旅游业才会有不断扩大的可能。所以，旅游交通是旅游业发展的重要条件。

### （二）旅游交通是旅游业经济收入的重要组成部分

旅游者必须借助一定的交通运输工具实现从居住地到旅游目的地、在目的地不同景点间往来，而这需要支付一定的交通费用，这便是旅游收入的重要来源。从国际旅游来看，2015年我国旅游外汇收入为1 136.5亿美元，其中国际长途交通占全部旅游外汇收入的28%，这还不包括旅游者乘坐我国航空公司的航班往返于居住地与我国的国际交通费用。另据山西省旅游局对2013年国内旅游抽样调查得知，国内游客在山西省的人均消费为1 006元人民币，其中长途交通费用占全部费用的24.3%。

### (三) 交通工具本身就是一种旅游资源

旅游交通不仅仅是人们到达目的地的一种手段，同时也可作为人们旅游活动的形式之一而发挥作用，特别是一些具有地方、民族特色的交通工具本身就是一种吸引旅游者的旅游资源。如我国南方水上的游轮、竹筏、乌篷船，北方的雪橇等，其本身就是一项独特的旅游资源。

## 二、主要旅游交通工具及特点

根据交通线路和交通工具的不同，旅游交通基本分为铁路、公路、水路、航空和特种交通五种基本类型。

### (一) 铁路交通

自19世纪铁路交通发展以来，已逐步成为近代空间位移的基本方式之一，铁路交通的发展对旅游产生了重大的影响和推动作用。铁路客运具有很多其他客运交通方式所不具备的优点。这些优点主要包括：运载能力大、票价低廉、在乘客心目中安全性较强、可沿途观赏风景、乘客能够在车厢内自由走动和放松、途中不会遇到交通堵塞以及对环境的污染较小等。但铁路交通也存在一些缺点，如灵活性差、建设投资大、年限长、占用土地多、工程浩大及短途运输成本高、耗能大等。

随着其他运输方式的快速发展，铁路交通正面临着众多强有力的竞争者。面对日益增长的旅游客运需求，铁路通过不断调整，在线路设计、速度提高、服务改善等方面逐步完善和提高。近几年来国内铁路部门专门开辟了旅游列车，以及高速铁路发展等，这些都在很大程度上提高了铁路在旅游交通中的地位，促进了旅游业发展。

此外，目前世界上不少地区的铁路客运与其说是交通客运服务，不如说是观光游览项目。很多人乘坐火车主要是对火车本身感兴趣，而不是为了解决交通问题，例如有些铁路公司在沿途景观优美的线路上重新采用蒸汽机车；有的更是利用铁路组织专项服务，例如印度推出了"流动宫殿"游，南非推出了"蓝色列车"游，以及横贯欧洲的古老东方快车的复兴，都说明这类列车主要不是作为交通运输手段，而是已成为特定的旅游项目或旅游内容。我国大同、沈阳等地铁路部门搞的蒸汽机车展览馆，更是这种项目的典型。

### (二) 公路交通

公路交通是最普遍和最普通的短途运输方式。它的优点是灵活性大，能深入到旅游点内部，实现"门到门"的运输；对自然条件适应性强，一般道路都能行使汽车；能随时停留，把旅游活动从点扩展到面上；公路建设投资少、占地少、施工期短，见效快。公路运输的缺点是速度不如火车，可变资本高，运费较高，受气候影响大等。

汽车是当今世界旅游活动中使用较多的交通工具,在短途旅行、探险旅游、周末度假等旅游活动中使用十分普遍。汽车旅游形式很多,包括自驾车旅游、包车旅游等多种形式。在发达国家,公路交通四通八达,配套设施完善,有较多较好的汽车旅馆、餐厅、加油站、维修站和目的地停车场等,这为汽车旅游的发展创造了较好的条件。

### (三) 水路交通

水路客运业务主要可划分为四种,即远程定期班轮服务、海上短程渡轮服务、游船服务和内河客运服务。水路交通具有运载量大、能耗少、成本低、舒适等优点。

水路交通单纯作为交通方式,由于速度慢、时间长等缺点逐渐走向衰落。目前水路交通在旅游业中的运用主要是海上巡游。利用轮船做海上巡游度假的特点是悠闲、舒适。在海上巡游过程中,人们既可在不同的地点登岸旅游,也可随时回船休息,免除了每到一地后上下搬运行李和寻找旅馆的麻烦。此外,游船上也提供各种消遣娱乐设施。因此人们常称这种游船为"漂浮的度假胜地"和"漂浮的旅馆"。但是,这种旅游游船通常比较豪华,价格昂贵,加之游船航行速度不能太快,比较耗费时日,所以收入低和闲暇时间较少的游客难以享用。

就世界范围来看,目前最流行海上巡游的区域仍在加勒比海域和地中海海域。这些地区一则气候温暖,二则可登陆参观游览的旅游地为数众多,而且彼此相距不是很远,因而是较为理想的游船活动区域。此外,北美的阿拉斯加海域每年夏天也是游船活动比较集中的地区。

### (四) 航空交通

航空交通在各种交通运输方式中历史最短、发展最快。其缺点是成本高、能耗大;优点是快捷、舒适、安全、灵活,可跨越天然障碍,在长距离旅游和国际旅游中占有重要地位。有无航空条件是能否大规模开展国际旅游业的前提,航空运输业的发达程度是衡量各国旅游业发展水平的重要标志。作为现代大众旅游的主要旅行方式之一,航空客运主要分定期航班服务和包机服务两种。定期航班服务的最大特点是运营经常而有保证,旅行省时而抵达迅速。因此,它不但能够吸引重视效率的商务旅游者,而且为那些不愿在旅途上耗费时间和精力的消遣旅游者所欢迎。然而,由于成本方面的原因,定期航班也是最昂贵的交通方式。包机服务是一种不定期、票价较低廉的航空包乘服务业务。包机业务有一定的经营优势。主要表现在:①票价较低廉,因而对市场的吸引力较大;②不必按固定的时间表起飞(时间自由),一般也没有固定的经营航线。

总之,就远程旅游而言,航空旅行是比较经济的,特别是考虑到时间问题时,更是如此。但航空旅行也有其不足之处,这主要表现在它只能完成从点到点的旅行,而不能展开面上的旅行。因此它必须同其他交通运输工具相配合才能提供完整的旅游交通服务。随着经济全球化的发展,这些交通运输公司以此为发展机会,正在努力通过各种可能的整合途径,开展联运业务,解决这方面的问题。

### （五）特种旅游交通

特种旅游交通，是指除人们常用的 4 种交通方式外，为满足旅游者娱乐、游览的需要而产生的特殊交通运输方式。特种旅游交通主要有以下几种类型。

（1）用于景点、景区或旅游区的专门交通工具，如观光游览车、电瓶车等。

（2）在景区或景点内的某些特殊地段，为了旅客安全或节省体力而设置的交通工具，如缆车、索道、渡船等。

（3）带有娱乐、体育性质，辅助老、幼、病、残旅游者游览观赏性质的旅游交通，如轿子、滑竿、马匹、骆驼等。

（4）带有探险性质及在特殊需要下使用的交通工具，如帆船、热气球等。

## 第五节　旅游购物

旅游购物作为旅游产品中的重要组成部分，是旅游创收的重要支柱，是促进地方经济发展的一大重要力量。在旅游的六大要素中，吃、住、行、游四项花费基本是固定的，是"有限"的花费，而旅游购物则是"无限"的花费，在旅游产品的构成要素中可挖掘的经济效益的潜力最大，因此世界上许多旅游业发达国家和地区都十分重视发展旅游购物。

### 一、旅游购物的作用与地位

#### （一）旅游购物的发展有助于旅游业经济效益的提高

购物消费在旅游者的消费结构中弹性较大，属于非基本旅游消费。随着旅游者消费水平的提高，用于购物的消费在消费结构中所占的比重越来越大，这有助于旅游业经济效益的提高，发展旅游购物是旅游业创收和提高经济效益的重要途径和手段。

#### （二）旅游购物满足了旅游者的购物需求

在某些旅游地，购物成为旅游者最主要的旅游动机，吸引着众多的旅游者。许多旅游者对于异国、异地的工艺美术品、土特产品等有极大的兴趣，把购物作为旅游的纪念物和一次愉快旅游的标志物。也有许多游客购买各种纪念品，以馈赠亲友，炫耀其旅游经历。

### （三）旅游购物的发展有助于弘扬一个国家或地区的文化艺术，加强国际交流

为满足旅游者的购物需求，需要对本地文化艺术进行挖掘，以生产具有艺术性、地方性、纪念性的旅游购物品，这有利于本地文化艺术的复兴与弘扬，也有利于国际文化交流，因而也提高了旅游业的地位。

## 二、旅游购物品的类型

旅游购物品又称旅游商品，是旅游购物的对象，是旅游购物发展的关键和基础。

### （一）旅游购物品的概念

旅游购物品有广义和狭义之说。广义的旅游购物品是指旅游企业为满足旅游者的旅游需求以交换为目的而提供的具有使用价值和价值的有形旅游物品与无形服务的总称。狭义的旅游购物品仅指旅游区商店对旅游者出售的有形商品。旅游购物品一般是指狭义上的旅游购物品。

### （二）旅游购物品的类型

旅游购物品可以有不同的分类方法，其中，按照旅游购物品的属性来分类是最常用的一种分类方法。按照旅游购物品的属性分类，可将旅游购物品分为旅游纪念品、旅游工艺品、旅游用品、旅游食品和其他商品五大类。

1. 旅游纪念品

旅游纪念品是指各种各样的标有产地地名，或用产地的人地事物特征做商标的商品。也就是说它是以旅游景点的文化古迹或自然风光为题材，利用当地特有材料制作，并标明产地，或以产品产地的著名历史人物、著名历史事件作为商标或直接作为产品的带有纪念性的商品，如湘潭韶山的毛主席像章、毛主席铜像，长沙宁乡花明楼的少奇纪念邮票等。这类旅游购物品在旅游购物中占有极为重要的地位。

2. 旅游工艺品

旅游工艺品通常包括两类产品，即日用工艺品和陈设工艺品。日用工艺品是指经过装饰加工的生活实用品；陈设工艺品是用于欣赏的各类摆设品，一般多为传统工艺和地方特色的产品，两者之间有时很难区别。我国的工艺品历史悠久、品种繁多、技术精良，如刺绣、雕塑、漆器、竹器等，既具有欣赏价值，同时又具有实用价值。这类旅游购物品集实用性及欣赏性于一体，且带有浓郁的地方特色。

3. 旅游用品

旅游用品是指在旅游活动中购买的实用性和纪念性相结合的生活用品。包括服饰和日用品两大类。这里的服饰是指旅游地制造的具有地方和民族特色的绸缎、呢绒、棉毛、皮革和

皮毛等制品。旅游日用品是指在旅游过程中必需的日常用品，如手杖、折伞、卫生纸等。

4. 旅游食品

旅游食品是指旅游者旅途随身携带、食用或邮寄的瓶装、匣装、袋装和其他软硬包装的食品。这类食品中的土特产品一般具有浓厚的地方特色，既可馈赠亲友，又可自用和留作纪念。

5. 其他商品

指一些归不到以上四类的商品。

## 三、旅游购物品的开发

### （一）旅游购物品开发的原则

旅游购物品开发的总原则是把地域文化特色、民族风格、传统工艺与现代科技有机地与旅游购物品结合起来，充分满足旅游购物市场的需求。

1. 特色原则

俗话说，物以稀为贵。旅游购物品的开发应突出其地方特色，有意识地保存和增强这些特色。如在对某一天然材料进行艺术加工时，应尽量保持其天然生成的特征，避免被人工化的东西完全遮掩。

2. 艺术性和实用性相结合的原则

随着生活水平的提高，人们的生活品位也越来越高。人们在购买商品时，不仅注重商品的实用性，而且强调商品的艺术性。在开发旅游商品时可利用人们的这一心理，融艺术性与实用性于同一种旅游购物品中。如中山陵除了"天下为公""博爱"纪念章外，还可以推出"中山杯""中山包""中山服"等特色旅游购物品。

3. 环境保护原则

旅游购物品生产企业在开发设计新产品时应注重环保问题。对于那些对环境有破坏作用的传统旅游购物品，要进行工艺改造，选择无污染原料，消除或减轻对环境的污染，坚决杜绝因旅游购物品的开发而造成对环境新的污染。

### （二）旅游购物品开发的注意事项

1. 要细致地进行市场调研

旅游者来自世界各地，他们的宗教信仰、风俗习惯、审美水平等都存在着较大的差异，因此，他们对旅游购物品的需求也多种多样。旅游购物品生产商应进行广泛的市场调研，了解主要客源地市场旅游者的需求，有针对性地开发相应产品，这样才能受旅游者的欢迎。

2. 注意把握旅游购物品的特点

旅游购物品具有特殊的使用价值，有些仅供人们欣赏、家庭摆设或收藏，为此开发旅游购物品必须注意其特点，注意对旅游购物品纪念性、艺术性、地方性的挖掘。

3. 要突出旅游购物品的文化属性

旅游购物品作为一种实物，它属于物质文化层面，通过它可以反映一个国家或地区的风土人情、艺术文化、传统与现代文化等各个特征。开发旅游购物品时应充分体现其文化底蕴。

**阅读资料**

# 《旅游法》亮点及对旅行社影响的初步分析

## 一、明确了政府的公共服务职能

《旅游法》第 3 条规定了政府依法保护旅游者在旅游活动中的权利；第 26 条规定政府要建立旅游信息平台，无偿向旅游者提供旅游景区、线路、交通、气象、住宿等必要信息与服务。旅行社可以快速便捷地获取上述信息，该规定有利于打击零负团费。

## 二、明确政府要推进旅游休闲体系建设

《旅游法》第 23 条的规定，使我国公民的旅游休闲度假权得到了保障，为旅行社开发策划休闲旅游度假产品和研制休闲度假线路产品标准提供法律支撑。

## 三、明确了旅游者的权利、义务与责任

①明确了旅游者有"遵守旅游文明行为规范"的义务，有依法理性维权的权利与义务以及遇险时的求助权利。《旅游法》第 14 条明确规定，旅游者在旅游活动中或者在解决纠纷时，不得损害当地居民的合法权益，不得干扰他人的旅游活动，不得损害旅游经营者和旅游从业人员的合法权益；否则须按照第 72 条的规定承担赔偿责任。该条款对喜欢无理取闹的旅游者会有一定的抑制作用。

②第 16 条明确了出境旅游者不得擅自分团和脱团的义务，以及旅游者要配合应急处置措施的义务，为导游领队采取紧急避险措施提供了依据。

③明确了旅游者在事发地向履行辅助人求偿的权利。第 70 条第二款规定旅游者可以要求地接社、履行辅助人承担赔偿责任，也可要求组团社承担赔偿责任。这项规定为导游在事发地即时向责任者交涉，为旅游者维权、建立多方共同诉讼制度、快速解决旅游纠纷提供了基础。

此举能使旅游者明明白白消费，有效监督旅行社的行程执行情况。

## 四、明确了旅行团在发生不可抗力以及旅游经营者已尽合理注意义务仍不能避免的事件的处理原则

按照《旅游法》第 67 条的规定，旅游经营者已尽合理注意义务仍不能避免的事件，视同不可抗力来处理。该条分合同解除、紧急避险和造成滞留三种情形对费用的承担做相应的明确规定（分别为：旅游者对费用多退少补、双方分担和食宿费用旅游者自理但返程费用分担），有利于遇事快速处理，减低损失，初步建立了旅行社的过错责任或者是推定过错机制，有效限定了旅行社的责任，维护了旅游者和旅游经营者双方的合法权益。

## 五、明确了由于公共交通经营者的原因造成旅游者损害时旅行社的协助索赔义务

《旅游法》第 71 条第二款规定，由于公共交通经营者的原因造成旅游者人身损害、财产损失的，由公共交通经营者依法承担赔偿责任，旅行社应当协助旅游者向公共交通经营者索赔，公平定位了旅行社的责任。因此发生上述情况，旅行社及其导游领队应当积极协助旅游者向公共交通经营者索赔。

## 六、明确了乡村游的合法性

《旅游法》第 46 条规定，城镇和乡村居民利用自有住宅或者其他条件依法从事旅游经营，其管理办法由省、自治区、直辖市制定。这为发展乡村旅游以及安排民宿的合法性提供了法律依据。尽管安排民宿合法了，但出于安全考虑，应当加强对其监控管理。

## 七、建立了旅游纠纷诉前调解机制

《旅游法》增加了双方当事人申请"调解组织"予以调解的规定，该种调解可与新《民事诉讼法》相衔接，调解结果一经法院确认，即具法律约束力。调解组织的设定，由于其地位与性质独立于旅游行政部门和旅游经营者，使旅游者多了一个讨说法的便捷地方，有利于快速处理旅游纠纷，维护和谐稳定。

## 八、对旅行社聘用社会导游做出了灵活的处理

《旅游法》第 38 条第二款规定，旅行社临时聘用导游为旅游者提供服务的，应当全额向导游支付本法第 60 条第三款规定的导游服务费用。解决了社会兼职导游要签订劳动合同的

窘境；根据规定，只需向社会导游足额支付其应得的导服费即可。

## 九、对旅游者对地接社的同意知情权做了灵活的规定

虽然《旅游法》第 69 条仍规定旅行团交地接社接待要经旅游者同意，且根据第 60 条的规定，须在旅游合同中载明地接社的基本信息，但是根据第 69 条第二款的含义和第 59 条的规定，需交地接的团队，组团社只需先行于签订旅游合同时在主合同承诺交与具有相应资质的地接社接待，然后在出发前发放的"行程单"上再行给出地接社的具体信息即可；有效纠正了《旅行社条例》第 36 条关于必须在主合同中给出地接社详细信息的不切实际的规定。

## 十、明确了旅行社在旅游者自身过错下和自由活动中的人伤和财损的责任

《旅游法》第 70 条第二款明确了因旅游者原因致使合同不能履行或造成人伤或财损的，旅行社免责；第三款规定了旅游者在自由活动中发生的人伤和财损，旅行社仅在未尽事前提示和事后救助的情形下才承担相应的责任的规定。因此，在自由活动前，安全警示要做足，并留下证据。

## 十一、基本建立了旅行社过错责任归责机制

《旅游法》基本建立了旅行社的过错责任归责机制，使旅行社基本摆脱了《合同法》总则所订立的凡合同违约均须承担严格责任的钳制，从而使旅行社在旅游纠纷中无须再承担无限责任，给旅行社营造较为宽松的经营环境，有利于旅行社的可持续发展。具体体现在：第 35 条第三款关于旅行社违反购物强制性规定后果承担的规定、第 67 条关于旅行社及其履行辅助人已尽合理注意义务仍不能避免的事件视同不可抗力处理的规定、第 68 条关于因旅行社或其履行辅助人的过错导致旅游合同解除需承担游客返程费用的规定、第 70 条关于旅行社主观性或者恶意不履行合同或旅行不符合约定的后果承担及赔偿的规定、第 71 条第一款关于地接社及履行辅助人的过错导致违约组团社先行赔偿的规定以及第二款中关于因公共交通的过错造成旅游者人伤财损时若旅行社不履行协助索赔义务就会面临被要求承担责任的规定、第 74 条关于旅行社受托代订（含自由行）业务旅行社有过错才承担责任的规定等。上述条款要求旅行社承担责任的前提均是旅行社有过错或者过失。

## 十二、进一步用活了质量保证金

《旅行社条例》中已经对质量保证金进行了动态管理，《旅游法》第 31 条在此基础上增

加了质保金本金可用于抢险救急（当然应当在旅行社的周转现金不足的前提下）。同时，根据《旅行社条例》的规定，质保金只需本金保持足额，利息归旅行社所有；从第31条我们可以获得一种提示，可以将质保金的利息与旅游保险结合起来，这样可以进一步降低旅行社的投保成本，将质保金进一步用活。

资料来源：虞国华．《旅游法》亮点及对旅行社影响的初步分析．http://cats.org.cn/falvyuandi/bowen/20609．

本章小结

  旅游业就是以旅游资源为依托，以旅游设施为条件，以旅游者为主要服务对象，为旅游者旅游活动创造便利条件并提供其所需要商品和服务的综合性产业。旅游业作为一个独立的行业，有着许多不同于其他行业的性质。旅游业具有经济性、文化性、服务性等。

  旅行社是依法设立并具有法人资格，从事招徕、接待旅行者，组织旅游活动，实行独立核算的企业。世界各国旅行社行业分工的形成机制和具体分工情况存在着较大的差异。在欧美国家，一般是按照经营业务范围对旅行社进行划分，日本的旅行社采用水平分工和垂直分工相结合的混合分工体系。我国旅行社的分类经历了三个阶段的变化。营销业务、计调业务和接待业务是旅行社的三项基本业务。

  饭店是随着社会生产力的提高、国民经济的发展和社会联系的加强以及社会活动规模的扩大而产生和发展起来的。在世界范围内，饭店的发展经历古代客栈时期、大饭店时期、商业饭店时期和现代新型饭店时期。按主要宾客下榻饭店的目的分类，可将饭店分为商务性饭店、度假性饭店、长住性饭店、会议性饭店、观光性饭店；以客房和床位的数量多少，可将饭店分为大、中、小型饭店三种。世界各国对饭店等级的划分不一，有的划分为五个等级，有的划分为七个等级。在饭店等级表示方法和等级标定方式方面，有的以数字等级表示，有的以字母表示。但较为流行的划分和标定方式是以星级划分的，分为一星级到五星级5个标准。

  旅游交通是旅游业产生和发展的重要条件，是旅游业经济收入的重要组成部分、有些特殊交通工具本身就是一种旅游资源。根据交通线路和交通工具的不同，旅游交通基本分为铁路、公路、水路、航空和特种交通五种基本类型。

  在旅游的六大要素中，吃、住、行、游四项花费是基本固定的，是"有限"的花费，而旅游购物则是"无限"的花费。旅游购物品有广义和狭义之说。旅游购物品一般是指狭义上的旅游购物品。按旅游购物品的属性分类，可将旅游购物品分为旅游纪念品、旅游工艺品、旅游用品、旅游食品和其他商品五大类。旅游购物品开发的总原则是把地域文化特色、民族风格、传统工艺与现代科技有机地与旅游购物品结合起来，充分满足旅游购物市场的需求。

## 复习思考题

1. 美国旅游学家托马斯·戴维森认为："旅游根本不是一个产业，充其量它只是一个产业组合。"你如何认为此观点？
2. 旅行社的基本业务有哪些？
3. 试述饭店在旅游业中的作用。
4. 饭店集团有哪些经营优势？
5. 影响人们选择旅游交通方式的因素有哪些？
6. 旅行社在选择航空公司时应考虑哪些因素？
7. 旅游业的季节性给旅游业的经营带来很大困难，如何解决这些困难？
8. 案例分析题

自2015年"旅游＋"提出以来，一时间成为学术界、旅游界和各地政府争相热议的话题，几年过去了，各种观点和论断层出不穷。大多数的观点认为，"旅游＋"战略的提出，将是产业融合发展的有力践行，不仅可以促进旅游业的发展，更可以将旅游的创新成果深度融合于经济社会各领域之中。我们再看旅游对各行各业的带动，旅游业每创造1元钱收入，可间接创造7元钱社会财富；旅游业直接增加1个就业岗位，可间接带动7个人就业。旅游业可以带动建筑、通信、住宿、娱乐、餐饮等30多个行业的发展。因此，有人说"旅游＋"是一场革命，一切行业都是旅游业，你怎么认为呢？

# 第六章
## 旅游市场

**本章要点**

  了解旅游市场的概念及特点;

  掌握旅游市场划分的方法;

  熟悉全球主要旅游客源区及主要特点;

  了解我国旅游业的入境旅游市场、国内旅游市场和出境旅游市场的基本情况,并能够分析和认识我国旅游业在国际客源市场竞争中存在的问题。

# 第一节　旅游市场概述

市场，是维系商品经济运行的根本机制，是连接消费者和经营者的一条纽带，是商品生产者和经营者活动的舞台。同样，旅游市场在旅游业中也占有举足轻重的地位。能否掌握旅游市场的变化规律，关系到每一个旅游企业的兴衰存亡。作为市场经济的一个组成部分，旅游市场与一般意义上的市场并无本质区别。旅游市场是旅游产品商品化的场所，是旅游企业产生各种旅游经济行为的领域，同时，也是旅游生产者与旅游消费者的中介。

## 一、旅游市场的概念

旅游市场是整个商品市场的一个组成部分。它是随着旅游活动的产生而发展起来的，是商品需求者和供应者之间经济联系的场所，是连接旅游供给者和旅游消费者之间的纽带。旅游市场的概念有狭义和广义之分。狭义的旅游市场是指旅游客源市场，即旅游产品的消费者，包括实际购买者和潜在购买者。所以，旅游市场有现实市场，也有潜在市场。广义的旅游市场是指旅游供给者和旅游消费者之间各种交换关系的总和。它以旅游企业生产的旅游线路和与此相关的食、住、行、游、购、娱为交换的对象，反映的是旅游经济活动中各种劳务关系，包括旅游经营者、旅游消费者、旅游产品、旅游产品销售和旅游产品价格等几个部分。

总的来看，旅游市场这一概念的内涵包括以下几个层次。

（1）旅游市场是指旅游产品的购买地，而不是旅游目的地。因此，我们可以将旅游市场分为国际市场和国内市场两大部分。这两大部分又可以根据不同的标准再次细分成若干细市场。

（2）旅游市场是旅游商品交换关系的总和。旅游市场是以市场为中心，以旅游消费为导向，以此来协调各种旅游经济活动，力求通过提供有形产品和无形劳动使旅游者满意，通过交换手段来实现旅游企业的经济目标。

（3）旅游市场指的是旅游商品的实际购买者或潜在购买者。这些购买者可能是已经发生实际旅游消费行为的购买者，也可能是拥有旅游动机的潜在购买者。

## 二、旅游市场的特点

同一般市场相比较，旅游市场有一定的特殊性，这是由它所经营的旅游产品的特殊性决定的。

1. 全球性

旅游市场是由全球范围的旅游需求与旅游供给组成的，有全球性的特征。市场对产品的选择有全球性的自由，不受地域、政治、民族等的限制。旅游地的接待对象无民族、无国界之分，旅游者的旅游活动也不受地方和国界的束缚。

2. 波动性

旅游业作为一种综合性社会经济现象，它影响和被影响的因素几乎涉及整个社会的方方面面。许多社会因素都可能对旅游需求以及旅游地产生影响，而且这种影响常常是全球关联的作用。战争、政治风波、治安、民族歧视、经济水平等，都可能导致旅游市场的关联性的波动甚至变局。既可能引起旅游流向的变化，也可能引起市场结构的变化，还可能引起消费结构的变化。

3. 季节性

旅游市场受自然条件及旅游者闲暇时间等因素的影响，季节性十分明显，有旺季和淡季之分，这就要求旅游经营者采取一些行之有效的政策和措施，调节旅游客流量，相对缩短淡旺季之间的差距，使旅游业协调发展。

4. 多样性

旅游市场的多样性主要体现在以下几个方面。首先，旅游者的需求具有多样性。在大众旅游时代，旅游者的构成多种多样，其需求也千差万别。其次，旅游购买形式多样化，有团体包价旅游、半包价旅游、小包价旅游、散客旅游等多种形式。最后，旅游产品多样化，由于旅游者的需求多种多样，这就决定了旅游产品必须多样化，才能满足旅游者的不同需求。

## 三、旅游市场的发展

第二次世界大战以后，随着世界经济的快速增长，旅游业得到了迅速发展。旅游市场也随着群体性旅游活动和旅游经营活动的发展而发展，在其发展过程中呈现出以下特点及发展趋势。

### （一）由国内旅游向国际旅游发展

旅游市场主要包括三个部分，即国内旅游市场、入境旅游市场和出境旅游市场。其中，入境旅游市场和出境旅游市场统称为国际旅游市场。由于时间、金钱和交通等条件的限制，人们首先进行的一般是国内旅游，当国内旅游活动已经不能满足本国人民的需求时，就出现了出国旅游活动和接待外国人的入境旅游活动。这种由国内旅游逐步发展到国际旅游的模式，首先在西欧、北美等发达国家，如英国、德国、美国等地出现。之后，国际旅游得到了快速发展。世界旅游组织发布的《世界旅游晴雨表》显示，2015年国际旅游人数较2014年上升了4.4%，达到11.84亿人次，全球前往境外旅游目的地的过夜游客较2014年增长了5 000万人次。这是自2010年以来，国际旅游人数连续六年以每年4%以上的速度增长。其中，中国继续领跑全球出境旅游市场，出境旅游人次12年以两位数的速度增长。

### (二) 由团体旅游向散客旅游发展

从旅游市场来看,在现代旅游事业发起阶段,一般是以团体旅游市场为主要形式,分散的个体旅游市场为次要形式。这是由于团体旅游手续简单,容易掌握,收益较大。随着旅游活动的大规模开发,团体旅游形式逐步被一些个体旅游、家庭旅游、结伴旅游等散客旅游形式所替代。因为这种旅游可以随心所欲地选择风景观赏点,调整和改变旅行生活方式,既灵活自在,又不受团体行动的约束。所以这类旅游很快在旅游活动比较发达、国际交通方便、私人占有小汽车较多的西欧、北美发展起来。即使是团体旅游也改变了过去那种单一的集体统一行动的形式,实行多样化的灵活办法。如集体出发,就地分散,或就地集中,游后分散等,把团体旅游与散客旅游两种活动形式和两种市场结合起来,以适应旅游者的个人需求。

### (三) 从观光型旅游为主向度假型旅游为主转变

根据对日本出国旅游者的调查,近年来日本每年出国旅游者中有 2/3 是重复出国。而美、英、德、法等国重复出国旅游者所占的比例更高。由于每年出国旅游已成为一种生活方式,越来越多的旅游者已不满足于在各个旅游点之间长途跋涉、疲于奔命的旅游方式。旅游目的也从传统的开阔眼界、增长见识向通过旅游使身心得到放松和休息、陶冶生活情趣等转变。在未来的市场发展中,观光型旅游并不会完全失去市场,但在传统的旅游客源国中度假旅游将更为盛行,将会逐步取代观光型旅游成为国际旅游的主体。

### (四) 由高消费旅游向旅游大众化发展

过去认为,旅游是富豪贵族享乐的活动,参加旅游的人多为社会中、上层有钱有地位的人。但是,从 20 世纪 60 年代起,旅游不但在许多国家内普遍开展起来,而且形成了世界国际旅游流,旅游作为一种现代社会生活方式正在成为人们日常生活的一部分。旅游作为人类广泛的社会地域活动已经遍及世界各个角落。旅游市场经营者应根据大众化的市场特点,来组织丰富多彩的旅游项目,以满足广大社会成员对旅游的各种偏好和需求。

## 第二节  旅游市场的划分

### 一、旅游市场划分的概念和意义

旅游市场划分也可称为旅游市场细分。所谓市场细分,是指将一个整体市场按照消费者的某种或某些特点分解或划分为不同的消费者群的过程。也可以解释为根据旅游者需求的差异性，将一个整体旅游市场划分为两个或两个以上的消费者群，构成细分市场（或子市场）。所划分出来的每一个消费者群也就是一个市场部分，通常称之为细分市场。因此，旅游市场细分也就是将全部旅游市场依据旅游者的某种或某些特点划分为不同的细分市场。

对旅游市场进行细分的重要性在于，任何一个旅游目的地和旅游企业都难以有足够的实力吸引和满足所有各类旅游消费者的需要，因而有必要在众多的旅游消费者中，选择某些适合自己经营能力的市场部分作为自己的目标市场。首先就需要在市场调研的基础上对旅游市场进行细分，然后根据自己的供给能力和竞争实力从中选定有利于自己经营的目标市场。由此不难看出，市场细分的目的是为了选择和确定目标市场。

旅游市场细分的意义主要表现在以下三个方面。

（1）有助于选定目标市场。旅游目的地和旅游企业在对市场进行细分的基础上，便于分析各细分市场的需求特点和购买潜力，从而可以根据自己的旅游供给或经营实力有效地选定适合自己经营的目标市场。

（2）有利于有针对性地开发产品。旅游目的地和旅游企业在选定目标市场的基础上，便可以针对目标消费者的需要，开发适销对路的产品。这样，不仅可以避免盲目开发产品造成的失误和浪费，而且为使旅游者满意提供了基本保证。

（3）有利于有针对性地开展促销。对于旅游目的地和旅游企业来说，开展促销工作毫无疑问是非常重要的，因为再好的旅游产品如果不为旅游消费者所知，也无异于该产品不存在。但是，无论是一个旅游目的地还是一个旅游企业，其营销经费都是有限的。因此，如何利用有限的促销预算获取最大的促销成效也就成了旅游营销工作中重要而现实的问题。针对目标市场开展促销可以避免因盲目促销而造成的浪费，有助于提高促销的成效。

## 二、旅游市场划分的方法

旅游市场既然研究的主要是客源市场，则在这些现实的购买者和潜在的购买者中，有些人往往具有某些相同的特点或共同之处。这些相同的特点或共同之处，也就成为对旅游市场进行划分或细分的标准。根据不同的标准，可以对旅游市场进行不同的划分。最常见的有以下几种划分标准。

### （一）以地理因素为标准划分

以地理因素为标准划分就是按照旅游者所在的不同的地理位置及其他地理因素（城市、乡村及气候条件）来对市场进行细分的方法。

人们常常以旅游客源产生的地理或行政区域这类地理因素为标准，对旅游市场进行划分。就对国际旅游市场的划分而言，这类地理因素可以是洲别、世界大区、国别或地区。对于国内旅游市场的划分而言，这类标准通常是地区、省（州）、市等行政辖界。

世界旅游组织根据自己研究工作的需要，并根据世界各国旅游发展的情况和世界旅游客源的集中程度,将全世界国际旅游市场分为六大市场,即:欧洲市场、美洲市场、东亚和太平洋市场、中东市场、南非市场。

各国际旅游接待国则往往根据其国际旅游者来源的数量主次,按旅游者来源的国别或地区,将其划分和排列为不同的客源市场。

这种划分有助于了解世界旅游客源的分布情况,从而促使人们进一步研究和发现某些国家或地区产生旅游者多寡的原因。旅游目的地一般采用这种划分方法对其客源进行分析。

## (二)以人口统计因素为标准划分

以人口统计因素为标准划分是指按照人口变量,如性别、年龄、职业、受教育程度、家庭收入水平、家庭生命周期等,来划分旅游者市场。

### 1. 性别

按性别可分为女性旅游市场和男性旅游市场。由于生理上的差别,男性与女性在旅游产品需求与偏好上存在很大不同,如男性更喜欢冒险旅游,而女性花在旅游购物中的时间较长。

### 2. 年龄

按年龄可分为青少年旅游市场、中年旅游市场、老年旅游市场。不同年龄的旅游者有不同的需求特点。如青年人喜欢新奇的旅游目的地,而老年人则通常选择开发成熟的旅游目的地。

### 3. 收入水平

按收入水平可分为豪华型旅游市场、普通旅游市场和经济型旅游市场。同样是外出旅游,在交通工具和食宿地点的选择上,高收入者和低收入者会有很大的不同。如高收入者外出旅游会选择乘坐飞机、入住高星级酒店,而低收入者则会选择乘坐火车、入住低星级酒店。

### 4. 职业与教育

职业与教育是指按旅游者职业的不同、所受教育的不同以及由此引起的需求差别来划分旅游市场。例如,农民旅游者喜欢到城市旅游,而学生、教师则喜欢文化气息浓厚的景区。

### 5. 家庭生命周期

一个家庭,按年龄、婚姻和子女状况,可划分为 7 个阶段。在不同阶段,家庭购买力、家庭人员对旅游产品的兴趣与偏好会有较大差别。

这种划分方法考虑到人口统计因素,这些因素不仅与旅游者的需求有着密切的联系,而且比较容易衡量,有关数据也容易获得,因此成为旅游企业经常使用的方法之一。

## (三)以游客来访目的为标准划分

旅游者的出游目的多种多样,根据游客来访目的进行划分,可将旅游市场划分为观光旅游市场、度假旅游市场、商务旅游市场、会议旅游市场、学术旅游市场、科考旅游市场、探险旅游市场，等等。

### （四）以旅游组织的形式为标准划分

按旅游组织形式，可分为团体旅游市场、散客旅游市场等。

对旅游市场进行划分的方法还有很多。各旅游企业可根据企业的实际情况采用相应的划分方法，如按旅游者的费用来源可分为自费旅游市场和公费旅游市场；按某一时期旅游客流趋势可分为主要市场、次要市场和潜在市场。

## 第三节 国际旅游市场

### 一、国际旅游市场格局

按照世界旅游组织的传统划分方法，世界旅游业划分为六大区：欧洲地区、美洲地区、东亚及太平洋地区、非洲地区、南亚地区以及中东地区。

欧洲是近代资本主义商品经济和工业化的发源地、当代世界经济发达地区之一，也是世界旅游业的发源地。一个多世纪以来，欧洲尤其是西欧，历来是世界旅游业的重心所在。20世纪80年代以前，欧洲地区接待国际旅游者的数量占世界总数的1/4左右。

北美也是世界主要的客源市场。它为世界旅游市场大约提供20%的客源，还有世界上最大的旅游客源输出国——美国，每年有近6 000万人次到国外旅游。

东亚太、南亚、中东和非洲诸国绝大多数属于发展中国家，在20世纪五六十年代，这些地区的旅游经济在世界旅游业中所占份额极小。经过50余年的发展，世界经济格局发生了巨大的变化。亚太地区已成为世界经济中的一个新的增长点，正在发展成为继北美、欧洲后的又一经济重心。亚太地区，特别是东亚太地区的旅游经济已成为世界旅游经济中的一个新的强劲增长点。

据世界旅游组织预测，2020年全球国际旅游接待人数将达到16亿人次。到2020年，欧洲旅游在世界市场所占份额将达到45.9%，仍将继续保持世界最大旅游目的地的地位。美洲地区的旅游市场份额将达到18.1%。东亚太地区的旅游市场份额将达到25.4%，超过美洲成为世界第二大目的地市场。2020年非洲、中东、东亚太、南亚的市场份额分别为5.5%、7.1%、6.5%、5.4%。世界旅游市场正在向欧洲、东亚太和美洲三足鼎立的新格局演变。

## 二、国际旅游客流规律及变化

### (一) 国际旅游的流向，是由近及远，以近距离旅游为主，邻国旅游比重大

近距离出游花费较少，所需时间较短，入境手续比较方便，交通便捷，人文背景相似，所以在国际旅游客源市场中，到近距离的国家旅游，特别是前往邻国的国际旅游，一直占据绝大比重。以旅游人次计算，这种近距离的出国旅游人次约占每年全世界国际旅游人次总数的 80%。

据统计，美洲出国旅游者中有 70% 是在美洲地区内各旅游目的地旅游，前往区外的仅有 30%；在东亚太地区，出国旅游人次总数的 75% 是在本地区内的目的国旅游，去区外的仅占 25%；在欧洲，同期出国旅游人次的 79% 在欧洲以内，前往欧洲以外的仅占 21%。

### (二) 旅游的流量，主要源于经济发达和文化发达的国家和地区

相比而言，发达国家和地区居民的经济支付能力和可自由支配的时间更加充足，而且普遍受教育程度较高，追求精神享受的要求更加强烈。世界旅游组织曾经对世界主要地区国际旅游支出情况进行分析，结果表明，欧洲不但是世界上国际旅游的中心接待地区，而且也是最重要的国际旅游客源地。其次，美洲也是世界上国际旅游的重要客源地。在产生客源方面居第三位的是东亚和太平洋地区。中东地区各国虽然在经济上比较富裕，但由于人口基数小，加之居民的旅游传统问题，所以在客源市场中占有的比例不大。旅游发达的国家有美国、西班牙、法国、意大利、德国、英国、日本、沙特阿拉伯、奥地利、荷兰、挪威、加拿大、瑞典、瑞士、科威特、澳大利亚、委内瑞拉、丹麦、比利时、墨西哥等。这些国家的国际旅游支出，大约占世界国际旅游支出总额的 78%。

### (三) 国际旅游重心将向东亚太地区转移

在区域发展情况比较上，随着亚太地区经济的快速发展，东亚太地区的旅游份额正在逐步增长，东亚太地区被国际旅游界普遍认为是"未来最有发展前景的旅游目的地"。造成这一变化趋势的原因主要有四个。

(1) 随着亚太地区经济的迅速崛起，该地区将产生更多的区内客源。同时，该地区旅游业的不断发展也会吸引更多的区外旅游者来访。

(2) 欧美地区进入 20 世纪 80 年代以来经济增长速度明显放缓，加之有些国家的出国旅游市场规模已接近"封顶"程度，因而出国旅游的增长速度很难提高。欧美地区的国际旅游客源主要为区内客源以及欧美互为主要客源，因此在接待国际旅游数量方面不会有太大的发展。

(3) 欧洲区内产生的国际旅游者由于对欧洲区内主要旅游目的地旺季时的拥挤和不便感

到不满，因而在条件允许的情况下他们可能到亚太地区旅游。近几年欧洲旅游者出国远程旅游的增长趋势在一定程度上证明了这一点。

（4）随着近年来恐怖事件在欧美地区的不断升级，许多旅游者将目光放在相对比较安全的东亚太地区，比如日本来华旅游者人数的逐年上升和到美国旅游的人数的大幅度下降印证了这一点。

## （四）远程旅游将有更大的发展前景

远程市场通常泛指旅游接待国所在洲或地区以外的国际客源市场。由于世界经济的发展，人们收入水平不断提高，闲暇时间增多，这为人们进行远程旅游奠定了基础。同时由于交通工具的更新换代和信息技术的发展，使人们的旅行生活更加方便快捷。远程旅游的比重不断增加，成为旅游业的一种发展趋势。

据世界旅游组织预测，到2020年，国际旅游中的远程旅游的比例将由1995年18％增加至24％，而中近程旅游的比例将由1995年的82％降至76％。我们知道欧洲地区和北美地区的旅游业发展是世界两强，主要原因之一在于国际旅游业发展至今仍以中近程旅游为主，而经济发达国家，世界主要客源国集中在这两个地区，因而促进了这两个地区旅游业的兴旺发达。但在新世纪，随着人们观念和兴趣的转变，远程旅游比例将不断提高，欧美地区将会有更多的旅游者将目光转向亚洲，指向中国。

# 第四节　中国旅游市场

我国旅游市场分为入境旅游市场、国内旅游市场和出境旅游市场三部分。

## 一、入境旅游市场分析

### （一）我国入境旅游市场基本情况

根据世界旅游组织的解释，入境旅游是指非该国的居民在该国的疆域内进行的旅游。

根据我国的界定，海外客源由三部分人构成，即：外国人，包括外籍华人在内；海外华侨；港澳台同胞。

1. 我国入境旅游人数情况

1949—1978年，我国入境旅游业初具雏形，但尚未形成产业。1978年以后，在改革开放政策的推动下，我国入境旅游业迅速发展。图6-1是2012—2018年上半年我国入境旅游接待人次与同比增速表。

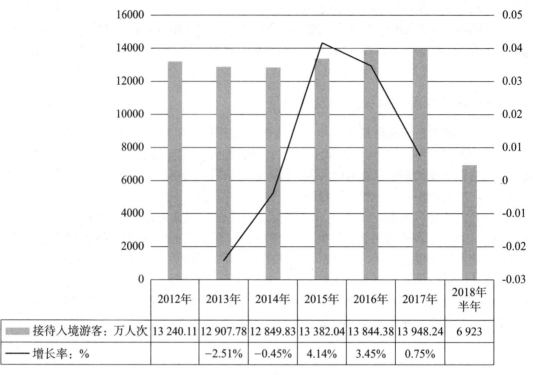

**图 6-1　2012—2018 年上半年我国入境游接待人次与同比增速**

资料来源：文化和旅游部

从图 6-1 可以看出，我国从 2012 年到 2018 年的 6 年间接待入境旅游者基本保持了平稳的接待数量。

2. 我国旅游外汇收入情况

2014 年，我国旅游外汇收入 1 054 亿美元，2017 年旅游外汇收入达到 1 234 亿美元。2018 年上半年，旅游外汇收入 618 亿美元，比上年同期增长 2.8%。其中：外国人在华花费 354 亿美元，比上年同期增长 4.6%；香港同胞在内地花费 142 亿美元，比上年同期下降 2.5%；澳门同胞在内地花费 42 亿美元，比上年同期增长 4.2%；台湾同胞在大陆花费 79 亿美元，比上年同期增长 4.2%。图 6-2 是 2012—2018 年上半年我国入境旅游外汇收入走势图。

3. 我国主要国际客源分布地区及主要客源国

当前我国入境旅游发展态势良好，客源全球化进程加快，港澳台客源市场主力地位依然稳固，"一带一路"沿线国家活跃度上升。外国人入境旅游市场持续增长，市场结构出现小幅调整。在外国人入境旅游市场中，排名前 17 位的旅华客源国分别是：缅甸、越南、韩国、日本、美国、俄罗斯、蒙古、马来西亚、菲律宾、新加坡、加拿大、印度、泰国、澳大利亚、印度尼西亚、德国、英国。图 6-3 为我国主要客源国分布情况。

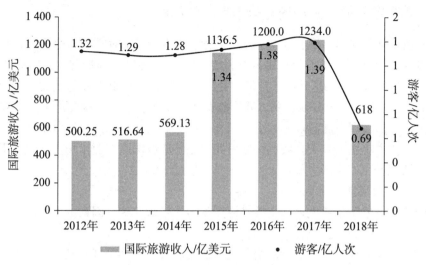

**图 6-2　2012—2018 年上半年我国入境旅游外汇收入走势图**

资料来源：中商情报网（http://www.askci.com/）

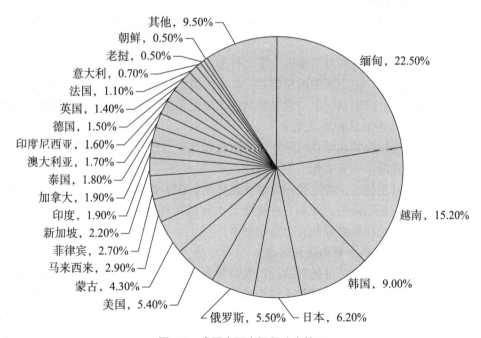

**图 6-3　我国主要客源国分布情况**

资料来源：中国旅游研究院

## (二) 我国在入境旅游市场竞争中存在的问题

改革开放以来,我国旅游业在开拓和巩固国际客源市场方面取得了令人瞩目的成绩。在国际旅游者接待量方面,我国已经进入全世界前十大旅游接待国行列。在国际旅游收入方面,我国在1996年已经突破100亿美元大关,2012年已经突破500亿美元,2017年达到1 234亿美元。但是我们也充分认识到,我国旅游业的高速发展在一定程度上是其在起步较低基础上发展的必然表现。旅游业是一个市场导向的行业,也是国际上竞争激烈的行业。在旅游业已经进入买方市场的今天,我们必须对我国旅游业在国际客源市场竞争中的不利因素有一个清醒的认识。

### 1. 离主要客源国距离太远

我国的地理位置距世界大多数主要客源产生地比较远。这一因素的不利之处主要表现在以下几个方面。

(1) 从欧美地区前来我国旅游的交通运输费用昂贵。除韩国外,其余九个主要客源国既非邻国关系,也无陆地相连。北美旅游者来华旅游的国际往返交通费用约占旅游全程费用的40%,欧洲各主要客源国与中国之间的距离平均也在1.2万千米左右。以20世纪80年代中期的情况为例,从欧洲各主要城市至北京的定期航班往返票价为1 000美元至2 000美元,占欧洲旅游者来华三周旅游全部费用的1/3至1/2。时间和距离也将成为欧洲旅游者前来中国旅游的又一大障碍。

(2) 容易遭受经济危机和世界油价上涨的打击。特别是对于以接待观光旅游和疗养旅游为主的旅游目的地来说,由于不少国家都有这方面的类似资源,因此在出现与客源国有关的经济危机和运输价格上涨的情况下,首先受到打击的便是距离客源国较远的旅游目的地。

### 2. 面临周边国家和地区的激烈竞争

(1) 我国旅游业所处的区域性国际环境为东亚和太平洋地区,这一地区内各主要旅游目的地所面对的国际客源市场有着惊人的共同性。

(2) 这些竞争对手的旅游业比我国旅游业起步早,在从业经验、服务质量、交通运输和产品价格方面有着一定的优势。例如,在竞争日本客源市场方面,韩国、新加坡、菲律宾、泰国等周边国家都是我国旅游业的有力竞争对手。

### 3. 旅游产品的开发和质量尚存在问题

旅游营销工作是以旅游产品随时适应市场需要为基础的。如果产品保守不能迎合并满足市场的需求,那么无论怎样强化销售工作也难以获得成效。长期以来,我国入境旅游市场的经营一直依赖于接待团体观光旅游。这种产品类型上的单一化已落后于国际旅游潮流的变化。此外,我国旅游产品在质量方面仍存在着不少一直没有得到完全解决的问题,例如,清洁卫生条件差;旅行日程和交通安排变化多;接待散客旅游的条件不足等。

### 4. 市场沟通和促销有待进一步加强

近些年来,我国旅游业的对外宣传和海外促销工作已有较大的发展。但同竞争者相比,我国旅游业的对外宣传和海外促销工作仍存在很多问题。问题主要表现在营销经费不足；营销和促销技术尚需改进和提高等方面。

## 二、国内旅游市场分析

### （一）国内旅游市场概述

我国的国内旅游市场是在改革开放以后逐渐发育起来的，20世纪90年代开始呈现迅猛发展的趋势。国内旅游需求的发展是国民经济持续健康发展、人民生活水平不断提高的体现和必然结果，也是社会进步的重要标志。1985年我国的国内游客数量仅为2.4亿人次，国内旅游收入为80亿元人民币；2012年，我国国内旅游接待量已达到29.57亿人次，国内旅游收入达22 706.22亿元人民币。2018年，我国国内旅游接待量达到55.39亿人次，国内旅游收入达到5.13万亿元人民币。2013—2018年，国内旅游人数和旅游收入均保持两位数的增长速度。我国国内旅游市场呈现持续高速发展的势头。

### （二）国内旅游市场的特点

1. 国内人均旅游消费持续增长

国内2013年人均旅游消费805.5元，2014年人均旅游消费839.7元，而2017年人均旅游消费达到900元。近五年，国内人均旅游消费持续增长。

2. 国内休闲度假游的比重提升

国内旅游收入中，城镇居民旅游消费收入占比达到82%，城镇居民是国内旅游的主力军，城镇居民的出游特征在最大限度上代表了国内旅游用户的整体特征。如2017年，国内旅游市场中以休闲度假为目的的城镇居民为30.1%，以观光游览为目的的城镇居民为22.1%，与2010年对比，以观光游览为目的的旅游比重降低，以休闲度假为目的的旅游比重提升。

3. 北上广深、江浙等经济发达地区是主力客源地，三线及以下城市是主要增量市场

国内旅游市场中，北上广深、江浙等经济发达地区贡献了较多的旅游用户，是主力客源地。三线及以下城市居民的旅游需求增强，国内旅游用户份额呈增长趋势。

## 三、出境旅游市场分析

中国公民出境旅游从"八五"期间开始产生，"九五"期间逐步兴起。时间不长，但保持了很快的增长率。20世纪90年代开始，出境旅游人数逐渐增多。1997年7月1日，由国家旅游局与公安部共同制定并经国务院批准的《中国公民自费出国旅游管理暂行办法》发布实施，标志着中国公民自费出国旅游的正式开始。经过二十几年的发展，我国公民出境旅游

市场继续快速增长，旅游目的地不断增加。至 2017 年底，我国公民出境人数达到 13 051 万人次，比 2016 年同期增长 7.0%。中国已连续多年保持世界第一大出境旅游客源国地位。出境旅游已成为衡量中国城市家庭和年轻人幸福度的一个标准。出境首站按人数排序，位列前十的国家和地区依次是：泰国、日本、韩国、越南、印度尼西亚、俄罗斯、柬埔寨、马尔代夫，见表 6-1。中国公民在这些国家国际游客中的占比最高达 30%。

表 6-1　2017 中国公民首站前往主要目的地国家情况

| 序号 | 国家/地区 | 出境旅游人数（首站） | 在国际游客中的占比 |
| --- | --- | --- | --- |
| 1 | 泰国 | 980 万 | 28% |
| 2 | 日本 | 735.6 万 | 25.6% |
| 3 | 韩国 | 417 万 | 31.3% |
| 4 | 越南 | 400 万 | 31% |
| 5 | 印度尼西亚 | 205.9 万 | 14.95% |
| 6 | 俄罗斯 | 150 万 | 30% |
| 7 | 柬埔寨 | 120 万 | 21% |
| 8 | 马尔代夫 | 24 万（前 9 个月） | 25% |

在过去的十年中，中国出境旅游市场持续保持两位数，甚至 20% 以上的增长，成为全球最大的出境旅游客源国和旅游消费支出国。在出境旅游目的地国家和地区方面，我国出境旅游公民出境的主要目的地集中在东亚、东北亚、东南亚国家和港澳台地区。

## （一）出境旅游分类

我国公民出境旅游包括出国旅游、边境旅游和港澳台旅游三部分。

1. 出国旅游

出国旅游是指我国公民自己支付费用，经国家旅游行政主管部门批准，由特许经营我国公民自费出国旅游业务的旅行社组织的，以旅游团的方式前往经国家批准的我国公民自费出国旅游目的地国家或地区旅游的活动。

1997 年下半年以来，我国陆续批准开放了澳大利亚、新西兰、韩国和日本为我国公民自费出国旅游的目的地国家。截至 2018 年 3 月，我国正式开展组团业务的出境旅游目的地国家地区达到 129 个。

近几年，中国公民出境旅游快速增长。2009—2016 年出境游人数年复合增长率达 14.4%。2017 年，我国公民出境人数达到 13 051 万人次，比上年增长 7.0%。

我国的旅游业正处于高速发展之中，引起了世界各国的强烈关注。自 2012 年起，中国就一直保持世界最大出境旅游市场的地位。

2. 边境旅游

边境旅游是指经批准的旅行社组织和接待我国及毗邻国家的公民，集体从指定的边境口岸出入境，在双方政府商定的区域和期限内进行的旅游活动。

我国的边境旅游，于1987年开始于辽宁省丹东市。根据丹东市和朝鲜新义州市的年度交流计划，从1984年开始，两市互派友好参观团，到对方城市进行为期一天的友好参观活动。在这一基础上，经两市旅游部门协商，一致同意开展两市之间的边境旅游活动，将过去双方互派友好参观团，改为组织各自城市的旅游者自费赴对方城市进行为时一天的旅游活动。国家旅游局和对外经济贸易部于1987年11月批准了丹东市对朝鲜新义州市的"一日游"，由此拉开了中国边境旅游的序幕。

鉴于边境旅游分布在多个省、自治区，涉及多个对象国，各地的情况千差万别，难以制定统一的边境旅游管理办法实施细则，国家旅游局协商有关部门，决定针对不同对象国分别制定实施细则。第一个《中俄边境旅游暂行管理实施细则》已于1998年6月3日发布实施。该《细则》除详细规定了国家旅游局、地方旅游局的职责和权限，以及开办中俄边境游的条件和审批程序之外，还对旅行社如何开展经营业务、出入境证件和边防检查管理做出了详尽的规定，并制定出明确的罚则。针对其他对象国的边境旅游管理实施细则也将陆续制定。

1992年6月，国务院做出进一步开放沿海城市的决定，中国的边境贸易和边境旅游进入了大发展时期，全国各个边境省份，从南到北，都相继开展起边境旅游。2018年国务院印发《关于支持沿边重点地区开发开放若干政策措施的意见》，提出设立边境旅游试验区。首选旅游资源禀赋较高、旅游产业发展较为成型、口岸通关综合条件较好、与毗邻国家旅游合作相对成熟的边境城市（内蒙古满洲里、广西防城港）率先开展改革探索，并在实践中积累经验做法，之后再逐步推广。

3. 港澳台旅游

港澳台旅游是指经国家特许经营此项业务的旅行社，组织内地居民以旅游团的方式前往香港、澳门及台湾地区旅游的活动。

港澳台旅游是由内地居民赴港澳探亲旅游发展而来的。为了方便内地的港澳眷属到香港、澳门地区探亲会友，广东省旅游公司于1983年11月15日开始组织广东省内居民的"赴港探亲旅游团"，这对港澳旅游的发展产生了积极的影响。为此，国务院于1984年3月22日批准了国务院侨务办公室、港澳事务办公室、公安部联合上报的《关于拟组织归侨、侨眷和港澳台眷属赴港澳地区探亲旅行团的请示》，规定统一由中国旅行社总社委托各地的中国旅行社承办归侨、侨眷和港澳台眷属赴港澳地区探亲旅行团在内地的全部组织工作，香港、澳门的中国旅行社负责在当地的接待事务。1992年，国务院港澳事务办公室又增批福建省海外旅游公司、华闽旅游有限公司开办赴港澳地区探亲游。1998年5月，经国务院港澳事务办与香港特别行政区政府协商，决定扩大香港游的规模，并增加中国国际旅行社总社为承办"香港游"单位。2008年大陆有关方面正式开放大陆居民赴台旅游。在"一带一路"倡议、粤港澳大湾区建设上升为国家战略等政策环境下，内地与港澳旅游发展进一步走向融合。根据相关数据显示,截至 2018 年 11 月,内地赴港游客近 4 600 万人次,同比增长达 14.2%。内地赴澳门游客人数近 2 300 万人次,同比增长达 13.3%。在大陆积极推进文化和旅游融合的当下,台湾因与大陆文化一脉相连,深受大陆游客喜爱,去台湾旅游除了满足情怀之外,越来越多的游客也想去台湾体验中华文明,感受相似但有台湾特色的中华文化。2018 年前 11 个月大陆赴台旅游人数累计超过 240 万人次。

### (二) 我国出境旅游市场的特点

#### 1. 出境旅游人数强劲增长

2014 年,我国出境旅游人数突破 1 亿人次,此后一直保持良性增长趋势。2018 年,我国出境旅游人数达到 1.48 亿人次,同比增长 13.5%。

#### 2. 旅游目的地得到快速拓展

随着我国经济的快速发展和综合国力的提升,作为世界第一大旅游客源市场,其重要地位已经被世界各国认知。截至 2018 年底,我国已与 14 个国家实现全面互免签,15 个国家和地区单方面给予中国公民免签入境待遇,44 个国家和地区单方面给予中国公民落地签证便利。目前,持普通护照的中国公民可免签或落地签前往 72 个国家和地区。除免签协定外,我国还与 42 国达成 71 份简化签证手续的协定或安排。

#### 3. 欧洲成为出境旅游的热门选项

在欧洲各国陆续推出的利好政策和国内旅游企业大力推广的双重因素的影响下,中国公民赴欧洲旅游增势良好,欧洲成为出境旅游的热门选项。

总之,我国公民出境旅游市场的发展,使我国旅游业市场体系更加完整,在国际旅游市场上的地位进一步提高;满足了国内居民出境旅游的需求,使出境旅游成为人们生活水平提高的重要标志。随着改革开放的逐步深入,尤其随着我国加入世界贸易组织后同世界各国贸易往来日趋频繁,以及人们生活水平的不断提高,将会有越来越多的国内居民走出国门,到世界各地旅游。正是基于对中国出国旅游市场的巨大潜力和未来发展的前景的认识,世界旅游组织预测到 2020 年中国公民出国旅游的人数将达到 1 亿,在世界旅游客源输出国中将居第 4 位。

**阅读资料**

## 家庭生命周期不同阶段的特点及购买行为

单身阶段:年轻,单身,几乎没有经济负担,新消费观念的带头人,旅游中的娱乐消费较高。

新婚阶段:年轻夫妻,无子女,经济条件比较好、购买力强,讲究旅游中的浪漫气氛。

满巢阶段 1：年轻夫妻，有 6 岁以下未成年子女，家庭用品购买的高峰期。不满足现有的经济状况，由于孩子的拖累较少旅游。

满巢阶段 2：年轻夫妻，有 6 岁以上未成年子女，经济状况较好，购买趋向理智型，广告及其他市场营销刺激的影响相对减少，注重档次较高的商品及子女的教育投资。

满巢阶段 3：年长的夫妇与尚未独立的成年子女同住。经济状况仍然较好，妻子或子女都有工作，注重储蓄，购买冷静，理智。

空巢阶段：年长夫妇，子女离家独立。前期收入较高，购买力达到高峰期，娱乐及服务性消费支出增加；后期退休收入减少，多由子女安排外出旅游。

孤独阶段：单身老人独居，收入锐减。特别注重情感、关注等需要及安全保障，看重探亲旅游。

## 本章小结

旅游市场的概念有狭义和广义之分。同一般市场相比较，旅游市场有一定的特殊性，表现出全球性、波动性、季节性、多样性等特点。

旅游市场细分是将全部旅游市场依据旅游者的某种或某些特点划分为不同的细分市场。根据不同的标准，可以将旅游市场进行不同的划分。

第二次世界大战以来，全世界的旅游客流总量逐年增长，呈现出持续上升的趋势。我国旅游市场分为入境旅游市场、国内旅游市场和出境旅游市场三部分。改革开放以来，我国的入境旅游业有了较大的发展。旅游外汇收入在世界排名也上升为第 4 位。由于我国旅游产品的开发和质量仍存在一些问题，市场宣传和海外促销工作仍有待改进等方面的原因，我国入境旅游市场仍面临着巨大挑战。

我国具有极其丰富的旅游资源，拥有世界上规模最大的国内旅游市场。我国国内旅游收入的经济总量目前已达到我国国际旅游收入的 2 倍。虽然我国国内旅游消费增长速度快，但消费水平仍较低。

在出境旅游方面，我国已成为亚洲最大的客源输出国。我国出境旅游公民自费出境的主要目的地集中在港澳台地区，我国周边的韩国、俄罗斯以及东南亚国家。我国公民出境旅游包括出国旅游、边境旅游和港澳台旅游三部分。

1. 为什么要对旅游市场进行细分？其意义何在？
2. 简述细分旅游市场的常用标准。

3. 简述全球国际旅游客流和客源的地区分布格局。
4. 简述全球国际旅游客流的基本规律。
5. 简述我国旅游业海外客源市场的基本现状。
6. 选择重点国际旅游客源市场时,应考虑哪些因素?
7. 试总结我国国内旅游目前的特点。
8. 你对近年来的旅游"黄金周"有何评价?
9. 案例分析

　　小冯是江苏省新闻出版学校的大三学生,提起旅行社她就气不打一处来,因为他们全班都吃过旅行社的亏。"因为我们出的钱少,旅行社就给了我们一辆很旧的车,半路抛锚,从南京到苏州足足走了4个小时,结果连苏州乐园都没有玩完就回去了。"从那以后,他们班集体旅游就再也不依赖旅行社了。

　　为此,记者咨询了苏州的几家旅行社,得到的回答都是,"几乎没有专门针对大学生的旅游产品"。康辉旅行社的负责人表示,大学生旅游市场应该是一个寓教于乐的市场,大学生追求新鲜、冒险系数比较大,旅行社一般的观光旅行不能满足大学生的需求,而大学生所需要的旅游产品需要旅行社整合各种旅游资源,目前,旅行社对旅游资源的掌控能力还无法很好地做到这一点。另一家旅行社的工作人员也说出了同样的理由,"大学生对旅行社的报价一般接受不了,一再讨价还价,旅行社没有太大的利润,而且大学生不好管理,还不如老年人市场好。"

　　请思考:(1) 你如何看待大学生旅游市场?
　　　　　　(2) 如果你是一家旅行社的总经理,你如何开发大学生旅游市场?

# 第七章
## 旅游组织与旅游政策法规

**本章要点**

了解国际及我国主要的旅游组织机构及其职能；

了解世界上部分发达国家的旅游立法；

熟悉我国的旅游法律体系。

# 第一节 旅游组织的类型及其功能

## 一、旅游组织在旅游业中的作用

各国的国家旅游组织在设立形式、地位和权限等方面虽然有诸多不同，但它们都为国家政府工作，直接或间接地协助执行国家制定旅游政策，并负责使本国的旅游业朝着最优化方向发展。在此意义上看，各国国家旅游组织的功能却都基本相同。概括起来国家旅游组织的基本功能体现在以下几个方面。

- 负责国家旅游发展总体规划和旅游政策法规的制定，并协调各级管理部门的活动。
- 在国外设立代表机构，对海外市场促销宣传。
- 确定并参与优先发展旅游地区的开发工作。
- 就旅游业的发展问题同政府有关部门进行协调。
- 规定和控制旅游服务的质量标准和基本价格，协助政府规范旅游市场经营秩序。
- 展开旅游发展问题的调查与研究，并根据调查研究结果分析和预测未来的市场需求。
- 运用行政职权对旅游行业实行管理，给私人或地方旅游组织提供相应的技术和信息援助。
- 进行人员培训和职业教育，以提高全国旅游管理水平和从业人员的工作素质。

## 二、旅游组织的分类

旅游组织的组织形式很多，同时它们所拥有的权力和地位也往往存在很大差别。但总的来说，旅游组织主要包括旅游行政组织和旅游行业组织两大类。

### （一）旅游行政组织

旅游行政组织是由国家各级政府设立的、行使国家旅游行政管理职能的机构。它主要是运用行政命令和相关法规对各级各类旅游经济组织及其活动进行组织、协调、指挥、控制、监督的职能。按照它们管理权限范围的差异，旅游行政组织一般又可分为国家旅游组织和地方旅游组织两个不同层次。

#### 1. 国家旅游组织

根据世界旅游组织的解释，国家旅游组织是指在一个国家中，为国家政府所承认，负责管理全国旅游事务的组织。就一般而言，一个国家的最高旅游行政管理机构通常代表这个国家的国家旅游组织。

从以上解释中可以发现，世界各国的国家旅游组织未必都是这个国家的政策制定部门。综观世界各国的情况，由于世界各个国家的具体国情不同，国家旅游组织的设立形式也存在巨大的差异。但是一般情况下，国家旅游组织主要存在以下三种情形。

（1）官方性质的组织。这种形式的国家旅游组织通常由国家政府直接设立，并且还常常作为国家政府的一个部门或机器而存在。当然在不同国家或地区，这种形式的国家旅游组织又呈现出以下不同的情况。

设立为一个完整而独立的旅游部或相当于部的旅游局，如墨西哥、菲律宾、泰国等国家中的最高旅游行政组织就属于这种形式。

与其他部门合并而成为一个混成部，如法国为工业、邮电与旅游部，意大利为旅游与娱乐部，葡萄牙为商业与旅游部等。

设为某一部的下属机构，如美国的旅游管理局隶属于商业部，加拿大的旅游管理局隶属于工商贸易部，日本在运输省下设立国际观光局，韩国在交通部下设立旅游管理局。

（2）半官方性质的组织。这种形式的旅游行政管理机构或组织也要经国家政府承认，代表国家政府执行全国性旅游行政事务。之所以说它是半官方性质的组织，因为在这些国家里，有关国家旅游发展的重大决策虽然划归国家政府的某一个部来负责，但是这个部通常并不承担具体的旅游行政管理事务。因此，为了旅游管理的需要，通常在这些国家的政府部门之外，设立某一组织或机构来执行全国性的旅游行政管理工作。但是，这个组织在行政编制上又并不属于政府机构，除该组织的主要负责人需由国家政府中分管旅游的部任命外，其他工作人员都不属于政府雇员，只是该组织的部分经费由国家政府拨款。英国、爱尔兰、瑞典、挪威等欧洲国家的国家级旅游局都属于这种法定组织。

（3）民间组织。民间组织即获得国家政府承认，代表国家政府行使旅游行政管理职能的组织。这种民间组织多为具有较大影响力，由民间自发组成的全国性旅游协会。政府同意其代行旅游行政管理职权后，通常会向它提供一定的财政拨款。但是该组织的领导并非由政府指定，而是由该组织的会员通过民主的方式选举产生。德国和新加坡的国家旅游组织都是由这种民间组织兼任。

2. 地方旅游组织

地方旅游组织是指在一个国家内的某地区设立的负责管理国内特定地区的旅游事务，以促进地区旅游业发展的政府机构或组织，它是地方的旅游行政管理机构。根据地方旅游组织所管理的区域范围的不同，这类旅游组织又可分为不同的层次。在我国有省、自治区、直辖市一级的地方旅游组织和计划单列市、县一级的地方旅游组织。地方旅游组织主要职能是：在当地政府的支持下，通过与上级旅游组织有效协调与合作，对当地旅游事业的发展进行有效的组织、协调和管理。

### (二) 旅游行业组织

旅游行业组织是由旅游企业、团体、个人自愿联合组成的社会性组织，是一种民间的社会团体。它们以自愿和不营利为原则，积极参与旅游活动，为按计划保证满足旅游者需要的大量经济活动和非经济活动创造良好的条件。根据其组织活动范围的不同，旅游行业组织可分为全球性的旅游行业组织，如世界旅行社协会联合会（UFTAA），世界区域性的旅游组织，如太平洋亚洲旅游协会（PATA）、全国性旅游组织和国内区域组织。这些类型的旅游行业组织在旅游业的发展过程中起着重要的协调作用，目前在一些旅游业比较发达、私人企业非常活跃的国家和地区，旅游行业组织往往带有半官方性质。

## 第二节 国际性旅游组织

### 一、世界上主要的旅游组织

世界上主要的旅游组织一般按组织性质分为政治和经济性质的、科学和学术性质的以及业务和行业性质的三类。

### (一) 政治和经济性质的旅游组织

#### 1. 世界旅游组织

世界旅游组织（World Tourism Organization，UNWTO）是联合国系统的政府间国际旅游组织，也是世界上唯一全面涉及旅游事务的全球性政府间机构。前身可追溯到1919年的国际旅游同盟。1925年改为国际官方旅游联合会。1925年5月4日至9日在荷兰海牙召开了国际官方旅游协会大会。1934年在海牙正式成立国际官方旅游宣传组织联盟。1946年10月1日至4日在伦敦召开了首届国家旅游组织国际大会，并成立专门委员会研究重建该联盟。1947年10月在巴黎举行的第二届国家旅游组织国际大会上决定正式成立官方旅游组织国际联盟，即世界旅游组织的前身，总部设在伦敦，1951年迁至日内瓦。1970年9月在墨西哥城召开国际官方旅游组织特别代表大会，决定将其改建为世界旅游组织，并通过了世界旅游组织新章程。1975年5月2日正式改用现名，总部设在西班牙马德里。从1976年起，它还是联合国开发计划署的一个执行机构，负责有关旅游的技术合作项目，并与联合国教科文组织、环境规划署、国际海事协商组织和世界卫生组织等签有一系列的协议与合作协定。

宗旨是促进和发展旅游事业，使之有利于经济发展、国际相互了解、和平与繁荣以及不分种族、性别、语言和宗教信仰、尊重人权和人的基本自由，并强调在贯彻这一宗旨时，要特别注意发展中国家在旅游事业方面的利益。

世界旅游组织的机构设置如下。

（1）全体大会。最高权力机构，每两年召开一次会议。

（2）执行委员会。领导机构，执委由大会按照每5个正式成员国选举一个的比例选举产生，任期4年。每年至少召开两次会议。

（3）秘书处。负责日常工作。秘书长由执委会推荐，大会选举产生。任期四年，可连任两次。

（4）常驻代表。截至1990年4月，已有64个国家在使馆设立或单独设立了世界旅游组织常驻代表。

（5）地区委员会。非常任机构，每年召开一次会议，共有6个地区委员会，它们是：欧洲委员会、非洲委员会、中东委员会、南亚委员会、东亚及太平洋委员会、美洲委员会。

主要任务及活动：近年来的工作任务主要围绕技术合作、信息、统计、教育培训、简化旅游手续、旅游者安全及旅游设施保护、旅游环境保护等方面进行。该组织负责收集、分析旅游数据，定期向成员国提供统计资料、研究报告，制定国际性旅游公约、宣言、规划、范本，提供技术专家援助，组织研讨会、培训班、召集国际会议。

我国于1983年10月5日加入世界旅游组织，成为该组织的第106个正式成员。

2. 太平洋亚洲旅行协会

太平洋亚洲旅行协会（Pacific Asia Travel Association，PATA）是一个民间性、行业性、地区性、非政府间的国际旅游组织，1951年1月在夏威夷成立。最初用名为"太平洋地区旅游协会"，1986年4月在马来西亚召开的第35届会议上改用现名，总部设在泰国曼谷。

该协会的宗旨是发展、促进和便利世界其他地区的游客前来太平洋地区各国旅游及太平洋地区各国居民在本地区内开展国际旅游。

该协会每年召开一次年会，讨论和修订有关协会的长远计划，除此之外，全协会性的大型活动还有太平洋旅游博览会。为加强各地区联系，提高工作效率，协会在亚洲（新加坡）、太平洋地区（悉尼）、欧洲（摩纳哥）、美洲（旧金山）设立了办事处。

在20世纪90年代中期，协会有37名正式官方会员，44名联系官方会员，60名航空公司会员以及2 000多名财团、企业会员。我国国家旅游局于1993年3月正式成为其官方会员，同年9月，北京、上海及广东省旅游局和中国国际航空公司、中国国际旅行社总社等15个单位，经国家旅游局推荐，也分别加入该协会成为其联系官方会员、航空公司会员或企业会员。协会还在全球38个国家和地区设有77个分会。中国分会于1994年1月正式成立，它同时也是该协会会员。

## (二) 科学和学术性质的旅游组织和机构

它们并不空谈理论，而是从实际出发，研究旅游发展过程中产生的问题，从而提出解决问题的方法、途径和对策，以推动世界旅游的发展。

### 1. 国际旅游科学专家协会

国际旅游科学专家协会（International Association of Scientific Experts in Tourism，AIEST）于 1951 年 5 月 31 日在罗马成立，是世界旅游组织的附属成员。

协会的宗旨是：开展旅游科学研究，加强成员间的友好联系，鼓励成员间的学术活动，特别是促进个人接触、经验交流；支持具有学术性质的旅游研究机构以及其他有关旅游研究与教育的组织的各项活动。

该协会是由国际上致力于旅游研究和旅游教学的专家组成的学术团体，在 45 个国家中有 330 多名会员。其活动主要有：收集科学资料和文献，开展旅游科学研究，举办旅游学术会议，出版发行季刊《旅游评论》和会议年度纪要等。它在旅游理论研究上享有很高的威信，如著名的"艾斯特"定义是由它做出的。

该协会的最高权力机构为大会，每年举行一次，并设有委员会秘书处。

会址（秘书处）设在瑞士伯尔尼。

### 2. 国际旅游学会

国际旅游学会（International Tourism Studies Association，ITSA）2006 年 8 月 15 日由来自世界各地的 19 位旅游学者和研究机构发起成立。总部设在美国华盛顿特区，秘书处设在中国北京大学。每两年举办一次国际学术会议。

该学会的宗旨是：为东西方在旅游和接待研究领域搭建一座桥梁，为全球特别是发展中国家的旅游研究学者，提供一个交流研究思想和优秀研究实践的论坛，为旅游机构传播研究成果。国际旅游学会的会员对所有发达和发展中国家的旅游学术及旅游行业的从业者开放。截至 2016 年 8 月 31 日，该学会在全球拥有 1 353 名会员。

## (三) 业务和行业性质的组织和机构

### 1. 世界旅行社协会联合会

世界旅行社协会联合会（United Federation of Travel Agents，Assosiation，UFTAA）是最大的民间性国际旅游组织之一。其前身是 1919 年在巴黎成立的欧洲旅行社和 1964 年在纽约成立的美洲旅行社，1966 年 10 月由这两个组织合并而成，并于 1966 年 11 月 22 日在罗马正式成立，总部设在比利时的布鲁塞尔。

该协会的宗旨是对国家级的旅游协会以及其他旅游局、旅行社联合会或旅游联盟，给予职业上的指导和技术上的援助，团结和加强各国全国性旅行社协会和组织，协助解决会员在专业问题上可能发生的纠纷，在国际上代表旅行社行业同有关的各种旅游组织和企业建立联系，进行合作。

该组织每年召开一次全体大会，交流经验，互通情报。

该组织的成员分为两大类，一类是正式会员，由国家旅行社协会组织参加；另一类是联系会员，为私营旅行社和与旅游业务有关的机构，如航空公司、轮船公司、旅馆等。1995年8月，中国旅游协会被接纳为正式会员。

联合会的主要活动为每年召开一次世界旅行代理商大会，并出版发行《世界旅行社协会联合会信使报》(Courier UFTAA)。

2. 国际饭店与餐馆协会

国际饭店与餐馆协会（International Hotel & Restaurant Association，IHRA）是一家非营利性国际饭店组织，也是联合国认可的全球唯一的饭店与餐饮行业权威性国际组织，与联合国及其下属的粮农组织、世界银行、世界旅游组织、世界贸易组织等机构联合开展工作，是世界饭店行业最大的国际性组织。

国际饭店与餐馆协会原名为国际饭店协会（IHA），于1946年3月18日成立，总部设在法国巴黎。1996年在墨西哥召开的第34届年会上，把国际餐馆协会纳入国际饭店协会，更名为国际饭店与餐馆协会。

会员遍布150多个国家，包括各国协会、饭店、餐馆、专业人士、教育科研机构等。我国在1994年正式加入国际饭店与餐馆协会，中国旅游饭店业协会成为该协会的国家级饭店协会会员。

该协会的宗旨是：代表全球饭店与餐馆业的利益，促进饭店与餐馆业的发展，为会员提供行动纲领和所需产品（包括组织各种国际会议、职业培训等），协调旅馆业和有关行业的关系，维护本行业的利益。

协会出版发行信息性双月刊《对话》、月刊《国际旅馆与餐馆》、季刊《国际旅馆评论》以及年刊《国际旅馆指南》《旅行杂志》《旅游机构指南》等。

3. 国际航空运输协会

国际航空运输协会（International Air Transport Association，IATA）是一个包括世界各大航空公司的国际性组织，于1945年4月在古巴哈瓦那成立。总部设在加拿大的蒙特利尔，执行机构设在日内瓦。

该协会的宗旨是促进安全、正规和经济的航空运输，促进航空商业并研究有关问题，促进与联合国国际民航组织及其他国际组织协力合作。

该协会的最高权力机构为年度大会，1993年8月，中国国际航空公司、中国东方航空公司和中国南方航空公司都已正式加入该协会。1994年4月，该协会在北京设立了中国代理人事务办事处。1997年3月，中国西南航空公司正式成为该协会的多边联运协议会员。另有4个常务委员会分管法律、业务、财务和技术。截至2002年5月，该协会共有264个会员，从事国际飞行的空运企业为正式会员，只经营国内航班的为准会员。该协会出版发行季刊《国际航空运输协会评论》。

会址（秘书处）：加拿大蒙特利尔。

## 二、其他国际性旅游组织

### (一) 国际宿营和旅队联合会

国际宿营和旅队联合会 (International Federation of Camping and Caravanning, IFCC) 于 1932 年在荷兰萨克森里姆成立,总部设在布鲁塞尔。该联合会的宗旨是:在国际上把宿营俱乐部和协会联系在一起;搜集和交换有关可用的宿营地和旅队住地的情报;组织定期会议;促进会员参加旅行;促进旅行用具、方法的改进;促进有关宿营和旅队情况刊物的交换。该联合会出版发行有《宿营和旅队新闻》。

### (二) 国际世界语旅游协会

国际世界语旅游协会 (International Esperanto Tourist Society, IETS) 于 1970 年在奥地利维也纳正式成立,是一个中立的群众团体,总部设在比利时,并在 37 个国家设有代理人。该协会的任务是:为世界语团体或个人创造良好的国际旅游条件;促进世界语成为国际旅游中的有效手段;组织或参加爱好旅游的世界语者的活动,以显示世界语这一国际辅助语的价值。该协会每年都举办"国际世界语旅游博览会",推出全年旅游计划表,举办学习班、讲座、竞赛等活动;出版旅游世界语小词典、教科书、会话手册、歌集等书籍。该协会出版有会刊《世界语——旅游》。

### (三) 国际斯卡尔俱乐部协会

国际斯卡尔俱乐部协会(旅游)(International Association of Skal Clubs, LASC) 于 1934 年 4 月在巴黎成立。该协会的宗旨是:发展旅游业部门间的友谊和共同目标;通过国际旅游的方式,促进世界各国人民间的友好和相互了解;管理和协调世界各个斯卡尔俱乐部的活动;宣传、鼓励、促进和扩大斯卡尔运动等。该协会出版发行有《国际斯卡尔俱乐部协会新闻公报》《国际斯卡尔俱乐部协会指南》。

### (四) 联合国教科文组织

联合国教科文组织 (United Nations Educational Scientific and Cultural Organization, UNESCO) 1946 年 11 月 6 日成立,总部设在法国巴黎。该组织的宗旨是:促进教育、科学及文化方面的国际合作,以利于各国人民之间的相互了解,维护世界和平。

### (五) 联合国环境规划署

联合国环境规划署 (United Nations Environment Programme, UNEP) 于 1973 年 1 月成立,总部设在肯尼亚首都内罗毕。该署的宗旨是:促进环境领域内的国际合作并提出政策建议；在联合国外交内提供指导和协调环境规划总政策，并审查规划的定期报告；审查世界环境状况，以确保可能出现的具有广泛国际影响的环境问题得到各国政府的适当考虑；经常审查国家和国际环境政策和措施对发展中国家带来的影响和费用增加的问题；促进环境知识的取得和情报的交流。该署有关旅游工作的重点是旅游与环境问题，如 1983 年同世界旅游组织共同举办环境与旅游问题研讨会，1995 年与世界旅游组织以及联合国教科文组织一起召开"持续旅游发展世界"会议，通过了《可持续旅游发展宪章》和《可持续旅游发展行动计划》两个重要文件。

### （六）经济合作与发展组织

经济合作与发展组织（Organization of Economic Collaboration and Development，OECD）成立于 1948 年 4 月，原名欧洲经济合作组织，1961 年改为现名。该组织是世界上主要工业国家之间的组织。其宗旨是：促进经济的高速和持续发展，提高各成员国人民的生活水平，在多边条约及自由的基础上，致力于扩展世界贸易。最高权力机构为大会，有关旅游事务由下设的旅游委员会处理，委员会每年出版有关旅游政策、旅游环境和旅游经济状况报告。

### （七）国际民用航空组织

国际民用航空组织（International Civil Aviation Organization，ICAO）是联合国的一个专门机构，由众多国家政府为促进国际民航发展而联合成立，1944 年为促进全世界民用航空安全、有序的发展而成立。总部设在加拿大的蒙特利尔。创始成员国 26 个，我国于 1946 年正式成为成员国。该组织的宗旨是：发展安全而有效的国际航空运输事业，使之用于和平的目的；制定国际空中航行原则；促进各国民航事业发展的安全化、正规化和高效化；鼓励民航业的发展，满足世界人民对空中运输的要求；保证缔约国的权利充分受到尊重，使各缔约国享有经营国际航线的均等机会。由于航空运输是国际旅游业的主要运输手段，国际民航组织的联营航运对促进国家间航空的发展发挥了重要作用，促进了世界国际旅游的发展。国际民用航空组织的最高权力机构是大会，每 3 年举行一次，常设机构是理事会，由每次大会选举的 30 个国家组成，常设执行机构为秘书处，由秘书长负责日常事务。该组织出版发行有《国际民用航空公约》、月刊《国际民航组织公报》和《国际民用航空组织备忘录》。

## 第三节　中国旅游组织

我国的旅游组织根据管理权限分为旅游行政管理机构组织和旅游行业组织。旅游行政管理机构主要是由国家文化与旅游部和省（自治区、直辖市）文化与旅游厅组成，负责管理全国或者所辖行政区域旅游事业；旅游行业组织是旅游企业自愿联合的组织。

# 一、中国旅游行政组织

## （一）文化和旅游部

中华人民共和国文化和旅游部（Ministry of Culture and Tourism，MCT）是国务院26个组成部门之一，其前身是中华人民共和国国家旅游局。

1964年7月22日，第二届全国人大常委会批准设立中国旅行游览事业管理局，直属国务院领导。12月1日，该局正式成立，与中国国际旅行社政企合一，合署办公。1978年3月26日，中国旅行游览事业管理局改称为中国旅行游览事业管理总局。1982年8月23日，中国旅行游览事业管理总局更名为中华人民共和国国家旅游局，简称国家旅游局，作为国务院主管全国旅游行业的直属行政机构，统一管理全国旅游工作，并与中国国旅总社实行政企分开，不再直接组团和承担接待任务。2018年3月13日，根据第十三届全国人民代表大会第一次会议批准的国务院机构改革方案，将国家旅游局的职责整合，组建中华人民共和国文化和旅游部（简称文化和旅游部），不再保留文化部、国家旅游局。

文化和旅游部的主要职责是：贯彻落实党的宣传文化工作方针政策，研究拟订文化和旅游工作政策措施，统筹规划文化事业、文化产业、旅游业发展，深入实施文化惠民工程，组织实施文化资源普查、挖掘和保护工作，维护各类文化市场包括旅游市场秩序，加强对外文化交流，推动中华文化走出去等。

文化和旅游部内设下列部机关。

1. 办公厅

负责机关日常运转工作。组织协调机关和直属单位业务，督促重大事项的落实。承担新闻宣传、政务公开、机要保密、信访、安全工作。

2. 政策法规司

拟订文化和旅游方针政策，组织起草有关法律法规草案，协调重要政策调研工作。组织拟订文化和旅游发展规划并组织实施。承担文化和旅游领域体制机制改革工作。开展法律法规宣传教育。承担机关行政复议和行政应诉工作。

3. 人事司

拟订人才队伍建设规划并组织实施。负责机关、有关驻外文化和旅游机构、直属单位的人事管理、机构编制及队伍建设等工作。

4. 财务司

负责部门预算和相关财政资金管理工作。负责机关、有关驻外文化和旅游机构财务、资产管理。负责全国文化和旅游统计工作。负责机关和直属单位内部审计、政府采购工作。负责有关驻外文化和旅游机构设施建设工作。指导、监督直属单位财务、资产管理。指导国家重点及基层文化和旅游设施建设。

5. 艺术司

拟订音乐、舞蹈、戏曲、戏剧、美术等文艺事业发展规划和扶持政策并组织实施。扶持体现社会主义核心价值观、具有导向性、代表性、示范性的文艺作品和代表国家水准及民族特色的文艺院团。推动各门类艺术、各艺术品种发展。指导、协调全国性艺术展演、展览以及重大文艺活动。

6. 公共服务司

拟订文化和旅游公共服务政策及公共文化事业发展规划并组织实施。承担全国公共文化服务和旅游公共服务的指导、协调和推动工作。拟订文化和旅游公共服务标准并监督实施。指导群众文化、少数民族文化、未成年人文化和老年文化工作。指导图书馆、文化馆事业和基层综合性文化服务中心建设。指导公共数字文化和古籍保护工作。

7. 科技教育司

拟订文化和旅游科技创新发展规划和艺术科研规划并组织实施。组织开展文化和旅游科研工作及成果推广。组织协调文化和旅游行业信息化、标准化工作。指导文化和旅游装备技术提升。指导文化和旅游高等学校共建和行业职业教育工作。

8. 非物质文化遗产司

拟订非物质文化遗产保护政策和规划并组织实施。组织开展非物质文化遗产保护工作。指导非物质文化遗产调查、记录、确认和建立名录。组织非物质文化遗产研究、宣传和传播工作。

9. 产业发展司

拟订文化产业、旅游产业政策和发展规划并组织实施。指导、促进文化产业相关门类和旅游产业及新型业态发展。推动产业投融资体系建设。促进文化、旅游与相关产业融合发展。指导文化产业园区、基地建设。

10. 资源开发司

承担文化和旅游资源普查、规划、开发和保护责任。指导、推进全域旅游。指导重点旅游区域、目的地、线路的规划和乡村旅游、休闲度假旅游发展。指导文化和旅游产品创新及开发体系建设。指导国家文化公园建设。承担红色旅游相关工作。

11. 市场管理司

拟订文化和旅游市场政策和发展规划并组织实施。对文化和旅游市场经营进行行业监管。承担文化和旅游行业信用体系建设工作。组织拟订文化和旅游市场经营场所、设施、服务、产品等标准并监督实施。监管文化和旅游市场服务质量,指导服务质量提升。承担旅游经济运行监测、假日旅游市场、旅游安全综合协调和监督管理。

12. 文化市场综合执法监督局

拟订文化市场综合执法工作标准和规范并监督实施。指导、推动整合组建文化市场综合执法队伍。指导、监督全国文化市场综合执法工作，组织查处和督办全国性、跨区域文化市场重大案件。

13. 国际交流与合作局（港澳台办公室）

拟订文化和旅游对外及对港澳台交流合作政策。指导、管理文化和旅游对外及对港澳台交流、合作及宣传推广工作。指导、管理有关驻外文化和旅游机构，承担外国政府在华、港澳台在内地（大陆）文化和旅游机构的管理工作。承办文化和旅游中外合作协定及其他合作文件的商签工作。承担政府、民间及国际组织在文化和旅游领域交流合作相关事务。组织大型文化和旅游对外及对港澳台交流推广活动。

### （二）省（自治区、直辖市）文化和旅游厅

国家文化和旅游部成立后，各省、自治区、直辖市人民政府都下设了文化和旅游厅，是地方性文化及旅游行政管理机构，管理本省（自治区、直辖市）的文化与旅游事业，受地方政府及文化和旅游部的双重领导，以地方政府为主。它们的组织机构基本上采取与文化和旅游部主要业务司对口的做法，以便接受国家文化和旅游部的业务指导。

## 二、中国旅游行业组织

随着旅游事业的发展，为了更好地协调各地区、各旅游业单位的工作，加强各部门的联系，中国一大批旅游行业组织纷纷建立起来了，许多旅游业单位加入了不同的行业组织。根据统计，目前，全国省以上旅游协会的会员单位有近2万个，会员覆盖了国内大型旅游企业集团、国际旅行社、高星级饭店、世界自然文化遗产单位和著名旅游区。旅游行业组织是非行政机构，也是非营利性社会组织，是具有独立的社团法人资格的组织。以下介绍全国主要的旅游行业组织。

### （一）中国旅游协会

中国旅游协会（China Tourism Association，CTA）1986年1月30日成立，是由中国旅游行业相关的企事业单位、社会团体自愿结成的全国性、行业性、非营利性社团组织，是国务院批准正式成立的第一个旅游全行业组织。

该协会的宗旨是：遵照国家的宪法、法律、法规和有关政策，代表和维护全行业的共同利益和会员的合法权益，开展活动，为会员服务，为行业服务，为政府服务，在政府和会员之间发挥桥梁纽带作用，促进我国旅游业的持续、快速、健康发展。

目前，协会共有会员单位3 500余家，其中自有会员300家，涵盖大型综合性旅游集团、传统细分业态中的龙头企业、大型涉旅企业、新兴业态中具有发展潜力的创新型企业、与旅游业关联度较高的国家级行业协会、省级旅游协会和重要旅游城市旅游协会共六大类会员主体；同时，下设温泉旅游分会、旅游城市分会、旅游教育分会、旅游商品与装备分会、

休闲度假分会、休闲农业与乡村旅游分会、民宿客栈与精品酒店分会、探险旅游分会、妇女旅游委员会和民航旅游专业委员会共十个分支机构,共有会员 3 200 余家。

## (二)中国旅行社协会

中国旅行社协会(China Association of Travel Services,CATS)成立于 1997 年 10 月,是由中国境内的旅行社、各地区性旅行社协会或其他同类协会等单位,按照平等自愿的原则组成的全国旅行社行业的专业性协会。协会在国家文旅部和民政部门的监督指导下,在全体会员的大力支持下,组织会员单位开展调研、培训、学习、研讨、交流、考察等活动。宣传贯彻国家旅游业的发展方针和旅行社行业的政策法规,积极反映行业诉求,总结交流旅行社的工作经验,为中国旅行社行业的繁荣发展做出应有的贡献。

协会的宗旨是:遵守国家的宪法、法律、法规和有关政策,遵守社会道德风尚,代表和维护旅行社行业的共同利益和会员的合法权益,努力为会员服务,为行业服务,在政府和会员之间发挥桥梁和纽带作用,为中国旅行社行业的健康发展做出积极贡献。

协会的主要任务如下。

(1)宣传贯彻国家旅游业的发展方针和旅行社行业的政策法规。

(2)总结交流旅行社的工作经验,开展与旅行社业务相关的调研,为旅行社的发展提出积极并切实可行的建议。

(3)向主管单位及有关单位反映会员的愿望和要求,为会员提供法律咨询服务,保护会员的共同利益,维护会员的合法权益。

(4)制定行规行约,发挥行业自律作用,督促会员单位提高经营管理水平和接待服务质量,维护旅游行业的市场经营秩序。

(5)加强会员之间的交流与合作,组织开展各项培训、学习、研讨、交流和考察等活动。

(6)加强与行业内外的有关组织、社团的联系、协调与合作。

(7)开展与海外旅行社协会及相关行业组织之间的交流与合作。

(8)编印会刊和信息资料,为会员提供信息服务。

## (三)中国旅游饭店业协会

中国旅游饭店业协会(China Tourist Hotels Association,CTHA),原名中国旅游饭店协会,成立于 1986 年 2 月 25 日。它是由中国境内的旅游饭店和地方饭店协会、饭店管理公司、饭店用品供应厂商等相关单位,按照平等自愿的原则组成的全国性、行业性的社会团体,下设一个分支机构,即中国旅游饭店业协会饭店金钥匙专业委员会。

中国旅游饭店业协会的宗旨是:代表和维护中国旅游饭店行业的共同利益,维护会员的合法权益,为会员服务,为行业服务,在政府和会员之间发挥桥梁和纽带作用,为促进我国饭店业的健康发展做出积极贡献。

## （四）中国旅游车船协会

中国旅游车船协会（China Tourism Automobile and Cruise Association，CTACA）前身是"中国旅游汽车理论研讨会"，成立于 1988 年 1 月，1989 年 1 月改名为"中国旅游汽车联合会"，同年 8 月，经国家旅游局局长办公会议研究决定正式成立。1990 年 3 月，正式定名为"中国旅游车船协会"。

中国旅游车船协会是由中国境内的旅游汽车、游船企业和旅游客车及配件生产企业、汽车租赁、汽车救援等单位，在平等自愿基础上组成的全国旅游车船行业的专业性协会。

协会的宗旨是：遵守国家的宪法、法律、法规和有关政策，遵守社会道德风尚，广泛团结联系旅游车船业界人士，代表并维护会员的共同利益和合法权益，努力为会员、为政府、为行业服务，在政府和会员之间发挥桥梁和纽带作用，为把我国建设成为世界旅游强国，促进国民经济和社会发展做出积极贡献。

# 第四节　旅游政策法规

## 一、国际性的旅游政策法规

旅游业的蓬勃发展给人类社会带来了巨大的利益，同时也给社会造成了一些消极的负面影响。例如，一些国家在旅游资源开发利用过程中的失误造成了对资源、环境和生态的破坏，引起了国际、国内旅游企业间的无序竞争和利益冲突等。随着旅游业的发展，旅游活动中的矛盾、冲突和纠纷日趋增多和复杂化，如何处理和解决旅游者和旅游经营者之间的关系、旅游经营者之间的关系，旅游活动与生态平衡和环境保护之间的关系，国际旅游业之间的关系，旅游业的发展与社会政治、经济、文化生活之间的关系等一系列问题，已经被提到一些国家和政府的议事日程上。他们已经认识到通过法律手段来规范和调整上述各种社会关系的重要性和迫切性。因此，可以说旅游立法是旅游业发展的客观要求。各旅游发达国家都相继制定了各自专门的旅游法律规范。旅游发达国家的旅游业起步较早，旅游立法也比较早，如 1961 年韩国制定了《旅游事业振兴法》，1963 年日本制定了《旅游基本法》，1966 年巴西制定了《联邦共和国旅游组织法》，1969 年英国制定了《旅游发展法》，1979 年美国制定了《全国旅游政策法》，1979 年墨西哥制定了《墨西哥旅游法》等。随着国际旅游业的发展和在各国经济中的作用越来越重要，世界各国都倾向于制定法律，对在国际旅游中的行为和关系加以规范和调整，以促进和保障国际旅游业的健康发展。本节重点介绍美国、法国、德国、西班牙、日本等国的旅游立法情况，以及中国的旅游政策法规。

## （一）美国的旅游立法

美国是一个市场机制比较成熟的国家，政府对市场的干预相对较小。即便如此，政府对旅游业的影响依然能够感受得到。美国政府主要是通过财政政策和货币政策来影响旅游经济的，如当旅游经济过热时，政府采用增加税收、提高利率、减少支出的办法，来抑制包括旅游在内的经济活动的增长。相反，则采用减少税收、降低利率、增加支出（甚至是财政赤字）的办法，来刺激包括旅游在内的经济活动的开展。

1. 全国旅游政策法综述

美国《全国旅游政策法》是指美国1979年5月8日颁布的作为旅游发展基本法的联邦法律。该法是基于美国政府对旅游业的认识和所采用的政策而制定的，内容分为三编。第一编阐述了美国政府对旅游业的认识和该法制定的目的。根据第一编的规定，该法的目的是要在联邦政府、州和地方政府以及其他有关公众和私人组织之间建立一种合作，使用一切切实可行的办法和措施，包括财政和技术援助来执行全国旅游政策。第二编首先规定要成立一个独立的执行单位即全国旅游政策委员会，委员会在有关旅游、娱乐和国家文物古迹资源的政策、计划等方面，协调联邦各部门、各机构和其他单位的主要机关，并规定由总统的国内事务和政策助理担任委员会的主席。还规定了委员会的职能、委员会的管理权力、委员会的下属机构以及委员会向总统和国会提交年度报告的义务。第三编是对美国旅行游览发展公司有关事项的规定，包括公司董事会的产生、人员组成、任期，公司的职员和雇员，公司的性质、目的和活动，公司的管理权力，公司向国会提交年度报告的义务，公司的记录和审计以及公司的研究项目和批准等内容。

2. 美国制定旅游基本法的目的

美国的《全国旅游政策法》是美国旅游政策总原则的法律化。制定该法的目的，是要在联邦政府、州和地方政府以及其他有关公众和私人组织之间建立一种合作，采取一切切实可行的办法和措施，包括财政和技术援助，来执行全国旅游政策。这个法案是美国全国贯彻执行旅游政策总原则的有力保证。该法明确表述美国发展旅游业的目标是：①促使旅游业和娱乐业为繁荣经济、充分就业和平衡国际收支做出更大贡献；②使美国和外国居民普遍能够享有在美国旅游、娱乐的机会和好处，保证现今和将来的世世代代享有足够的旅游和娱乐资源；③促进个人成长、健康、教育和对美国地理、历史和民族的鉴赏；④为了增进国际了解和友好，鼓励个人按照移民法、公共卫生保护法和有关商品进口法，自由而受欢迎地到美国旅行；⑤为旅游访问美国的游客提供完善和可靠的服务质量；⑥消除国际旅游业务经营障碍；鼓励行业竞争，提供旅游者最大限度的选择；促进个人支付方式的便利化；⑦维护国家的历史和文化；在发展和利用资源、保护环境等方面注意可持续发展；⑧正确统计旅游资料，分析对社会的影响，便于企业制定计划；为配合《全国旅游政策法》关于发展美国国际旅游的政策，美国在《移民法》中详细规定了如何给予旅游者B类签证的内容。

### 3. 全国旅游政策法委员会

全国旅游政策法委员会是协调联邦各部门、各机构和其他单位有关旅游、娱乐和国家文物古迹资源的政策、计划和问题等方面的主要机关。由总统的国内事务和政策助理任委员会主席，美国旅行游览发展公司总裁任委员会副主席，交通等十几个部的部长和国务卿、民用航空和州际商业委员会及联邦贸易委员会主席、国际通信机构和环境保护机构的负责人组成全国旅游政策法委员会委员。全国旅游政策法委员会的职责是指导委员会工作人员的各项活动，如研究适当的问题和草拟报告。全国旅游政策法委员会下设4个政策小组委员会，分别是：运输和交通政策小组委员会；经济发展政策小组委员会；能源和自然资源政策小组委员会；卫生、教育和文化政策小组委员会。规定各机构的负责人和代表组成，明确管理权利和职责，发挥各政策小组委员会在旅游、文化娱乐和文物古迹资源保护方面的工作指导和政策导向作用。

### 4. 美国太空旅游产业法律要点

2004年10月，鳞状复合成材料公司"太空船一号"的成功飞行使普通旅游者进入太空成为可能，私营公司能够提供亚轨道航天飞行服务，这是很大的进步。2004年12月23日，美国总统布什签署了《2004年商业空间发射修正案》，法案授权美国联邦航空局（FAA）发放允许私营航天器经营商运送付费旅游者进入太空的许可证，美国公民有权搭乘私人航天器到太空旅游，而且由个人承担太空旅游费用和风险。1984年美国颁布的《商业空间发射法案》及修正案是一个典型的区域性法规，规定了美国政府如何与国内及跨国发射公司分担责任。私营太空旅游业发展最需要解决的问题之一是责任问题，主要包括第三方的责任、旅游者的责任和《外层空间条约》下国家政府的责任。此外，另一个相关问题是保险业如何处理责任索赔。这些问题是私人太空旅游业发展的一大障碍。私人太空旅游业的成功必须依靠一种灵活的法律制度，这种制度应能把载人航天飞行中的所有责任问题都包括在内。在《空间物体所造成损害的国际责任公约》（简称《责任公约》）中规定国家必须对其执行的或在其境内进行的所有发射活动负责，未提及私营公司的责任问题，这意味着国家要承担由私营或商业公司所造成的航天事故的责任。美国曾在《商业空间发射法》中作过一些规定，以解决上述问题。美国联邦法律中把责任转移到了私营发射公司，要求这些公司必须取得商业发射许可证，以保证保险费用，这些公司要有能力赔偿由于发射事故而造成的第三方或政府的财产损失。美国法律规定，责任保险费的最大值分别是5亿美元（第三方索赔额）和1亿美元（美国政府财产损失额）。不过，这对政府的保护非常有限，因为法律同时规定，如果任何索赔超出了保险所要求的15亿美元，那么超出部分由政府承担。随着太空旅游者的增多，载人发射的次数也会增加。未来的太空旅游法也应该考虑旅游者索赔。在空间法领域里，最重要的国际文件是1967年生效的《关于各国探索和利用包括月球及其他天体在内外层空间活动的原则条约》（简称《外层空间条约》，又名《外空条约》）。该条约第6条规定了从事发射活动的国家的责任："各缔约国对其（无论是政府部门还是非政府的团体组织）在外层空间（包括月球和其他天体）所从事的活动，要承担国际责任，并负责保证本国活动的实施符合本条约的规定。"而1972年生效的《空间物体所造成损害的国际责任公约》(即《责任公约》),则对国家在外层空间活动中担负的责任进行了更加清楚的阐述。该公约第2.3条规定,发射国应对其所发射的空间物体造成的损害负有赔偿责任;而第4.5条规定,在共同致害时各发射国承担连带及个别责任。可见,按照国际法的规定,国家对外层空间活动要承担主要责任。此外,国家(非某一机构或组织)应该决定是否制定区域性法规,确定进行发射活动的团体应承担的具体责任。

可见,美国在太空旅游产业法中在国际上先行一步,反映了其立法的前瞻性。同时,美国在国家公园方面立法也具有很完善的体系,鉴于篇幅限制本处省略。

## (二) 法国的旅游立法

法国凭借其悠久的历史文化,多元的艺术特色,美丽的风景名胜一直是世界旅游爱好者首选的目的地之一。自2005年以来,法国就一直保持着世界第一旅游目的地的地位,同样,旅游业在法国也占据着得天独厚的位置,它对国内生产总值的贡献达到7.4%,为两百多万法国人提供了就业机会,也在世界舞台上展现了法国的文化魅力。法国政府非常重视旅游业的发展,注意在资金、政策、完善的机构和协会组织设置等方面扶持旅游业的发展。

1. 法国旅游立法概述

法国是一个旅游大国,远远超过其他旅游发达国家,排名也总在前3位左右。这一结果的取得,一方面得益于法国的客观条件。法国是世界古老的政治和文化中心,旅游资源非常丰富,加上四通八达的交通和各种现代化交通工具、完善的旅游设施和丰富的旅游产品等,吸引了世界各地的旅游者。另一方面,法国政府十分重视旅游政策和措施的制定,如利用法国服装业闻名世界的有利条件,举办各种形式的世界性时装节和时装展;利用巴黎作为世界政治和文化中心之一的优势,举办各种国际会议和参观活动;通过保护塞纳河,在河两岸建立星罗棋布的公园和绿地,以妩媚的河上风光吸引旅游者休闲度假;通过保护和开发埃菲尔铁塔、凯旋门、巴黎圣母院、爱丽舍宫、凡尔赛宫等古老、宏伟并具有重要历史意义的建筑,开辟历史、文化、名胜游览项目;通过保护和开发罗浮宫、蓬皮杜文化艺术中心等,以世界罕见的各种绘画、雕刻、工艺美术作品和珍宝、金银器皿等,开辟古文化艺术、古珍稀游览项目等。法国是最早立法保护古城遗址的国家。1962年颁布了《马尔罗法》,该法规定将有价值的历史街区划定为"历史保护区",制定保护和继续使用的规划,纳入城市规划的严格管理。通过这些政策和措施,开发、利用和保护旅游资源,收到了很好的效果。而法国的旅游业发展更受益于它完善的旅游管理机构,法国旅游办公室在法国旅游业发展中发挥了非常重要的作用,为当地和全国旅游业创造的附加价值为举国公认。

2. 法国旅游办公室

法国旅游办公室是法国旅游联盟机构的基本组成单位,它是一个行业组织,属于非政府机构,咨询和接待是它的核心功能。在旅游办公室里,旅游者可以索取地图或者介绍册,咨询当地景点名胜以及食宿交通等。从图7-1和图7-2可以清楚地看到法国旅游办公室在法国旅游管理机构中所处的位置，它是和消费者直接接触的机构。所以，可以说它是法国旅游业的一面绚丽旗帜。每个旅游办公室都设有秘书处和接待处，下属员工人数依其星级水平增加而递增。旅游办公室56%的活动经费来自各级政府的补贴，其余来自当地旅游业的赞助、旅游纪念品的销售收入等。虽然近年来旅游联盟有增加商业化的趋势，试图开发新的经济潜力，但为了维护其旅游咨询的权威形象，商业性的活动不是主流。旅游办公室在法国旅游业中发挥了极其重要的作用。研究并借鉴法国旅游办公室管理体制的成功经验，对于推动我国旅游业的可持续发展具有重要意义。

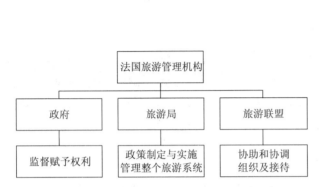

图 7-1　法国旅游管理机构组织架构示意图

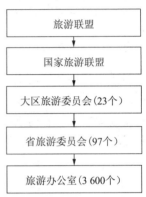

图 7-2　旅游联盟结构示意图

**3. 法国旅游办公室的功能**

法国旅游办公室按所在市镇的大小、开放时间长短、接待人数多少，被分为 1～4 级，国家负责每 5 年审核评定一次级别。好的星级对于一个城市来说是一块非凡的招牌，往往是它所在城市的第一形象大使。全法 3 600 个旅游办公室每年接待的游客超过 1.5 亿人次，其中一半是当地居民。法国也已经以法律形式规定了市政委员会可以部分或全部委托旅游办公室制订和实施当地的旅游政策以及地区性旅游发展计划，尤其是在制定旅游产品、旅游设施的开发和研究、组织节日庆典与艺术活动等方面。同时，旅游办公室在国家旅游联盟的指导下调查旅游者需求、搜集旅游资讯，并利用已有网络，发起相邻或同类地区的特色旅游服务项目。另外，法国国家旅游联盟也制定了严格的质量监督与评估标准。如辖区内旅游景点的指示标志是否清晰、统一；旅游咨询是否全面、准确；服务用语是否到位；电话咨询、邮递服务和外语接待是否令人满意等，为旅游办公室的高品质服务提供了保障。其具体的咨询与接待功能体现在以下几个方面。

**城市介绍**　提供详尽的该城市及周边景点和卫星城的宣传手册。

**当地的活动宣传**　在每年的岁尾贴出本地下一年的大事记，提供各种节日庆典活动的详尽信息。

**住宿信息**　提供市内各级别酒店及景区附近酒店的出租信息。

**娱乐**　提供本市各种各样的娱乐场所的开放时间。

**交通** 主要有到周边城市与旅游景点的短程汽车，同时各大租车公司都会在这里注册登记自己公司运输的时间、路线、费用等，以供游客参考。

**美食** 提供各式各样介绍当地美食的报纸杂志，详细备案了各大菜市场的地址、开放时间、联系人电话以及瓜果蔬禽的种类等，供旅游者咨询参考。

**旅游景点介绍** 包括游览当地大致所需时间及报纸、杂志对相关景点的介绍，免费为旅游者提供精美的双语讲解介绍手册。

**体育运动** 以各种形式为各种年龄各种身份的人组织俱乐部，几乎每个法国人都会是几个俱乐部的成员。

**邮递服务** 将咨询材料邮寄给索取人。

法国旅游办公室管理体制在法国旅游业发展中发挥了积极作用。首先，它作为行业组织，是连接政府和企业的桥梁。面对企业，它协助政府规范企业的行为，贯彻旅游政策、执行相关法律法规，维护旅游业的健康发展；面对政府，它又有权代表企业的利益反映企业的需求，维护企业的合法权益，并提出相关的政策建议。其次，它优化的组织架构不但有利于旅游政策、法规的颁发与执行，有利于调查游客的需求和搜集旅游资讯，而且有利于本地区旅游产品、娱乐设施的开发和研究。再次，其强大的信息咨询功能，使旅游信息的利用率升高。最后，它对外服务和对内管理的标准化与专业化极大地提高了其自身的工作效率。

### （三）德国的旅游立法

在德国，旅游业法律法规不是一个单一的行业法规，其部分条款出自《民法》（如旅游合同中的合同义务）、《物品保管法》（2005年2月6日修改）、《函售合同法》（2005年2月6日修改）等；也有部分单列法规，如《航空法》（2005年1月11日修改）、《饭店法》、《铁路运输法》（2005年1月11日修改）、《公路运输法》（2005年3月21日修改）等。近年德国对部分旅游法规进行修订，融入欧盟一体化进程。

1. 开放式的旅游发展政策

德国采取的是开放式的旅游发展政策，它体现在：一是接纳各国包括各阶层能够接受的旅游文化，如餐馆，不仅采取各种形式提高本国的烹调技术，举办各种大规模的酒会，而且，将其他有特色的烹饪技术引进来，因此，在德国不仅有数量众多的适合各阶层消费的德式餐馆，还有意大利式、西班牙式、土耳其式、中国式、希腊式等各式各样的餐馆；二是外国旅游者在德国的旅行非常简便，很多国家的公民只要旅行期限不超过3个月，可以无须办理签证，外汇可以不受限制地带入和带出。不仅如此，德国还极力在欧洲推行统一的货币制度。1995年12月，欧洲理事会马德里会议终于通过了使用欧元的决议，并于1999年1月1日起在欧盟各国分阶段起用欧元，2002年1月1日欧元取代各国货币，更加方便了旅游业的发展。德国有着自由方便的办理出境旅游政策。按照德国法律规定，一般德国公民只要年满16岁即可申领一本护照，凭此可以免签证到欧盟成员国和其他120多个国家和地区旅游。即使德国旅游贸易出现大幅逆差，德国政府也不限制公民出境旅游。

## 2. 德国饭店法

《德国饭店法》于1970年5月5日制定，1998年11月20日修订，2003年11月25日新修改，总计30条。其一，对饭店进行界定，本法适用范围规定，需要办理营业执照的饭店类型、内容及拒绝发放执照的理由；可随时给需要营业执照的单位和个人发布命令，命令也可用于不需要营业执照的饭店，对注销、代理、临时、回收营业执照等做出具体规定。其二，对出售含酒精的饮料进行严格的限定等。其三，聘用人员的条件、聘用方式的有关规定，符合青年劳动保护法；经营者资格的审定等。其四，遵守本法，提供信息和查阅业务文件，按规定向主管部门报告和接受检查。其五，违规处罚规定和法律诉讼程序。这是一部较为完善的饭店管理单行法，为饭店业的健康发展提供有力的保证。

### （四）西班牙的旅游立法

西班牙享有"世界旅游王国"美誉。西班牙是一个文明古国，文化氛围浓郁，古迹遍布全国各地，有38处文化和自然遗迹已被联合国教科文组织定为人类文化和自然遗产，数量高居世界第二位。1492年，哥伦布发现新大陆以后，西班牙曾因其殖民活动而有过一段辉煌时期，但自从1588年，其神话一般的"无敌舰队"被英国军队击溃，尤其是在后来的年代里，西班牙未能跟上欧洲工业革命的步伐，经济不断衰落，不仅海外殖民地被其他列强分割，经济也停滞不前。直到20世纪60年代前，西班牙仍以农业为主，50%的人口从事农业，农业产值占国民生产总值的一半以上，而且对外采取闭关锁国的政策。西班牙旅游经济发展到今天，关键在于其得力的旅游政策。

第一，西班牙政府从宏观旅游政策入手，制定全面开放的政策，大量引进资金、技术和设备，支持旅游产业。第二，注重旅游基础设施的建设。第三，注重旅游特色项目的开发。西班牙政府充分利用其悠久的历史文化以及不同地区间多样化风格支持各地打造旅游品牌。从20世纪80年代开始，西班牙开始了国家旅游品牌形象的整体营销时期，每个阶段都有一个响亮的口号，如"阳光下的西班牙""生命与激情的西班牙"等。各地区政府根据这一时期的旅游推广方向，结合本地区旅游特色，策划旅游主题和项目，以生活化的西班牙拉近与游客之间的距离。西班牙旅游业发达，是国民经济的重要支柱之一。2013年西班牙入境旅游人数为6 066万人，西班牙旅游业在国内生产总值占比为11%，创造了16%的就业机会。

近年来，西班牙政府在加速发展旅游业的同时，非常重视旅游资源的保护，以保障旅游业的长期可持续发展。为此，西班牙政府采取了立法和教育并重的方式，并取得了良好的效果：1992—1999年，西班牙政府先后制定了两个关于增强西班牙旅游竞争力的框架计划，并于1998年制定了《可持续旅游发展纲要》，出台了《旅游与规划》《旅游与环境管理》《旅游与保护自然空间》《可持续旅游业的培训》等一系列法规，为西班牙的旅游健康发展提供了法律上的保障。

## （五）日本的旅游立法

日本是世界最发达的市场经济国家之一，也是世界最大的旅游客源国之一。在旅游发展过程中，日本制定了许多相应的法律法规，建立了较为完备的法律体系，而且根据需要适时地立法和适时地对实施的法律进行修改，为旅游业的顺利发展起到保驾护航的作用。通过对日本旅游法的分析，希望能为建立我国旅游法律体系，尤其是制定旅游发展的根本大法提供参照。

### 1. 立法的主要内容

旅游法规在日本的旅游发展过程中发挥着重要的作用，其中《旅游基本法》是旅游发展的纲要，自颁布以来已经成为指导日本旅游发展的最主要、最基本的法律。该法1963年出台后经1983年修改一直使用至今。它分为序言、正文和附则三部分，共有5章22条。该法提出要通过加强基础设施建设和整治环境，完善旅游的各种条件，来增强日本旅游的国际竞争力。

日本旅游基本法确定的政策目标是，发展国际旅游并普及正常的国民观光旅游，加强国际友好、发展国民经济、提高国民生活水平和帮助改变日本各个地区之间存在的各种差距。对此，提出国家在实现上述目标方面所要综合采取的对策主要有：①促进外国旅游者的来访和提高对外国旅游者的接待水平；②形成综合的国际旅游区和国际旅游线路；③确保观光旅游的安全并为观光旅游者提供更加便捷的条件；④为家庭旅游及其他正常的国民大众观光旅游提供方便；⑤缓解观光旅游者在某个旅游区的过度集中；⑥在不发达地区从事旅游方面的开发；⑦保护、培育和开发旅游资源；⑧维护旅游区的景观。为了顺利地落实这些对策，法律有专门条款要求地方公共团体在行动上，要求政府在法制方面、财政方面和金融方面协助这些对策的实施；法律还要求政府每年向国会提交旅游状况及政府将要采取旅游对策的相关报告书，并且在听取旅游政策审议会意见的基础上，将希望在下一年采取的措施明确地制作成文件提交国会审议。

对于振兴国际旅游及保护观光旅游者和建设旅游相关设施问题，《旅游基本法》专门辟出两章就国家必须综合采取的对策做了较为具体的规定，强调国家要在促进外国旅游者来访方面加强海外旅游宣传；在提高外国旅游者接待水平方面对住宿设施、餐饮设施、休闲设施、导游设施和其他旅游的相关设施进行整治，并提高翻译、导游、旅游中介组织及其他国际旅游相关事业经营者的服务水平，提高旅游土特产品等的质量以及加强介绍日本的产业、文化和家庭生活情况；在形成综合国际旅游区和国际旅游线路方面根据接待外国旅游者的需要就综合建造机场、港口、铁路、公路、停车场、客轮和其他构成旅游基础设施的问题采取必要的措施。同时，还要求国家采取措施，防止在旅游过程中出现意外事故和经营者的不正当行为；普及旅游的相关知识；对名胜古迹、自然纪念物等文化财产和著名自然风景区、温泉及与产业和文化等有关的旅游资源进行保护、培育和开发；对有碍景观的户外广告等相关规则进行整顿。

法律还规定国家和地方公共团体除了在实施政策方面要相互协调之外，还要整顿行政组织，改善行政机构的运营条件并就整顿旅游团体有关问题采取必要的对策，最后一章进一步就运输省设立旅游政策审议会的问题，以及该审议会的权限、组织、任免和工作性质做出了规定。

除旅游基本法之外，日本的旅游法律还有专项法和相关法，它们的内容涉及日本旅游业发展的各个方面。参照日本的《六法全书》《旅游小六法》《新时代旅游战略》等有关书籍，日本旅游有关的重要法规（包括颁布年代）大致包括以下内容。

(1) 旅游专项法规。如禁止垄断及确保公平交易法（1947）、国际旅游事业资助法（1949）、关于国际旅游业统计调查的规定（1951）、旅行社法（1952）、翻译导游业法（1952）、国际旅游振兴会法（1959）、旅游基本法（1963）、不合理赠品及不合理表示防止法（1972）、促销国际会议法（1994.）、促进外国旅游者访问地区多样化振兴国际旅游法（1997）。

(2) 旅游相关法规。如国立公园法（1931）、温泉法（1948）、文化财产保护法（1950）、森林法（1951）、博物馆法（1951）、自然公园法（1957）、保护古都历史风情特别措施法（1966）、防止水质污染法（1970）、自然保护法（1972）、有效利用地方传统表演艺术等活动振兴旅游和特定地区工商业法（1992）、节庆法（1992）。

(3) 旅游开发相关法规。如公有水面填埋法（1921）、国土综合开发法（1950）、国际旅游温泉文化城市建设法（热海、伊东、别府）（1950）、国际文化旅游城市建设法（京都、奈良）（1950）、农地法（1952）、岛屿振兴法（1953）、防沙法（1955）、海岸法（1956）、城市公园法（1956）、自来水法（1957）、下水道法（1958）、地表滑落防止法（1958）、整修住宅用地管制法（1961）、实施综合修建偏僻地区公共设施的特别措施相关法（1962）、河川法（1964）、山村振兴法（1965）、城市规划法（1968）、防止山体滑坡带来危害的相关法（1969）、不发达地区对策紧急措施法（1970）、修建城市公园等紧急措施法（1972）、国土利用计划法（1974）、利用民间力量促进特定设施建设临时措施法（1986）、综合疗养地区整治法（1987）、搞活不发达地区特别措施法（1990）。

(4) 旅游设施建设经营的相关法规。如食品卫生法（1947）、旅馆业法（1948）、娱乐场所法（1948）、公共浴池法（1948）、色情营业取缔法（1948）、消防法（1948）、国际旅游饭店整顿法（1949）、建筑标准法（1950）、与环境卫生相关的营业标准化法（1957）、建筑物汲取地下水管理法（1962）、旅游设施财团抵押法（1968）、确保建筑物环境卫生相关法（1970）、新国际旅游饭店整顿法（1993）。

(5) 旅游出入境相关法规。如外汇及外贸管理法（1949）、检疫法（1951）、签证法（1951）、关税法（1954）、关税定律法（1968）。

(6) 旅游相关交通法。如航空法（1952）、空港建设法（1956）、海上运输法（1949）、港湾法（1950）、岛屿航道建设法（1952）、铁路营业法（1901）、地方铁路法（1920）、出售一周游折扣车票规则（1955）、公路运输法（1951）、公路法（1952）、高速公路国道法（1957）、国土开发汽车干线建设法（1957）、索道规则（1947）、停车场法（1957）。

2. 日本完善的旅游资源环境保护法律法规体系

日本在旅游法制建设方面已自成体系，早在1963年就制定了《旅游基本法》。在立法活动中，日本注重充分考虑旅游者的重要性，在单项法规和基本法中对旅游者的权利、义务及保护措施都作了比较详尽的规定。第二次世界大战后，为了振兴本国经济，率先提出"观光立国"的口号。半个世纪以来，日本注意结合本国国情并积极吸收外国经验，逐步形成了一套以旅游基本法为基础、以多项旅游专项法为主体、以大量相关法规为补充的相对完整的旅游法规体系。其中与自然公园联系紧密的是旅游资源相关法规体系，如自然公园法、国立公园法等。表7-1是该国旅游资源相关法律的名目与立法时间，从中可窥见其旅游法律法规体系。

表7-1 日本旅游资源环境保护相关法律

| 法律名称 | 立法时间/年 |
| --- | --- |
| 国立公园法 | 1931 |
| 自然公园法 | 1957 |
| 自然环境保全法 | 1972 |
| 森林法 | 1951 |
| 文化财产保护法 | 1950 |
| 博物馆法 | 1951 |
| 关于保护古都历史风情的特别措施法 | 1966 |
| 关于利用地区传统技艺举办庆祝活动振兴旅游用特定地区工商法 | 1992 |
| 节庆法 | 1992 |
| 温泉法 | 1948 |
| 防止水质污染法 | 1970 |

资料来源：根据2002年出版《日本立法》等翻译整理

根据日本国家法律，各都、道、府、县还针对本地区的情况，制定了条例，更具有可操作性，以熊本县为实例说明（见表7-2）。

表7-2 日本旅游资源环境保护相关法律与熊本县区域旅游资源保护相关实施条例对照表

| 国家法律 | 熊本县条例 |
| --- | --- |
| 自然环境保护法 | 熊本县自然环境保护条例 |
| 文化财产保护法 | 文化振兴基本条例、熊本县文化财产保护条例 |
| 户外广告物法 | 熊本县户外广告物条例 |
| 自然公园法 | 熊本县自然保护条例、熊本县都市公园条例、熊本县环境美化条例 |
| 濒临灭绝野生动植物种保护法 | 熊本县稀少野生动植物保护条例 |
| 鸟类保护及狩猎法 | 熊本县景观条例 |

资料来源：根据日本熊本县2000年环境白皮书翻译整理

由表7-2可见，日本旅游资源环境保护法律涉及面比较广泛，各都、道、府、县还制定了地方法规、条例。我国资源环境保护法律涉及面较窄，不够完善，地方法规、条律、条例的制定还刚刚开始，导致执法时难以操作，法律依据不足。

## 二、中国的旅游法律体系

我国目前有两类法律、法规调整旅游社会关系。第一类是通用性的法律、法规，如《中华人民共和国合同法》（以下简称《合同法》）等。尽管这些法律在立法意图上不是专门针对旅游社会关系制定的，但事实上它所提供的法律原则和规定也适用于旅游事业。第二类则是专门性的旅游法律、法规。这种旅游专门立法的原因，是在旅游活动领域存在着某些不同于一般经济或社会关系的特殊的权利义务关系，仅用通用型法律的一般原则和规定，不足以调整这些特殊关系。

改革开放以后，我国旅游业迅猛发展，已经成为国民经济新的增长点，国家和旅游主管部门十分重视对旅游的立法和法制建设，到目前为止，我国已逐步建立起规范的旅游法律体系，涉及六个层次的法律和规章，如图 7-3 所示。

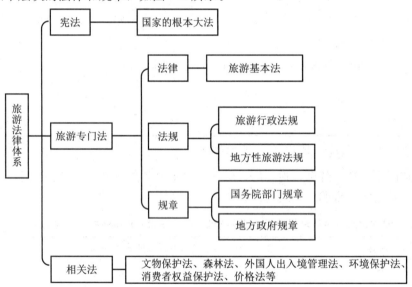

**图 7-3　旅游法律体系**

### （一）国家的大法

党的十一届三中全会以来，我国颁布的涉及市场经济的国家大法很多，如《中华人民共和国合同法》《中华人民共和国消费者权益保护法》等，这些法律对于保障社会主义市场经济的发展起到了极为重要的作用。旅游业是一项综合性的经济行业，上述涉及市场经济的国家大法同样对旅游业的发展起着至关重要的法律保护作用。

## （二）旅游基本法

旅游基本法相当于我国旅游专门法体系中的"宪法"，是各级、各类旅游立法的渊源。旅游基本法对于旅游法律体系的建立和发展具有非常重要的意义，对于我国旅游业的整体发展更是具有规范和指导意义。但自新中国成立以来，我们尚未制定过一部全面、系统的旅游基本法律或单行法律。1982 年国家旅游局（现改为国家文化与旅游部，简称文旅部）曾着手起草旅游法。1988 年七届全国人大常委会将旅游法列入立法规划，1991 年国务院有关部门起草出旅游法草案。2009 年 12 月成立了旅游法起草组。2012 年年底，十一届全国人大常委会第 30 次会议对旅游法草案进行了第二次审议。2013 年 4 月 25 日，十二届全国人大常委会第二次会议表决通过了《中华人民共和国旅游法》（以下简称《旅游法》），并于同年 10 月 1 日生效。这标志着我国将旅游业发展纳入规范化发展轨道。

## （三）旅游行政法规

国务院针对旅游业专门制定了一系列的行政法规。

1985 年 5 月 11 日，国务院颁布了《旅行社管理暂行条例》，这是我国旅游法制史上第一个行政法规。1996 年 10 月 15 日，在对 80 年代出台的《旅行社管理暂行条例》做了较大修改的基础上，国务院发布了《旅行社管理条例》。2001 年 12 月 11 日，第 334 号国务院令公布了《关于修改〈旅行社管理条例〉的决定》。2009 年 2 月 20 日国务院发布了《旅行社条例（以下简称《条例》），自同年 5 月 1 日起施行，原《旅行社管理条例》废止。2009 年 4 月 3 日文旅部发布了《旅行社条例实施细则》，同年 5 月 3 日起施行。为保障旅游者的合法权益，2010 年 11 月国务院审议通过了《旅行社责任保险管理办法》，自 2011 年 2 月 1 日起施行。

1987 年 11 月 30 日，经国务院批准，国家旅游局发布了《导游人员管理暂行规定》，该法为我国导游队伍的建设和健康发展提供了法律依据。为了规范导游活动，保障旅游者和导游人员的合法权益，1999 年 5 月 14 日，国务院在修订《导游人员管理暂行规定》的基础上，发布了《导游人员管理条例》。该条例详细规定了导游人员从业期间的法律规定。2001 年 12 月国家旅游局发布了《导游人员管理实施办法》，该法规定旅游行政管理部门对导游人员实行分级管理、资格考试制度和等级考核制度、计分管理制度和年度审核制度，同时还规定，导游人员每年必须接受培训。2016 年，国家旅游局废止了《导游人员管理实施办法》（2001 年），取消了导游计分、导游年审、导游人员资格证 3 年有效等不适应改革发展需要的制度，确立了导游资格证终身有效、导游证全国统考、全国通用的原则。2017 年 10 月为规范导游执业行为，提升导游服务质量，保障导游合法权益，促进导游行业健康发展，国家旅游局审议通过了《导游管理办法》。

1997 年 7 月 1 日，国家旅游局、公安部经国务院批复，联合发布了《中国公民自费出国旅游管理暂行办法》，这部旅游行政法规标志着我国公民自费出国旅游的开始。2001 年 12

月12日,国务院通过了《中国公民出国旅游管理办法》,并于2002年7月1日起实施,同时废止《中国公民自费出国旅游管理暂行办法》,《中国公民出国旅游管理办法》对旅行社组织中国公民出国旅游活动,保障出国旅游者和出国旅游经营者的合法权益做出了具体的规定。2010年9月13日,《最高人民法院关于审理旅游纠纷案件适用法律若干问题的规定》发布,对解决旅游者和旅游经营者之间的民事纠纷具有十分重要的指导意义。2012年,历经30年酝酿和3次审议的《中华人民共和国旅游法》(简称《旅游法》)最终通过立法,并于2013年10月1日在全国正式实施。这标志着我国将旅游业发展纳入规范化发展轨道。

我国旅游相关政策不断完善,旅游行业持续健康发展(见表7-3)。

表7-3 我国旅游相关政策、法规汇总(2009—2017)

| 发布时间 | 发布单位 | 政策名称 |
| --- | --- | --- |
| 2009年12月 | 国务院 | 《国务院关于加快发展旅游业的意见》 |
| 2012年2月 | 银监会 | 《关于金融支持旅游业加快发展的若干意见》 |
| 2012年7月 | 国家旅游局 | 《关于鼓励和引导民间资本投资旅游业的实施意见》 |
| 2013年2月 | 国务院 | 《国民旅游休闲纲要(2013—2020年)》 |
| 2013年10月 | 全国人民代表大会常务委员会 | 《中华人民共和国旅游法》 |
| 2014年8月 | 国务院 | 《关于促进旅游业改革发展的若干意见》 |
| 2015年7月 | 国务院 | 《关于进一步促进旅游投资和消费的若干意见》 |
| 2016年4月 | 国家旅游局 | 《全国旅游标准化发展规划(2016—2020年)》 |
| 2016年6月 | 国务院 | 《关于印发全民健身计划(2016—2020年)的通知》 |
| 2016年9月 | 国家旅游局 | 《旅游安全管理办法》 |
| 2016年10月 | 国家旅游局 | 《关于组织开展整治"不合理低价游"专项行动的通知》 |
| 2016年11月 | 旅游局、发改委等11部门 | 《关于促进自驾车旅居车旅游发展的若干意见》 |
| 2016年11月 | 旅游局、发改委等11部门 | 《关于推进中小学生研学旅行的意见》 |
| 2016年10月 | 国务院办公厅 | 《关于加快发展健身休闲产业的指导意见》 |
| 2016年11月 | 国务院 | 《关于进一步扩大旅游文化体育健康养老教育培训等领域消费的意见》 |

续表

| 时间 | 发布机构 | 文件名称 |
|---|---|---|
| 2016年12月 | 国务院 | 《关于印发"十三五"旅游业发展规划的通知》 |
| 2017年2月 | 国务院 | 《中共中央、国务院关于深入推进农业供给侧结构性改革加快培育农业农村发展新动能的若干意见》 |
| 2017年6月 | 国家旅游局 | 《全域旅游示范区创建工作导则》 |
| 2017年8月 | 国家旅游局 | 《旅游经营者处理投诉规范》《文化主题旅游饭店基本要求与评价》《旅游民宿基本要求与评价》《精品旅游饭店》等4项行业标准 |
| 2017年9月 | 国家旅游局 | 《关于规范旅行社经营行为维护游客合法权益的通知》 |
| 2017年11月 | 国家旅游局 | 《全国旅游厕所建设管理新三年行动计划（2018—2020）》 |
| 2017年11月 | 国家旅游局 | 《景区游客高峰时段应对规范》《旅行社在线经营与服务规范》《温泉旅游企业星级划分与评定》《温泉旅游泉质等级划分》等4项行业标准 |
| 2017年12月 | 国家旅游局 | 《国家工业旅游示范基地规范与评价》 |
| 2017年12月 | 发改委等四部门 | 《关于规范推进特色小镇和特色小城镇建设的若干意见》 |

资料来源：中商产业研究院

### （四）地方性旅游法规

改革开放以来，我国各地的党委、政府、人大都很重视旅游业的发展。有的地方旅游业已成为当地的龙头产业。然而，随着旅游业的快速发展，旅游市场关系日趋复杂，许多不尽如人意的问题不断出现，旅游者合法权益得不到有效保护，严重影响了地方旅游业的发展。各地方人大、政府对旅游立法工作高度重视，到2002年底全国已有27个省、自治区、直辖市出台了旅游管理条例。这些地方管理条例，一般都对本地旅游资源的开发和保护、旅游经营和管理、旅游者的权利和义务、旅游主管部门的职能等做了明确规定，同时还有对违反条例的有关行为给予具体处罚的规定。这些条例的制定和颁布，使得地方各级旅游部门和旅游经营单位依法治旅、守法经营的意识大大增强。同时，地方性旅游法规的出台，也使全国性的旅游法规有了更加坚实的基础。

## （五）旅游行政规章

旅游行政规章包括国务院部门规章和地方政府规章。国务院部门规章是由国务院所属部门制定并颁布的规范性文件，如国家旅游局制定并颁布的《旅行社条例实施细则》《导游人员管理实施办法》《导游员职业等级标准》《旅游安全管理办法》《旅行社质量保证金赔偿办法》《旅游星级饭店评定规定》等。地方政府规章是省、自治区、直辖市人民政府制定并颁布的、在本行政区域内有效的规范性文件，如四川省人民政府颁布的《四川省旅游景区景点讲解人员管理办法》等。

## （六）其他部门的相关法律、法规

旅游业的发展离不开相关行业的协调与配合，这些相关部门的法律、法规也是我国旅游立法体系中的一部分。它们都在不同程度上对旅游社会关系起到了调整作用。

在旅游资源方面主要有《中华人民共和国文物保护法》《风景名胜区管理暂行条例》《中华人民共和国自然保护区条例》《中华人民共和国森林法》《中华人民共和国环境保护法》等；在出入境方面主要有《中华人民共和国公民出入境管理法》及其实施细则、《中华人民共和国外国人出入境管理法》及其实施细则、《中华人民共和国海关法》等。在旅游经营和旅游者合法权益保护方面主要有《中华人民共和国反不正当竞争法》《中华人民共和国消费者权益保护法》《中华人民共和国价格法》等。

本章通过讨论旅游行政组织与行业组织的设立条件及其基本功能，分析了当今世界上旅游组织的基本状况，以此为线索介绍了中国的旅游组织及其功能，使学生对旅游组织的组织机构、事务范围、职责功能有一个初步的了解。同时也介绍了世界上有名的综合性的国际旅游组织、学术性的国际旅游组织和行业性的或业务性的国际旅游组织，以便学生在有需要时能够有机会接触有关的旅游组织。最后还介绍了世界上部分发达国家的旅游立法概况，并例举了与我国旅游相关的法律规定。

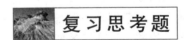

1. 简述国家旅游组织的功能。
2. 试阐述我国国家旅游局的重要地位和作用。
3. 比较政府间与非政府间旅游组织的差别。

4. 解释下列概念：世界旅游组织、太平洋亚洲旅游协会。
5. 国家和地方旅游行政管理部门的职责有哪些？
6. 专业性国际旅游组织对国际旅游发展有何意义？
7. 美国旅行游览发展公司在美国旅游业发展中充当怎样的角色？
8. 法国旅游办公室的功能是什么？
9. 案例分析：

<h3 style="text-align:center">36位湖南人大代表呼吁制定《旅游法》</h3>

由全国人大代表叶文智提议，36位在湘全国人大代表联名向十一届全国人大二次会议提交议案，呼吁制定《中华人民共和国旅游法》（以下简称《旅游法》），促进旅游业的发展。湖南代表提交的议案中称，旅游业是综合性强、关联度高、涉及面广的产业，包括吃、住、行、游、购、娱等诸多要素，而当前，各种旅游要素资源管理分散在各个行业主管部门之中，各部门管理职权的交叉，导致旅游行政执法难度很大，旅游者和旅游经营者的合法权益得不到保障。

湖南代表叶文智、黄志明、文花枝等表示，旅游立法工作严重滞后于旅游产业的发展，滞后于《服务贸易总协议》的要求。现有的三部旅游行政法规及部门规章早已不能适应旅游产业发展的需要，急需通过制定专门的《旅游法》，理顺旅游运行中的各种法律关系和责任，规范旅游市场。

问题：分析我国制定《旅游法》的必要性和可行性。

# 第八章
# 旅游效应

**本章要点**

熟悉旅游及旅游业的发展对旅游目的地经济、社会、文化以及环境等方面影响的基本表现；

了解旅游业在经济、文化以及环境等方面影响产生的基本原因及决定其程度大小的条件；

掌握控制旅游带来的消极影响的措施。

# 第一节　旅游的经济效应

现代旅游既是一种高层次的精神文化享受，又是一种高消费的经济行为。旅游者的移动成为一种中介体，建立起了旅游目的地与客源地之间的联系，引起了两地一系列的变化。既有经济的变化，也有社会文化的变化。这是旅游活动的特殊性所带来的必然结果。这些变化既有积极的也有消极的结果。认识旅游活动对社会带来的积极影响和消极影响，可以更深入地认识到旅游活动的本质，也可以指导旅游开发、经营、管理行为更加科学化。

## 一、旅游业的经济地位

### （一）旅游业是世界经济领域发展最快的产业之一

旅游业逐渐发展成为全球最大的新兴产业之一。特别是 20 世纪 60 年代以来，旅游业以持续高于世界经济增长的速度快速发展，逐渐发展成为全球最大的新兴产业，国际旅游界人士认为，旅游业甚至已经超过石油和汽车工业，成为世界第一大产业。

### （二）我国旅游业的产业形象日益鲜明

随着服务领域的开放，我国旅游业得到了快速发展，取得了令人瞩目的成就。产业规模不断扩大，产业形象日益鲜明，产业效益年年提高。

1986 年，国家"七五"计划正式将旅游业纳入国民经济社会发展规划。

### （三）经济新增长点的选择与旅游业的产业定位

1. 国民经济新增长点的选择与确定

不同历史时期，由于经济、社会发展水平不一，消费需求和特点不同，必然会有某些产业发展较快，成为带动整个国民经济发展的增长点。经济新增长点的选择与确定，一般应遵循以下五个基本原则：一是要符合转变经济增长方式的要求，有利于经济增长的集约化；二是市场需求量大，有利于增加有效供给；三是产业关联度高，有利于带动相关产业的发展和结构升级；四是国际竞争力强，有利于扩大出口创汇；五是投资回收快，有利于形成经济的良性循环。这五个原则也是新的经济增长点最基本的特征。旅游业的发展，完全符合选择和确定经济新增长点的这五个原则，在推动国民经济结构调整上，具有其他行业不可替代的优势。

（1）市场前景广阔。我国旅游业经过 40 年的大发展，在国际市场已具有相当的地位和竞争优势；国内旅游消费的现实需求性强，有很大的市场基础，能够增加和刺激最终消费。

（2）关联带动功能强。能直接或间接地带动相关产业发展（特别是与旅游业关系密切的外贸、民航、建筑业受影响更大），促进经济和社会的繁荣。

（3）创汇能力强，消耗能源少。

（4）吸纳就业量大，有利于缓解就业压力。

（5）具有较高的经济效益。旅游业是国民经济各产业中经济效益比较好的产业之一。其良好的经济效益，不仅为国民经济和社会发展提供积累，而且形成一种示范效应，推动相关产业发展。

（6）旅游资源的独特性和不可替代性，可以使我国资源得到合理、有效使用，促进可持续发展。

由此可见，旅游业列为国民经济新增长点，既是我国现阶段社会经济发展的新要求，又是旅游产业优势所决定的。发展旅游业，不仅与扩大对外开放的目标一致，又与扩大内需的战略相一致；既有利于促进我国产业结构的完善和优化，又有利于解决当前经济社会发展中的重点难点问题，推动区域经济的发展。

2. 旅游业产业定位与大旅游格局的初步形成

当前，我国各项改革措施顺利推进，扩大内需政策的效应正在凸现，尤其是国家投入大量资金加强基础设施建设，为我国旅游业特别是中西部地区旅游业发展提供了良好条件。一大批参与和将要参与中国优秀旅游城市创建的城市，它们在经济结构调整中都转向加强发展旅游业；各重点旅游城市还把旅游这一综合性产业的发展与城市国际化、现代化发展相结合，抓综合环境治理，抓产业素质提高，普遍收到良好的成效。1996 年起国家旅游局推出的"大产业、大市场、大旅游"的发展格局已具雏形，各级旅游部门都自觉地把工作立足点调整到推动社会各方面共同发展旅游业上来，从而初步形成了大旅游格局。尽管各地旅游业对当地国民经济的作用程度还参差不齐，但旅游业已成为国民经济中发展速度快、资源消耗少、投资回报高、生机活力强的优势产业和经济新增长点已不容置疑。2018 年，旅游产业运行较为景气。从分行业景气指数来看，旅游景区、旅游饭店和旅游新业态明显好于旅游集团和传统旅行社。从产业要素和发展动能来看，从业人员、固定资产投资仍然保持增长趋势（见图 8-1）。

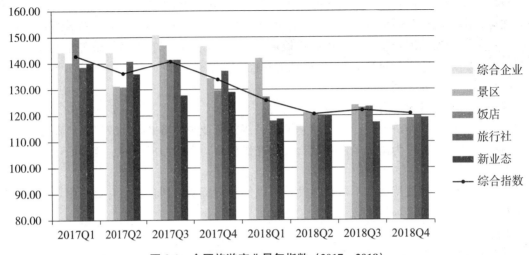

图 8-1　全国旅游产业景气指数（2017—2018）

资料来源：中国旅游研究院

## 二、旅游经济效应

### （一）对经济发展的积极影响

1. 增加外汇收入，平衡国际收支

对于发展中国家来说，赚取外汇收入主要有两条途径：一是对外贸易的外汇收入，二是非贸易外汇收入亦称无形贸易外汇收入。前者指物质商品出口所带来的外汇收入，后者指国际有关保险、运输、旅游、利息、居民汇款、外交人员费用等方面带来的外汇收入。所以，在创汇的意义上，接待国际入境旅游同海外出口商品没有什么区别，因而接待外国入境旅游也是一种出口，通常称之为旅游出口。同传统的商品出口所不同的是，在旅游出口中，旅游者与支付款项的流动方向是相同的。

（1）换汇率高。旅游出口是一种无形贸易，是一种"不出口的出口"，旅游地在国内提供劳务服务就可以赚取外汇，旅游者必须到旅游产品的生产地点进行消费，所以可以节省商品外贸过程中所必不可少的运输费用、仓储费用、保险费用、有关税金等各项开支以及与外贸进口有关的各种繁杂手续。旅游出口不存在外贸出口商品运输过程中的损耗问题，并且国际旅游者须按照我国现行人民币汇率兑换外币，按照我国旅游企业公布的产品价格消费，因此换汇成本较低。旅游景观产品出售的仅是观赏权而不是所有权，可重复多次出售，永续利用，重复创汇。

（2）结算快。旅游出口中，买卖双方一般采用预付或现付的方式结算，有利于旅游接待国的资金周转和安全。外贸商品出口从发货到结算支付往往要间隔很长时间，有的甚至会长达好几年；而在旅游出口中，买方往往要采用预付或现付的方式结算，于是卖方即接待国能立即得到外汇。显而易见，同一数量的外汇收入，迟到与早到的意义不大相同。它们之间不但有利息差额问题，在接待国急需外汇的情况下尽早结算还可使得外汇发挥更大的效用。

（3）免受进口国关税壁垒的影响。旅游出口方面，通常不存在客源国实行类似的关税壁垒问题。例如，1998年受亚洲金融风暴的影响，东南亚的一些国家对居民出国旅游进行了一定程度的限制。

所以，通过发展旅游业来帮助国家赚取外汇，对于支援国际贸易、弥补贸易逆差和平衡国际收支来说，乃是一种理想的方法。

### 2. 有助于货币回笼

商品回笼（商品出售）、服务回笼（服务赚钱）、财政回笼（税收）、信用回笼（信贷）是国家回笼货币的四大渠道。任何市场经济国家都必须有计划地投放货币和回笼货币，从而使整个社会经济得以正常运行。货币的投放量和回笼量大致应有一定的比例，即货币投放于社会之后，必须有一定数量的回笼。回笼货币的方法一是要向市场投入相应数量的物质商品，二是供应服务性消费品。在国家的物质商品生产能力有限、一时难以扩大国家的物质商品投放量的情况下，转移人们的购买取向、鼓励人们多消费服务性产品，例如旅游和娱乐，则成为必要的货币回笼渠道。在这个意义上，通过发展国内旅游业来促进货币回笼，不仅可以起到稳定货币流通量和商品供应量之比例的作用，同时也是稳定物价的一种手段。

### 3. 增加目的地的经济收入

国际和国内旅游的发展都可以使旅游目的地经济收入增加。对于国内旅游，由于我们站在国家的高度来讨论，虽然它不能造成国家财富总量增加，但能调节地区购买能力；对于国际旅游，入境旅游者的消费是一种外来的经济"注入"。

### 4. 帮助相关行业的发展

根本原因：旅游业的综合性，支持旅游消费的多元化。表现形式：带动相关行业发展，促进招商引资，促进城镇化建设。最终结果：优化经济结构。

### 5. 增加政府税收

国家的旅游税收目前主要来自两个方面：一是从国际旅游者获取的税收，主要包括入境签证费、出入境时交付的商品海关税、机场税和执照税等；二是来自旅游业的各有关营业部门，包括各旅游企业的营业税和所得税等。另外因为旅游业的发展，相关部门也在发展，从而扩大税源。

国家的旅游税收目前主要来自两个方面：①从国际旅游者获取的税收；②来自旅游业的各有关营业部门。

### 6. 平衡地区经济发展，缩小地区差异

国际旅游可将客源国的物质财富转移到接待国，在某种程度上起着对世界财富进行再分配的作用，国内旅游则可把国内财富从一个地区转移到另一个地区，起到将国内财富在有关地区间进行再分配的作用。2017年，旅游业为全球GDP做出了10.4%的贡献，提供了

3.13亿个工作岗位，占总工作数量的9.9%。

7. 扩大就业机会

世界旅游业理事会（WTTC）的研究报告显示，2016年旅游业带来了7.6万亿美元的经济贡献和2.92亿个就业岗位，相当于世界GDP的10.2%，就业岗位的1/10。2016年新增就业岗位中，每10个就有1个来自旅游业。2017年，该行业为全球GDP做出了10.4%的贡献，提供了3.13亿个工作岗位，占总工作数量的9.9%。到2027年，旅游业将支撑超过3.8亿个工作岗位，为新就业市场贡献23%的岗位。

与其他行业相比，旅游业在提供就业方面的优势如下。

（1）旅游业属于劳动密集型行业，因而需要大量的劳动力。世界各地区经验显示整个旅游业的直接就业人数同当地饭店客房数的比例为3∶1。

（2）旅游业中就业的另一特点是就业岗位层次众多，特别是很多工作并不需要很高的技术，所以可为广大的家庭妇女和尚不具备技术专长的青年提供就业机会。旅游业这种对低技能劳动力的大量吸纳的特点，同我国目前教育不发达的情况相适应，在解决我国社会大量富余劳动力就业方面作用巨大。当然，这并不是说旅游业就业不需要知识和技能。为了保证旅游产品的质量，也需要对从业人员进行适当的教育和训练。但是同技术程度要求较高的制造业就业相比，上述人员只需要接受短时间的培训便可胜任工作。

## （二）旅游的消极经济效应

虽然旅游业的发展对国民经济有很大的促进作用，但是如果旅游接待国（或地区）不是量力而行，而是片面强调发展旅游经济，那么则会扩大发展旅游业所可能带来的副作用，甚至会得不偿失。这种情况可以用旅游乘数效应直观表示出来。

1. 游客大量拥入有可能引起物价上涨

一般地，外来旅游者的收入水平较高或者他们为了旅游而长期积蓄的缘故，所以旅游者的消费能力高于旅游目的地的居民。从供求关系看，旅游者的涌入，大大增加了需求的总量，引起目的地商品价格上扬。此外，随着旅游业的发展，地价也会迅速上升。事实证明，在不成熟旅游地兴建旅馆对土地的投资只占全部投资的1%。但是旅游业发展起来之后，兴建旅馆地皮投资很快上升到全部投资的20%。由此而造成的地价上涨，影响当地的住房建设与发展。这势必损害当地居民的社会经济利益。

2. 有可能影响产业结构发生不利变化

例如以农业为主的地区，发展旅游业后，个人从事旅游服务收入高于务农收入，因此常使得大量的劳动力弃田从事旅游业。这种产业结构不正常变化的结果是，旅游业的发展扩大了对农副产品的需求，然而农副产品产出能力却下降。当地居民失去了赖以生存的基本生产方式，一旦危机袭来，就会产生社会问题，还可能会影响到社会的安定。

3. 过重依赖旅游业会影响国民经济的稳定

（1）旅游活动有季节性。旅游业的季节性波动加大了供需之间的矛盾，导致劳动力闲置，当地物质剩余而大降价，进而导致居民收入减少。虽然需求方面的这种季节性波动有时可通过旅游业的营销努力减小，但毕竟不可能完全消除。所以淡季时不可避免地会出现劳动力和生产资料闲置或严重的失业问题，从而会给接待国或地区带来严重的经济问题和社会问题。

（2）旅游活动受制于市场。旅游需求在很大程度上取决于客源地居民的收入水平、闲暇时间和有关旅游的流行时尚，而这些都是旅游区不能控制的。如果客源地出现经济不景气，客源地居民对旅游的需求势必会下降。另外，一旦客源地居民对某些旅游地的兴趣爱好发生转移，会直接影响旅游地的市场。从长远来看，这些问题都难免发生。

（3）敏感的产业。从供给一方来看，它是敏感型产业——政治、经济、社会等诸多因素都会引起旅游业的强烈波动。一旦这些因素发生不利变化，也会使旅游需求大幅度下降，旅游业乃至整个经济都会严重受挫，造成严重的社会和经济问题。

上述可能性的存在只是从国家或地区安全的角度说明了旅游业的发展要加强宏观调控和总体规划的必要性。我国是社会主义市场经济国家，我国旅游业的发展也必须体现这一特点，对于应当开发和优先开发的地区应大力支持和扶植，对于不宜发展旅游业的地区则应加以限制。

## 第二节　旅游的社会文化效应

现代旅游业的蓬勃发展，对各旅游目的地乃至世界经济产生了巨大的影响，而且对旅游目的地乃至全人类的社会文化也具有不可忽视的影响。大群外来人口在接待地之间流动，在与当地主人的接触中产生了一系列交流活动和复杂的人际关系。这些活动和关系对客人和主人两方面都将产生影响。然而由于客人在接待地活动的时间短暂而分散，对外来旅游者个人和其所属社会产生的影响远不如接待地居民和社会所受影响那样集中和深刻。旅游活动的开展之所以会对社会文化具有影响作用，主要原因如下。

其一，旅游活动是一种以不同地域、不同民族、不同社会以及具有不同文化传统的人群之间的相互接触为其根本特征的活动。接触和了解异域社会和文化既是某些旅游者外出旅游的重要动机，也是所有旅游者访问异国他乡的客观结果。与此同时，旅游者在旅游目的地的活动过程中，由于同当地居民的直接和间接交往接触的存在，也会以其有意和无意的"示范"行为影响当地居民。

其二，现代旅游活动发展的规模之大，已使其成为重要的社会现象。虽然就单个旅游者而言，同旅游目的地居民之间的接触是短暂的，似乎不足以对当地的社会和文化产生实质性的影响，但是随着成千上万的旅游者的不断来访，旅游者与当地居民之间的个体接触便会演化成为群体性的社会接触，其规模之大、历时之久，使得旅游活动的开展对社会文化产生了重要的影响。

旅游活动带来的社会接触和文化交流对旅游者和目的地社会文化的影响既有其积极的一面，也有其消极的一面。

## 一、旅游的积极社会文化效应

### （一）有助于提高民族素质

这一点主要是针对国内旅游而言的。其一，旅游活动具有促进人们身体健康的作用。在现代社会中，都市的公害、紧张的工作和生活节奏迫使人们更加向往能够经常地适时地改变一下生活环境，回到安谧、优美的大自然中去，这也是大众旅游的重要动机之一。其二，旅游活动的开展有助于突破惯常环境对思维的束缚，使人们开阔眼界、增长知识。正因为如此，人们才有了"行万里路，读万卷书"的经验总结。其三，在自然美景和人文历史和艺术中去获得审美享受，提高审美鉴赏能力，获得极大的精神享受。其四，旅游的开展有助于培养人们的爱国主义情感。无论是在国内旅游时亲眼目睹的各地的自然名胜、历史文化和建设成就都会激发和增强人们的民族自尊心和自豪感，从而会加深人们对自己祖国的热爱。

### （二）有助于增进国际的相互了解

由于旅游是不同国度、不同民族、不同信仰以及不同生活方式的人们之间直接交往，有助于增进不同国家人民之间的相互了解，增强国际的和平友好关系。所以国际旅游有缓和国际关系、促进人类和平共处的作用。旅游是大众化文化传播的重要形式。它为异质文化的融合提供了机缘。旅游者是文化传播的主要导体。实际上，只要人们通过旅游交往，彼此能更好地相互理解，人类整体和世界大同的观念便会随之加深。此外，旅游也是接待国树立国家形象的有效手段。所以，国际旅游的开展在这些方面所起的作用比传统的外交手段要有效得多。

### （三）有助于促进民族文化的保护和发展

民族文化是一个国家或地区的重要旅游资源。随着旅游业的发展和接待外来旅游者的需要，当地一些原先几乎被人们遗忘了的传统习俗和文化活动重又得到开发和恢复；传统的手工艺品因市场需要的扩大重又得到发展；传统的音乐、舞蹈、戏剧等重又受到重视和发掘；长期濒临湮灭的历史建筑重又得到维护和管理，等等。所有这些原先几乎被抛弃的文化遗产不仅随着旅游的开发而获得了新生，而且成为其他旅游接待国或地区所没有的独特文化资源。它们不仅受到旅游者的欢迎，而且使当地人民对自己的文化增添了新的自豪感。旅游需要民族文化。具有个性特征的民族文化构成了旅游吸引物；旅游促进了不同民族文化的融合。旅游促进了民族文化的保护与发展。

### （四）有助于推动科学技术的交流和发展

旅游是科学研究和技术传播与交流的重要手段。在旅游发展的各个阶段，都曾有人以科学考察为主要目的，这也起到了传播和交流知识与技术的作用。现代商务旅游、会展旅游都使得交流的广度和深度不断获得新的发展。此外，旅游在发展过程中也不断对科学技术提出新的要求，尤其是在交通运输工具、通信以及旅游服务设施和设备方面，要求更加快速、便利、舒适和安全，从而推动了有关领域科学技术的发展。

### （五）有助于促进社会环境的改善

为了适应旅游业的发展需要，旅游接待地区的基础设施会得以改进，生活服务设施和其他方便旅游者的设施也会有所增加。虽然这一切都始自发展旅游业的需要，但在客观上也改善了当地居民的生活环境，方便了当地人民的生活。

### （六）促进世界的和平与发展

世界旅游组织从其成立的第一天起，就把推动和发展旅游，促进各国经济发展和繁荣，增进国际的相互了解，维护世界和平，作为该组织的宗旨和奋斗目标。

为了引起世界各国对旅游的关注和重视，促进各国政府和人民通过旅游加强彼此间的和平交往与发展，1979年9月世界旅游组织第三次代表大会做出决定：从1980年起，每年的9月27日定为"世界旅游日"，这是全世界旅游者和旅游工作者的节日；世界旅游组织的每个成员国都要在这一天举行纪念活动，并由世界旅游组织秘书长，为每年世界旅游日选择一个主题口号，以突出宣传旅游在当代社会中的地位与作用，促进世界旅游业的发展。从历年的世界旅游日口号中，可以看出世界旅游业发展的轨迹及其在促进世界和平与发展中所起的作用，也从一个侧面反映了旅游业的功能。

## 二、旅游的消极社会文化效应

### （一）不良的"示范效应"

随着旅游活动的开展，外来旅游者会将自己的生活方式和价值观念带到旅游目的地。这些东西在无形中传播和渗透，对旅游目的地产生"示范效应"。在"示范效应"传播路径中，社区居民对旅游者的影响较弱，旅游者对社区居民的影响较强。因为旅游者接触旅游地具有时间短、范围窄的特点。"示范效应"的表现如下。

1. 泥沙俱下，良莠不分

当地居民，尤其是青少年，在生活方式上盲目地模仿外来的旅游者，尤其是发达国家、发达地区的旅游者，逐渐在思想和行为上发生消极变化。他们开始对自己的传统生活方式感到不满，先是在装束打扮和娱乐方式上消极模仿，继而发展成有意识地追求，从而使赌博、卖淫、投机诈骗、贪污受贿、走私贩私等犯罪和不良社会现象增多，影响社会秩序的安定。

2. 喜新厌旧，崇洋媚外

在发展中国家，旧时代"洋人"、富人的特权、种族优越的遗毒仍未完全灭绝。受旅游者"奢侈"生活方式的诱导，使得在有些人看来，西方旅游者乃是发达资本主义国家经济财富力量的活象征，是资本主义成功的物质证明，从而过高地评价西方资本主义的同时，贬低自己本国社会，认为外国的一切都好，自己国家的一切都不如外国。外国文化的入侵，也会冲淡当地文化的特色，损耗其文化价值和民族特色，进而使其失去旅游吸引力——传统朴实的乡风民俗被不正当地商业化，逐步失去了传统的意义和价值。

## （二）干扰目的地居民的生活

任何旅游目的地的承载能力都是有限的。随着外来旅游者的大量拥入和旅游者密度的增大，当地居民的生活空间相对缩小，因而会干扰当地居民的正常生活，侵害当地居民的利益。更为严重的是，有些地区出现了一些愿意支付高额地价和赋税的外来定居者，而曾长期生活在那里的人们被迫离家而去。这种情况发展到一定程度时，当地居民对外来者的态度会由欢迎转变成怨恨。旅游者追求特殊经历和社区居民追求利润的矛盾会造成旅游者与当地居民之间的人际关系紧张。在当地物质供应能力有限的情况下，往往把质量上乘的旅游消费品有限供应给肯出高价的旅游者，水电供应亦有限保证旅游者的需要。这种直接同当地居民争夺有限数量资源的情况，加之某些旅游者不尊重民族禁忌，难免会激发当地居民的怨恨，甚至产生了对旅游者的抵制。

由于旅游者对奇异文化的癖好或珍爱，而旅游的发展必须建立在满足旅游者需要的基础上，旅游目的地的文化要素才被不断挖掘出来，并经过整理和加工，最后呈现在旅游者面前。这样，旅游者才能看到土著居民表演的舞蹈，才能在民俗文化村中看到地方民族习俗活动等。这便是所谓的旅游所促成的文化复兴现象。实际上，这些活动构成了文化的另一种形态，即旅游表演艺术。

旅游表演艺术与纯粹的旅游体验文化有着一定的区别和联系。可以说，旅游表演艺术是由旅游目的地居民、旅游者的旅游活动所营造的一种新型文化形态，而本土原始文化仅存在于相对封闭的社会或社区生活当中，常常是旅游表演艺术的构成基础。换言之，一旦该社会或社区敞开大门面向外部世界，一旦该社会或社区将接待旅游者、兴办中国旅游业作为发展的途径，其本土原始文化的演变速度就会加快，并有可能最终逐渐演化成为一种旅游表演艺术，这是一种源于本土原始文化而又接纳了大量外来文化的新型文化形态。在这种旅游表演艺术中，商业化的文化活动自然成为文化的重要组成部分，甚至成为主题。例如，某些土著居民出于经济目的而为旅游者提供的舞蹈或仪式性表演，在很多方面已经不具有其原始的意义。因此，这种表演与普通剧团的演出活动已经没有本质的差异，因为仪式本身的某些性质已经与表演相剥离。

严格地说，在拥有独特的民族原始文化的地方，因旅游而发展起来的旅游表演艺术已经不可能重塑本土原始文化的形骸和精神，因为本土原始文化是历史的、社会的，是与环境相依存的。当真实的文化与这种舞台化的文化艺术同时存在时，那种专门呈现给旅游者的文化表演很可能已经割断了连接本土原始文化与其所依托的社会、历史和环境这个母体间的脐带。因此，它虽然在形式上可以愉悦旅游者，但它的内核则注定是僵死的东西，成为真实文化的虚假的面具，仅仅具有商业的价值，供人们尤其是旅游者在闲暇中把玩娱乐。

### （三）当地文化被不正当地商品化

传统的民间习俗和庆典活动都是在传统特定的时间、特定的地点，按照传统规定的内容、程式和方式举行的。但是，很多这类活动随着旅游业的开展逐渐被商业化，为了接待旅游者，它们随时都会被搬上"舞台"，改变了时间、地点、程式、方式、内容。这些传统活动虽然被保留下来，但在很大程度上已失去了其传统的意义和价值。此外，为了满足旅游者对纪念品的需要，当地大量生产工艺品，很多粗制滥造的产品充斥于市，这些产品实际上已不能表现传统的风格和制造技艺，使得当地文化的形象和价值受到损害和贬低。

## 三、正确认识旅游的社会文化效应

### （一）旅游的文化影响是自然而有限的

旅游活动对目的地社会文化的影响是自然而有限的。开展国际旅游的国家，给旅游者留下的印象并非是自己期望宣传的形象。如果要实现这一点，很大程度上要取决于国际旅游者在接待国旅游期间是否实现了自己预期的愿望，取决于他们是否通过旅游产生或加深了对接待国的好感。如果他们在旅游期间没有获得预期的满意，甚至发生不愉快的经历，那么他们带回本国的非但不是对接待国的好感，甚至是牢骚、怨恨和批评。

同样，外出旅游也未必都能获得理论上预见的效果——陶冶情操和增长知识。早在18世纪时，亚当·斯密在观察了当时欧洲青年学生的修学"大旅游"（grand tour）之后便曾指出："人们通常认为，这些年轻人通过旅游，回来以后会有很大的长进。"实际上，这种"大旅游"的结果是令人失望的。"虽然在这些年轻人的旅行过程中，他们通常都会学到一两门外语知识，但其掌握程度之肤浅使他们很少有能力正确地用来谈话或写作。"世界旅游组织对青年旅游的研究也曾指出，虽然青年旅游行为是一种教育手段，可以起到开阔眼界、增长知识、了解世界、培养和增强个人习惯和社会习惯的作用，但在现实生活中，如果计划不周或采取的形式有误，青年旅游同样可能导致产生反面的教育结果。所以，青年旅游能否产生积极的效果在很大程度上取决于外出旅游的主旨和具体的旅游方式。用此比照我国的一些"素质教育旅游""革命传统教育旅游"等旅游形式，其往往是以此为借口，流于形式，期望与结果大相径庭。

### (二) 旅游对文化的消极影响并非必然结果

旅游对目的地社会文化的消极影响并非是发展旅游的必然结果。西方很多社会学家在论及旅游对目的地社会文化的影响时，往往偏重于消极的一面，并且以已经发生了的大量事实作为结论的依据。事实上，在世界各地旅游发展过程中，特别是在一些发展中国家，的确也因此出现了这样或那样的消极问题。但是，这些问题的形成和严重化不是没有条件的，也并不是不可克服或不可控制的。任何问题的形成都有一个从量变到质变的发展过程。在这个意义上，旅游对社会文化的消极影响一般应指其潜在性或可能性而言。这些消极影响在某些旅游接待国或地区导致社会问题的形成，而在其他一些旅游目的地则可能未形成社会问题。这些情况说明，如果说旅游对社会文化的潜在影响是绝对的，那么它们能否在当地形成社会问题则至少是有条件的，否则便不能解释为什么在某些地方形成了社会问题，而在另外一些地方则没有。

### (三) 旅游规划是减少旅游消极影响的有效途径

当然，促使旅游的消极影响形成社会问题的条件是多种多样的。现实中很重要的一点便是同旅游接待国或地区的旅游规划工作有很大的关系。随着旅游者的大量拥入和游客的密度不断增加，旅游带给目的地社会的消极影响的程度也会随之加深。旅游者来访的数量一旦超过了当地的承载能力，这些消极影响的增长速度便会成倍地增加。这些社会心理问题的膨胀和加剧会进一步造成真正的社会问题。所以，根据当地的自然条件和社会经济条件制定相应的旅游规划，防止和控制接待量饱和或超负荷是非常重要的。这并非是单纯的经济问题。更重要的是通过制订量力而行的发展计划，既要尽量缩小和纠正大规模旅游所带来的消极影响，同时又要保证和维护扩大旅游者与当地居民之间的文化接触与交流所带来的好处。

古今中外的历史证明，一个国家或地区的文化需要得到外来文化的促进才能不断完善、发展和前进。面对大规模旅游带来的消极影响，我们不能因噎废食而反对发展旅游，其主要原因一是因为旅游对经济和社会文化毕竟有其众多的积极作用，二是因为很多消极影响的产生未必是发展旅游的必然结果，三是因为一些消极影响是可以通过我们的努力去控制和改变的。

认识旅游对社会文化的影响，主要目的是要在澄清问题的基础上采取措施，发展旅游对社会文化的积极作用，抵制和最大限度地缩小其消极影响。我国是社会主义国家，完全有条件使自己的旅游业沿着健康的道路发展。这不仅是发展旅游业的需要，同时也是社会主义精神文明建设的需要。

# 第三节 旅游的环境效应

引例:

据报告,中国台湾游客已超过日本游客,成为位于南太平洋的帕劳的第一客源地,但是,帕劳人对此并不"领情",他们抱怨"从台湾游客那里赚取的美元还不抵台湾游客给帕劳生态环境造成的损失。台湾的夜餐者乱丢垃圾,潜水者乱采海中的珊瑚,向嬉戏的动物乱丢空瓶罐……台湾游客就像他们在台湾岛上那样缺乏环境保护意识,他们到帕劳来似乎就是为了吃。只要是台湾人看见的东西,他们都要吃,就算是濒危动物,哪怕是躲藏在小珊瑚中的非常小的鱼也不例外……""现在需要考虑的是要不要禁止台湾游客入境或对他们进行教育"。

——《中国旅游报》

旅游与环境之间有着非常密切的联系,是一种相互依赖又相生相克的关系。一方面,环境资源为旅游产品的生产提供了最基本的成分。自然旅游资源和人文旅游资源本身就是目的地环境的组成部分,旅游者活动也是以目的地的环境为依托,所以旅游目的地的环境是构成当地总体旅游资源最基本的要素。另一方面,旅游业生产出了诸多"副产品"——垃圾、废气、废水等,这些会使旅游目的地的环境发生变化。这种旅游对目的地环境的影响从一开始就不是潜在性的影响,而是事实上的影响。今天,保护环境和有助于改善环境已经成为旅游开发决策时首先要考虑的问题。

旅游项目的开发和旅游活动的开展在导致环境发生变化方面既有其积极的影响,也有其消极的影响;既有其直接的影响,也有其间接和诱导的影响。

## 一、旅游的积极环境效应

如果对旅游业加以很好的规划和管理,那么将有助于在以下的许多方面维护和改善环境状况。

### (一)保护重要自然景区

旅游业有助于保护自然公园、户外娱乐活动和作为娱乐景点的自然保护区并为此提供资金。如果没有旅游业,这些地区的生态环境有可能会恶化。

### (二)保护历史古迹

旅游业也有助于保护作为旅游景点的考古场所和历史古迹,并为其提供资金。如果没有旅游业，这些考古场所和历史古迹就有可能状况恶化或逐渐消失。

### （三）提高环境质量

设计得当的旅游设施可以美化自然环境和城市环境，旅游业也可以通过控制空气污染、水污染、垃圾和其他环境问题促进环境全面净化，并可以通过各种园艺项目、得体的建筑和更好的维护进一步美化环境。

### （四）改善基础设施

旅游业的发展常常能改善地方的基础设施，如机场、道路、交通运输服务设施、通信、用水系统和污水处理系统等，从而促进经济，改善环境。

当然，上述各项能否构成对目的地环境的积极影响，最终应取决于当地社会的认同。一般地讲，旅游研究者乃至旅游者对上述方面的环境变化都给予积极的肯定。而当地社会对此是否认同，则可能会因地而异。

例如，英国苏格兰地区的旅游协调委员会在其1992年提交的环境影响报告中，列举了旅游业的开展对当地的物质环境带来的一系列具体影响，其中积极的影响基本上都将前述各项包括在内。然而，在非洲的一些地区，野生动物园的设立在当地居民中非但未被看作是对当地环境具有保护作用的积极之举，反而被认为是限制了当地游牧部落放牧土地，制约了当地的食物生产能力，因而，因设立野生动物园而带来的环境改变对于这些地区而言具有消极作用。

## 二、旅游的消极环境效应

### （一）旅游活动对动物群落的物种组成的影响

一个风景区的生态平衡，是经历了几千年甚至上万年的自然演替而形成的相对稳定系统，但往往会在相对很短的时间内被旅游及相关活动所打破，旅游活动对动物群落的物种组成的影响表现在以下几个方面。

1. 干扰问题

旅游者从事户外旅游活动时，其实很难不对生存其中的动物尤其是较为敏感的鸟类和哺乳动物造成干扰，举例来说，土耳其地中海沿岸的沙滩，是稀有动物乌龟的生存地，乌龟蛋在沙子里才得以固巢，旅游活动，使乌龟栖息地遭到破坏。

旅游者使用各种旅游设施时所产生的噪声也是其中的一大影响因素，如手提音响、水上摩托车、汽艇均会产生极大的噪声，这对动物的影响非常大。

2. 对野生动物的消费问题

在旅游活动对野生动物的影响中，要数旅游者对野生动物的消费行为最为严重。因为这种行为会直接导致捕杀野生动物的行动。人们喜欢吃海鲜，于是各种鱼类被大量捕捉以满足旅游者的口腹之欲，因而使鱼类的族群数量锐减，如加勒比海的生龙虾和大海螺族群已大量减少。在中国以及东南亚国家，人们不仅爱吃海鲜，更爱吃山珍，各种珍禽异兽只要没有毒，都有可能成为民众猎食的目标，造成这些族群数量的下降甚至绝迹。除了吃外，人们还喜欢购买野生动物的相关制品，如动物毛皮、象牙等；许多海域原本有各式各类的贝类，但在大量供人食用以及被制成各式纪念品后，贝类的数量锐减。

3. 由于污染影响海洋动物生态平衡

（1）垃圾等悬浮物质增加，造成水体混浊，从而减少入射水体的光线，影响植物光合作用。

（2）水质发生变化。旅游者使用机器设备，对水质造成物理性伤害，如水上摩托车以及游艇，使珊瑚礁也遭到了破坏。

（3）因旅游而引起燃料及油污造成环境污染，使地中海地区的500多种生物遭到灭绝的威胁，包括龟和海豹等很多海洋生物遭到灭顶之灾。

## （二）旅游活动对植物的影响

地表植被保护着地球生态的健康，直接影响地球的水文循环和气候，同时，它又是重要的旅游资源，具有观光旅游功能，比起其他人类活动，旅游活动对植被或森林的伤害可能是较轻微的，是在不知不觉中破坏了美丽的植被。

1. 大面积移除

比如，为兴建宾馆、停车场或其他旅游设施，大面积的地表植被被剔除，原生植被几乎全被挖除，重新植上外来草种。例如，许多大财团在马来西亚和泰国等地买下大片的山坡地，开发建设高尔夫球场和俱乐部，大量的原始森林因而蒙受浩劫。又如，位于欧洲中南部的阿尔卑斯山，数百平方公里的森林被砍伐，代之以滑冰场、缆车、路标塔、建筑物、过道等，使得地表难以保存和吸收水分，使发生水土流失、洪水、山崩、雪灾等灾害的敏感性加大。

2. 旅游者践踏

旅游活动对植物的影响中，旅游者践踏是最普遍的形式。只要旅游者一踏上公园或绿地，他的双脚就可能施压于植物身上。旅游者观赏自然风景区后，势必产生植群的改变，即使是轻度的使用，有时也会造成重大的变化。虽然旅游者在旅游活动过程中一般不会有蓄意破坏植物的行为，但对植物的践踏往往会引起一系列的相关反应，如会影响到植物种子发芽，因土壤被踩实而导致幼苗无法顺利成长。对于已成长的植物，则可能因踩踏而导致其生理、形态等产生改变。步行道规划设计不合理，也可能影响到濒危植物物种生长。还有旅游者所搭乘的交通工具常会留下车痕，造成植物组成的改变。

3. 采集

采集也是对植物的一种伤害行为。旅游者最常见的采集动机是想摘下某朵漂亮的花，或是想尝尝果实的滋味，或是想带一部分植物回家种植。此外，许多旅游者迷恋植物的神奇疗效，一到野外看见药用植物就摘，使得许多药用植物的天然族群越来越少。早期一些外国国家公园的解说员会热心地告诉旅游者哪些植物具有疗效，结果解说活动一结束，常见这些神奇的植物已经不翼而飞，所以现在他们已不再大肆宣传植物的用途与疗效，以免成为破坏植物的帮凶。

### （三）环境污染

#### 1. 旅游活动对水体环境的影响

旅游活动对水体环境的影响也是相当广泛而严重的，主要有以下几个方面。

（1）水上运动。随着度假旅游活动的日益兴盛，湖畔、河边、泉点等地的水上运动项目，如水上摩托艇、划船、踩水、游泳、垂钓、跳水、潜水、驾驶帆船等，给水体环境带来了巨大的冲击，这种冲击往往是综合性的。比如，其产生的涡流也会影响海域生态如珊瑚礁内的浮游生物和鱼类，漏出的油污还会污染水体，散布化学物质威胁水体生物的健康。

（2）船舶油污、垃圾污染。旅游水体污染的重要原因之一是旅游船只所排放的垃圾、油污的污染。废弃的日用品、包装口袋等垃圾一股脑儿地抛入江中；船舶上的厕所、医务室等生活污水未经任何处理，直接排入江水，废燃油、机油也被倒入或渗流江中。还有因船舶事故造成的石油、农药、化肥及其他有毒化学药品的污染。但最严重的是船舶垃圾污染。例如长江，自然没有如此巨大的自净能力，于是这条华夏第一大江变得越来越脏了。

很多水边地区，如海滨、泉点、河边等地为发展旅游业而修建度假村、休闲中心，其餐厅、宾馆等排放的污水和垃圾也是水体的污染源。如宾馆、饭店可能会排出大量废水，许多宾馆会使用化学药品如苛性钠、氯化物来消除污水臭味，而餐厅也会排出相当的油质和清洁剂，洗衣间排出洗衣粉和漂白水等；也有部分宾馆会将含氯的游泳池水直接排入海洋，这些化学物质、毒性物质危害了海洋生物的生存，危害了生态环境。

#### 2. 旅游活动对空气品质的影响

数以万计的旅游者使用的私人交通工具——汽车，是最没有效率的运输工具，它不但会耗去更多的资源，也会排放出更多的空气污染物。

阅读资料1

## 即将被大众旅游所毁灭的马罗卡岛

马罗卡岛是西班牙的一个岛屿，这里曾经是一个宁静、快乐、和平的地方，有着白色的沙滩。居民仅靠落后的农业和经济作物维持贫困的生活。20世纪60年代后，一些冒险家、艺术家及好奇的旅游者发现了马罗卡岛，他们欣赏这里的自然风光、未被污染的海滩，以及封闭、平静、安全的环境，喜欢岛上依然保留着的世界最古老的文明。

20世纪70年代初期，马罗卡岛涌入大量游客。随着游客的不断增加，岛上建起了各类旅游设施，旅游景点也被开发利用，岛上居民获得了令人羡慕的旅游收益。岛上继而新建了许多大众化的度假设施，其中有许多是外商投资的。马罗卡岛从一个不知名的小岛变成了大众旅游的目的地。旅游业在马罗卡岛占有重要的经济地位，岛上80%的国民收入来自旅游业，50%的岛上居民在从事旅游业，旅游业创造的大量就业机会使越来越多的外来人口不断涌入，迁入人口的数量超过了迁出人口的数量。岛上居民的收入水平不断提高，家庭拥有汽车的数量在西班牙位居首位，而失业率在西班牙最低。

到了20世纪80年代晚期，马罗卡岛的旅游发展在经历了大众旅游所带来的繁荣后，进入了萧条期。岛上出现了由于过度的旅游开发所造成的一系列环境问题，其中比较严重的问题之一就是地下水的过度消耗和水盐浓度的提高，从地下抽取净水的数量大大超过了从积蓄的雨水中获取净水的数量。马罗卡岛是一个水资源稀缺的地方，岛上每个乡村人口的日用水量一般在140升左右，每个城镇人口的日用水量为250升，而每个游客的日均用水量为440升，一位住豪华饭店的游客的日用水量竟高达880升。这其中包括浇灌饭店的绿地和花园、高尔夫球场，灌注游泳池，桑拿浴用水，大量洗涤布巾等。由于净水水位不断下降，海水随之大量涌入，使原有的净水资源受污染，这不但严重破坏了岛上农业和园林的灌溉系统，而且还威胁着公众的健康。1993年，岛上每立升净水的含盐量为1 500毫克，高于正常盐量的5倍。地下水的过度消耗和水盐浓度的增加又造成了新的环境污染。岛上居民和游客越来越多地使用从外地运来的矿泉水和当地生产的纯净水，这一方面增加了交通运输量和汽油使用量，造成了温室效应；另一方面出售矿泉水、纯净水使用的塑料包装瓶又给垃圾的处理造成了困难。餐馆、咖啡厅和饭店大量使用昂贵的高度纯净水，每生产3升纯净水就需要10升的普通水，提取净化水后剩下的水不能饮用，这便使消耗地下水的数量增加了3倍，最终使地下水消耗和水盐浓度的状况进一步恶化。

由旅游发展造成的另一个环境问题是岛上垃圾的大量增加。由于马罗卡岛所处的地理位置，岛上需要的绝大部分产品需从内陆运来。这些产品在运输过程中使用大量结实的包装，仓储费用也远远高于船运费用。分流处理和重新使用产品废弃的包装材料将进一步提高运输的成本。据统计，外来旅游者产生的垃圾比当地居民高出50%，在一所饭店经营的4年当中，游客量增加了30%，而遗留在饭店客房的垃圾却增加50%。

旅游开发造成的最突出和最严重的问题是岛上的自然风景遭到破坏。层出不穷的高层旅馆建筑破坏了岛上美丽的空中地平线，原有的金黄色的海岸沙滩、大片的绿色沼泽和农田都在层层叠叠的钢筋水泥中消失了。特别是在淡季，岛上饭店大部分空置的时候，这里的景象更加荒凉。旅游设施建设占用了大量的农田，岛上的梯田逐级坍塌，频繁的暴风雨将大量的土壤冲进了大海，古老的田园风光被吞噬。岛上80%的海岸地带被占用，许多珍奇动物和植物濒临绝境。20世纪60年代马罗卡岛宁静、幽雅、安全的环境已不复存在，旅游者再也享受不到令人陶醉的灿烂阳光、洁净的海水、蔚蓝的天空、秀丽的自然景观和宜人的气候。

这个靠自然旅游资源生存和发展的小岛对游客的吸引力变得越来越小了。

旅游与环境是一对呈共扼关系的矛盾体，两者大致呈四种关系：第一，相互促进关系，旅游业的发展带来经济实力的增强，使当地政府及居民获得良好收益，持续对旅游环境的投资和清洁技术的使用，可改善环境、降低污染；第二、相互制约关系，由于管理不善，环境恶化，文化传统变质或消亡，损害了旅游业持续发展的基础，旅游业衰落；第三，利于环境保护而不利于旅游业的关系，由于环境保护的需要（如自然保护区），限制旅游业规模的扩大，采取低密度旅游方式，控制旅游者数量膨胀，减少了旅游业收入；第四，有利于旅游业而不利于环境保护的关系。由于旅游开发中过分追求短期行为和短期效益，造成环境恶化、资源损耗，从而损害了旅游业发展的基础。

阅读资料2

## 历年世界旅游日主题口号（1980—2018）

世界旅游日（World Tourism Day），是由世界旅游组织确定的旅游工作者和旅游者的节日。1970年国际官方旅游联盟（世界旅游组织的前身）在墨西哥城召开的特别代表大会上通过了成立世界旅游组织的章程。1979年9月，世界旅游组织第三次代表大会正式将9月27日定为世界旅游日。

为不断向全世界普及旅游理念，促进世界旅游业的不断发展，世界旅游组织每年都推出一个世界旅游日的主题口号。历年世界旅游日的主题口号如下。

1980年：旅游业的贡献：文化遗产的保护与不同文化之间的相互理解（Tourism's contribution to the preservation of cultural heritage and to peace and mutual understanding）

1981年：旅游业与生活质量（Tourism and the quality of life）

1982年：旅游业的骄傲：好的客人与好的主人（Pride in travel：good guests and good hosts）

1983年：旅游和假日对每个人来说既是权利也是责任（Travel and holidays are a right but also a responsibility for all）

1984年：为了国际的理解、和平与合作的旅游（Tourism for international understanding，peace and cooperation）

1985年：年轻的旅游业：为了和平与友谊的文化和历史遗产（Youth tourism：cultural and historical heritage for peace and friendship）

1986年：旅游：世界和平的重要力量（Tourism：a vital force for world peace）

1987年：旅游与发展（Tourism and development）

1988年：旅游：公众教育（Tourism：education for all）

1989年：旅游者的自由活动创造了一个共融的世界（The free movement of tourists

creates one world)

1990 年：认识旅游事业，发展旅游事业（Tourism: an unrecognized industry, a service to be released）("the hague declaration on tourism")

1991 年：通信、信息和教育：旅游发展的动力（Communication, information and education: powerlines of tourism development）

1992 年：旅游促进社会经济一体化，是各国人民相互了解的途径（Tourism: a factor of growing social and economic solidarity and of encounter between people）

1993 年：争取旅游发展和环境保护的和谐（Tourism development and environmental protection: towards alasting harmony）

1994 年：高质量的服务、高质量的员工、高质量的旅游（High-quality service, high-quality staff and high-quality tourism）

1995 年：为世界旅游业提供了 20 年的服务（WTO: serving world tourism for twenty years）

1996 年：旅游业：宽容与和平的因素（Tourism: a factor of tolerance and peace）

1997 年：旅游业：21 世纪创造就业和倡导环境保护的先导产业（Tourism: aleading activity of the twenty-first century for job creation and environmental protection）

1998 年：政府与企业的伙伴关系：旅游开发和促销的关键（Public-private sector partnership: the key to tourism development and promotion）

1999 年：旅游业：为新千年保护世界遗产（Tourism: preserving worldheritage for the new millennium）

2000 年：技术和自然：21 世纪旅游业的双重挑战（Technology and nature: two challenges for tourism at the start of the 21st century）

2001 年：旅游业：为和平和不同文明之间对话服务的工具（Tourism: instrument at the service of peace and dialogue between civilizations）

2002 年：经济旅游：可持续发展的关键（Ecotourism, the key to sustainable development）

2003 年：旅游：消除贫困、创造就业与社会和谐的推动力（Tourism: a driving force for poverty alleviation, job creation and social harmony）

2004 年：体育及旅游：社会相互了解、文化及发展的两股力量（Sport and tourism: two living forces for mutual understanding, culture and the development of societies）

2005 年：旅游和交通：从儒勒·凡尔纳的幻想到 21 世纪的现实（Travel and transport: from the imaginary of Jules Verne to the reality of the 21st century）

2006 年：旅游：让世界受益（Tourism Enriches）

2007 年：旅游：为妇女敞开大门（Tourism opens doors for women）

2008 年：旅游：应对气候变化挑战（Tourism responding to the challenge of climate change）

2009 年：旅游：庆祝多样性（Tourism-celebrating diversity）

2010 年：旅游与生物多样性（Tourism and biological diversity），中国作为主办国

2011年：旅游：连接不同文化的纽带（Tourism：linking different cultures）

2012年：旅游与能源永续（Tourism and energetic sustainability）

2013年：旅游与水：保护我们共同的未来（Tourism and water：protecting our common future）

2014年：旅游与社区发展（Tourism and development in the community）

2015年：10亿旅游者，10亿个机会（A billion tourists，a billion opportunities）

2016年：人人旅游——促进全面无障碍旅游（Tourism for all—promoting universal accessibility）

2017年：旅游让生活更幸福（Travel makes life happier）

2018年：智慧旅游助力美好生活（Smart travel for a better life）

## 本章小结

旅游业是近几十年来发展势头最强劲的产业之一，它对经济的积极效应表现在增加外汇收入，平衡国际收支；回笼货币；增加目的地的经济收入；帮助相关行业发展；增加政府税收；平衡地区经济发展，缩小地区差异；扩大就业机会。然而脱离实际国情过度地依赖和发展旅游业，则会产生经济方面的消极效应。

旅游具有文化的内涵。旅游的社会文化效应可从积极与消极的角度加以分析，对此应有正确的态度和有力的措施加以应对。

旅游业与环境之间有着密切的关系。发展旅游对环境的积极效应体现在保护重要自然景区；保护历史古迹；提高环境质量；改善基础设施等方面。但旅游对环境的消极效应也是客观存在的，应采取措施积极防范。

## 复习思考题

1. 试分析旅游对目的地经济的有利影响和不利影响。
2. 试分析旅游对环境产生的积极和消极效应。
3. 试分析旅游对目的地社会文化的影响。
4. 有观点认为，对于一个大国来讲，其经济不宜过分依赖旅游业。你是赞成还是反对这种观点？为什么？
5. 在预防和控制旅游的消极影响方面，你认为应该采取哪些措施？
6. 亚航客机失联以及德国之翼空难这类灾难会对旅游业产生怎样的影响？请谈谈你自己的观点。

# 第九章
## 旅游业的未来发展趋势

**本章要点**

　　了解世界旅游业发展概况及我国旅游业发展面临的挑战；

　　熟悉影响旅游业未来发展的因素；

　　熟悉世界旅游业发展的模式和特点；

　　掌握旅游业可持续发展的内涵及旅游业可持续发展的原则；

　　熟悉生态旅游及其与旅游业可持续发展的关系。

# 第一节　影响旅游业未来发展的因素

## 一、全球经济发展

从某种意义上说，旅游是社会经济发展到一定水平的产物，因此，全球经济发展状况对旅游发展的影响也是显而易见的。

### (一) 带薪假期与工作时间

可自由支配时间是实现旅游活动的重要客观条件。随着社会劳动生产率的不断提高，人们的闲暇时间日趋增加。从原来1周6个工作日到现在1周5个工作日，人们的法定工作时间在缩短，各国还出台其他政策。在21世纪还将有更多的国家推行带薪假日制度，各地的法定假日时间会越来越多。更长的假期，更多的假日，更短的周工作时间，为旅游业的发展创造了良好条件。

### (二) 旅游观念变化

社会经济的发展，使人们生活水平提高，不再为温饱问题担忧，开始追求生活质量和生活品质，人们的旅游意识不断增强，旅游越来越成为人们生活中的重要组成部分。未来的旅游，已不再是单纯的娱乐和消遣，而将进一步成为个人丰富阅历、增长知识、加强交往的重要途径。从马斯洛需求层次理论上讲，旅游属于自我实现层次的需要，今天的人们更强调自我实现和自我满足，旅游正是在一定程度上支持了这种追求。

### (三) 旅游交通、旅游饭店等相关设施

在全球经济发展的良好大环境下，作为旅游业两大支柱的旅游交通和旅游饭店得到了迅猛的发展。这些条件的改善都为旅游业发展带来积极作用。比如高速公路的发展，大大改变了欧美发达国家人士的旅行方式，汽车成为80%以上的人们在假日里进行短途旅游生活的主要交通工具。而高速列车、超音速客机的使用，相对缩小了世界的空间距离，缩短了人们进行国内、国际旅游的旅行时间，延伸了旅游路线，使现代的旅游比历史上任何时代的旅游都能获得更广阔的空间。

但是，未来的经济增长也存在着某些不确定性。地区间经济发展的不平衡和对社会与环境问题的恐惧，以及局部地区的动荡，有可能会阻碍某些旅游流向。

虽然现在世界经济正经历着20世纪30年代"大萧条"以来最严重的一次金融危机。但

总的说来，旅游经济发展依然保持良好的基本面，前景是乐观的。

## 二、世界政治形势

第二次世界大战以后世界旅游业迅速发展的原因是多方面的，其中相对持续的和平大环境是非常重要的决定性因素。

第二次世界大战以后，世界上出现了两大阵营的对垒，局部战争连绵不断，但就整个世界范围来说，仍然有着长期持续的和平大环境。这种持续的国际和平环境，一方面，使多数国家包括社会主义国家能够集中力量来进行自身的经济建设，使在大战中受创伤的世界经济得以迅速恢复，并刺激科学技术的革命，加速社会生产力水平的提高。另一方面，国际环境的和平气氛，也有利于加强各国之间政治、经济、科技文化的联系和交流，使各国人民之间的友好往来更加频繁，这对于扩大国际旅游的范围、加速世界旅游业的发展起到直接促进作用。政治上稳定的旅游市场和旅游目的地，对持续的旅游增长是必不可少的。

## 三、旅游管理体制改革

旅游管理体制是指因协调与管理旅游产业发展过程中所产生的各种复杂关系而形成的旅游组织形式和旅游管理制度。具体说来，它包括旅游业的组织机构，组织形式，调节机制，监督方式，各种机构或组织的责任、权限和利益等问题。

各国的旅游资源不同，政治经济体制各异，文化背景、历史传统各有特点，旅游业的发展道路也不一样，由此导致各国旅游管理体制的模式不同。有些国家的旅游管理体制较为完备，既有中央系统，又有地方系统，既管理国际旅游，又管理国内旅游。有些国家则偏重某一方面，或以中央为主，地方配合；或以地方为主，中央协助。有些国家仅有国际旅游管理机构，国内旅游则分属其他部门管辖。在这里以我国经历的由传统管理体制向新体制变革和转换的过程为例。

我国的旅游管理体制改革经历了旅游管理体制改革的初创、旅游管理体制改革的起步、旅游管理体制改革的深化以及旅游管理体制改革的完善四个改革阶段。第一阶段：初创阶段（中华人民共和国成立初期至1978年）。中华人民共和国成立之初，随着社会主义工业化建设的开展，同苏联及东欧社会主义国家的交往日益增多，华侨和港澳同胞回内地人数大量增加，旅游业逐步得到恢复。这一时期，旅游管理机构主要任务是从事从中央到地方的外事性、政治性的接待工作。1964年成立的"旅行游览事业管理局"作为外交部的外事行政管理部门，与国旅总社政企合一，合署办公，实行"一套人马，两块牌子"。

第二阶段：起步阶段（1978—1985）。这一阶段，我国旅游管理体制改革主要是把旅游业从政治接待转变为经济事业型。我国旅游机构在1978年前的主要工作任务是对中央或地方的外事性工作以及政治性工作进行接待。1978年改革开放打开了中国和外国交流的大门，随着外国游客大量来华旅游,我国旅游业原有的外事、政治接待的管理体制已经相对落后了。为了适应全国旅游事业新的发展,1978年3月中共中央批文同意将中国旅行游览事业管理局改为直属国务院的中国旅行游览事业管理总局。国务院也在1981年3月提出了旅游管理体制改革的重要原则,拉开了我国旅游管理体制的改革序幕。1982年,中国旅行游览事业管理总局作为管理全国旅游事业的行政机构,和中国国际旅行社总社实行政企分开,不再直接组团和承担接待任务。1982年,全国人民代表大会常务委员会做出《关于批准国务院直属机构改革实施方案的决议》,确定将中国旅行游览事业管理总局更名为国家旅游局。国家旅游局在1985年1月提出符合我国当时国情以及改革开放方针的《关于当前旅游体制改革几个问题的报告》,并得到了国务院的批准,积极调动了我国各地发展旅游事业的热情,推动了我国旅游事业的发展。

第三阶段:深化阶段(1986—1998)。这一阶段,我国把旅游业纳入到国民经济和社会发展的计划之中。我国旅游业为了更好地适应市场经济的发展,国家先后出台了一些相关旅游业法律法规来加强行业管理,如1988年6月国家旅游局正式发布了《旅行社管理暂行条例实施办法》,1997年发布了《旅行社质量保证金赔偿办法》。这些相关法律法规的出台,加强了对旅游业的管理,对旅游市场也起到了一定的整顿作用。在贯彻"国家调控市场,市场引导企业"的原则下,旅游业走上了由行政管理向行业管理转变,由直接管理企业转变为通过市场间接进行管理和调节的道路。

第四阶段:完善阶段(1999年至今)。为了适应机构改革的需要并提升旅游产业竞争力,实现旅游区域合作,我国旅游业采取了政府主导型旅游发展战略,通过强化政府管理职能,实现国家旅游局机关与直属企业的彻底脱钩,行业管理向"大旅游、大市场、大产业"方向转变,相继发布了一系列行业性管理规章和办法,推动了旅游管理向纵深发展,并初步确立了市场经济条件下实施政府主导型旅游发展的战略。

从以上不难看出,由于旅游产业具有综合性、关联性和边缘性较强的特点,在不同的时期和阶段及时对旅游管理体制进行改革,为旅游者创造一个良好的旅游环境、为旅游企业创造一个良好的经营环境,这样才能促进旅游业的健康、快速发展。

## 四、社会因素

### (一)人口变化

旅游业发生重大变化的主要因素是旅游者需求的变化,而这种变化的根源则是人口结构及旅游者个体特征的变化。

人口老龄化是世界性的趋势。一方面,随着世界各国经济的发展,人们生活条件的改善,生活质量的提高以及用于医疗保健支出的增加,人们的预期寿命会越来越长;另一方面,在一些工业化发达国家,人口呈低增长率或负增长率,这种状况改变了人口的结构,导致平均年龄的增大。按照国际标准，一个国家或地区 60 岁以上人口达到总人口的 10%，或者 65 岁以上人口达到总人口的 7%，就被称为老龄化国家。目前，日本、意大利、德国等发达国家 60 岁及以上的老年人口高达 25% 以上。我国 65 岁以上的老年人口占总人口的 7%。据联合国统计，到 2050 年世界人口将达到 90 亿～100 亿，其中 60 岁以上的人口将达到 20 亿，65 岁以上人口将达到 15 亿。而老年人是经济发达国家拥有自由支配收入和闲暇时间最多的社会阶层，随着老龄人口的增加，一个重要的新兴市场——银发市场，将越来越引起旅游业界的关注。

由于世界越来越关注妇女的社会地位，妇女中就业人数不断扩大，更多的女性参加工作，由于妇女经济收入的增加和社会地位提高，使她们有机会更多地走出家门，参加旅游活动。从 20 世纪 80 年代起，女性赴海外旅行的人数逐渐增加，其中以日本最为突出。

成年人中单身者比例的扩大，丁克家族的出现也是人口变化的一种情况。这些人没有抚养子女的负担，大多数花费用于娱乐、旅游、餐饮等方面，他们的旅游次数明显要比同龄的已婚有子女者多。另外，晚婚晚育也逐渐成为时尚，这使得年轻人有更多的精力从事工作和学习，在结婚前积累的较充裕收入，使他们较易实现旅游结婚、外出度蜜月这些活动。

在人口因素中，人们受教育程度的高低，对外出旅游的兴趣也有一定的影响。受过高等教育的人比只受过中等教育的人更喜欢旅游。在美国，主人未获得高中文凭的家庭，只有 50% 外出旅游；有高中文凭的家庭外出旅游数占 65%；受过高等教育的家庭外出旅游数达 75%；而获得学位的家庭外出旅游数高达 85%。在 21 世纪，高等教育将逐步成为一种大众教育，因此，在未来参与旅游活动的群体规模会有更大程度的提高。

## （二）健康与安全

"旅游安全"涉及旅游者的健康与社会安全，以及与旅游者相关的更多的人身安全，它们不仅包括从出发到目的地整个旅程中的安全问题，还包括旅游者不同的个人活动方式对个人安全的影响。越来越多的证据表明，负面经历（如在陌生的环境中遭受的事故、损伤和疾病问题）可能会给旅游业带来严重的负面影响。消费者购买旅游产品的目的是提高个人生活质量，而不是破坏个人的生活质量。例如，美国纽约的"9·11"恐怖事件和印度尼西亚海啸，都曾对两国的旅游业产生严重的冲击。

旅游事故同样会对旅游业产生强大的冲击，这种冲击尤其反映在冒险旅游业中。据估计，欧洲的冒险旅游业市场每年以 15% 的速度增长，越来越多的游客热衷于冒险旅游活动。当然，这是一种旅游业的发展方向，但反映了未来人们对参与型旅游活动的热切心态。在冒险旅游活动中，旅游者和管理者都面临着一系列的风险因素。在消费者法律意识日益增强的今天，对这些意外事故的发生，人们更愿意通过法律方式来解决。因此，对于旅游业而言，旅游的健康与安全问题，同样也成为影响旅游业发展方向和过程的一类重要因素。

# 第二节 世界旅游业的发展趋势

## 一、世界旅游业发展概况

世界旅游历史的发展,是一个漫长而曲折的过程,可将其分为:古代(1840年以前)、近代(1840—第二次世界大战)、现代(第二次世界大战以后)三个时期。

### (一)古代旅行和旅游

人类的旅行和旅游活动首先在埃及、巴比伦、印度、中国、古希腊和罗马等这些最早进入文明时代的国家中兴起。一般认为,公元前3000年就在地中海和爱琴海进行通商贸易的腓尼基人是世界上最早的旅行者。

### (二)近代旅游

1. 早期发展阶段

近代西方旅游的兴盛与旅游业的问世,主要得益于产业革命的成果。1841年7月,英国人托马斯·库克利用包火车的方式,组织了一次从莱斯特前往拉夫巴勒的团体旅游。参加这次旅游活动的人数达570人,往返行程22英里,目的是参加在该地区举行的一次禁酒大会。托马斯·库克的这次活动,标志着近代旅游及旅游业的开端。近代旅游业兴起之后,世界范围的旅游业获得了一定程度的发展,无论是旅游人数,还是旅游服务机构、旅游企业数量都有了不同程度的扩大。世界旅游业实现了向上的扩展,表现为旅游参与者的范围开始从贵族阶层、高收入阶层扩展到大众阶层,新兴的资产阶级和一部分富起来的百姓成为旅游活动的生力军,从而结束了历史上少数权贵对旅游的"垄断",旅游开始实现大众化。而且旅游动机中消遣娱乐成分增多,改变了古代旅游往往是享乐和具体功利性、事务性活动相结合的传统,非功利目的纯享乐旅游开始兴盛。与此同时,一些连接旅游者与旅游资源的旅游企业也随之产生并发展起来。比如,随着大众旅游者的增加,饭店业在经营内容、风格等方面也进行了调整,其经营目标人群不再仅仅是贵族阶层、上流社会,饭店业开始推出大众化、实惠型的服务,以吸引普通消费者。饭店业进入了商业饭店时期,以获得最大利润为经营目标,价格更加实惠,服务更加细致、便捷。旅游机构与组织也随之成立并发展起来。如托马斯·库克父子公司成为世界上第一家旅行社;1850年美国运通公司开始兼营旅游代理业务;1890年法国和德国成立观光俱乐部;1893年日本成立"嘉宾会",专门接待外宾,并于1912年更名为"日本观光局"。一个接一个的旅游机构的成立,推动着世界旅游业向前发展。

2. 波动阶段

旅游业的发展离不开稳定的社会环境,对于世界范围的旅游业来说,其发展更是与全球社会、政治、经济的动态紧密相连。在两次世界大战之间的时段,世界格局动荡不安,战争此起彼伏,人们生活在极不安稳的社会环境中。与此同时,经济危机频繁爆发,人们的生活受到严重影响,旅游需求也相对降低,致使旅游业发生萎缩。当时的饭店业、旅行社因旅游者人数的减少而衰落,交通运输业也因军事政治的需要而转变功能,飞机、火车等现代化的交通工具更多地被应用到军事战争中,民用交通工具相对减少。同时,人们为了避开战乱,主观上也减少了外出旅行的需求。战争期间,世界旅游业由原先的初步发展转向衰退,旅游者人数减少,旅游业规模下降,旅游业进入波动阶段。

(三) 现代旅游

第二次世界大战结束后,世界格局总体趋于稳定,政治环境的稳定加速了经济的增长,人们收入水平和闲暇时间也比战前有所增加,越来越多的公众重新参与到旅游活动中来。第二次世界大战后,许多交通设施、设备的功能也发生了改变,由战前的军事功能向民用功能转变。随着科学技术的发展和交通工具的不断完善,旅游活动的空间范围也因交通的便捷性及目的地可进入性增加而扩大。另外,国际频繁的交往推动了各国民间交往的开展,借助交通运输工具,长途国际、洲际旅游兴起,进而直接带动饭店业、旅行社等行业的恢复与繁荣。世界范围内的旅游业开始复苏,旅游收入水平也有了一定程度的增长。

20世纪60年代以后,发达国家旅游者消费观念的改变和教育水平的提高,促使更多的公众开始关注现代化的生活方式,人们对于回归自然、鉴赏异域文化等的需求上升,旅游成为人们生活的一个重要组成部分。与此同时,旅游行业的服务价格及服务水平亦公众化,旅游者的旅游购买力增加。航空运输业的规范化运作、机票价格的下降、现代经济型饭店的增多以及旅行社等机构服务的完善化,使得旅游产业日益规范化,产业规模也日渐上升。据有关资料显示,1986—1990年,世界旅游业年平均增长速度为9.3%,高于世界经济年平均增长率。旅游业的稳定增长,一方面带来了各国经济的增长,另一方面也促进了各国社会的稳定和国际交往的密切,使其成为众多国家和政府关注的重点。各国出台了一系列旅游产业发展政策以及旅游业发展战略,以促进旅游业健康发展。

此外,世界性的旅游机构与组织如世界旅游组织、世界旅游及旅行理事会、国际饭店与餐馆协会、亚太旅游协会、国际民用航空组织等不断涌现,发挥了应有的指导调控作用,使得旅游市场运作更加完善化,旅游者的正当权利也得到了更好的维护,促进了世界现代旅游业的发展。在这一阶段,世界旅游业进入迅速增长期,并保持较稳定的增长速度。虽然其间发生了海湾战争、恐怖活动、世界经济危机等一系列变故,使得某些年份增长旅游发展速度相对缓慢外,但总体而言,世界旅游业并没有出现全球范围内的衰退,也没有出现负增长的情况,而是继续保持增长态势。

## 二、世界旅游业发展的新特征

### (一) 从空间上看,新兴市场国家表现抢眼

出境消费方面,新兴市场国家的快速增长促进了国际旅游市场多元化。世界旅游组织报告表明,2017年中国依然是对全球国际旅游消费贡献最大的国家;巴西、俄罗斯、印度等金砖国家出境旅游也较快增长,其中巴西游客2017年海外消费额比2016年增长20%。旅游接待方面,尽管总体上依然维持欧洲、北美和亚太地区鼎足而三的局面,但亚太地区占比稳步上升,非洲地区也表现出较快增长态势。

### (二) 从时间上看,传统淡季出现新亮点

虽然大部分旅游目的地每年的4月到10月仍然保持更多的旅游接待人次,但是随着旅游需求的变化和旅游供给的完善(休假制度调整、交通工具改进、旅游产品创新等),旅游活动在时间分布上表现出更加均衡的趋势。很多旅游者选择秋冬季节去欧洲旅游,以避开拥挤从而获得更好的文化体验。据中国旅游研究院数据,2016—2017年冰雪季,中国冰雪季旅游市场规模达到1.7亿人次,冰雪季旅游收入约合人民币2 700亿元。在吉林、黑龙江等省份,冰雪季旅游已经和夏季旅游并驾齐驱。

### (三) 旅游者更加注重深度体验

当前,在很多国家和地区,旅游已经成为人们日常生活的基本选项。旅游机会的增多和旅游经验的丰富,使得旅游者"到此一游"的心态在减弱,而深入体验目的地文化乃至分享目的地生活方式的诉求在增加。

### (四) 当地社区和居民的发展权利意识开始兴起

今天的旅游已从早期的景区、酒店和旅行社为主的封闭世界,走向与经济社会协调发展、紧密互动的开放体系。无论是旅游资源开发、项目建设、市场推广,还是中长期发展战略的制订与实施,都离不开当地社区和居民的参与。

## 三、世界旅游业发展趋势

### (一) 新兴经济体将成为出境客源地的生力军

以中国、俄罗斯、巴西、印度、南非等为代表的新兴经济体消费水平提升显著,特别是中等收入群体迅速扩大,产生了巨大的出境旅游市场。世界旅游组织报告表明,2017年中国是对全球国际旅游消费贡献最大的国家;巴西、俄罗斯、印度等金砖国家也较快增长,其

中，巴西游客2017年海外消费额比2016年增长20%。这充分说明以金砖国家为代表的新兴经济体客源地正在崛起，未来将成为世界主要的出境客源国。

### （二）新兴旅游目的地逐渐成为旅游市场新宠

以中国、东南亚地区为代表的许多新兴旅游目的地成为继欧洲、北美等传统热门目的地之外的新宠，世界旅游区域重心加速向亚太地区转移。预计全球范围内国际旅游者到访量从2010年到2030年，将以年均3.3%的速度持续增长，新兴旅游目的地旅游者的到访量将以年均4.4%的速度增长，是发达国家年均2.2%增速的两倍。预计到2030年新兴旅游目的地市场份额将占据全球旅游市场一半以上，达到57%，成为全球最具活力的旅游热点地区。

### （三）市场需求短距化和多样化趋势愈发明显

尽管国际金融危机对世界旅游发展的影响在持续，但是刚性的旅游需求仍在不断释放，将以短距离旅游代替中长距离旅游的形式出现，更多的区域内部流动将取代国际流动。到2030年，区域内部旅游者将达到14亿人次，占国际旅游者总量的78%，成为入境旅游的主要客源。据统计，以休闲、娱乐和家庭为目的出行的旅游者数量将保持3.3%的年均增长速度，探亲、就医、宗教等其他目的出行的旅游者年均增速为3.5%，商务和工作目的出行的旅游者年均增速为3.1%，旅游市场需求多样化趋势愈发明显。

### （四）国际旅游更加方便、快捷、舒适

第一，欧美国家凭借一张电子旅游磁卡即可进行全球无票国际旅游。第二，随着第二代喷气式飞机的广泛应用、空中客车的问世、新型的最高时速可达500千米以上的磁悬浮铁路列车的研制及问世、高速公路网络的完善，甚至地中海和加勒比海等主要游船基地的建设，旅游比以前更加方便，旅游活动更加安全、便捷。第三，随着旅游宣传机构设置的日趋完善、现代科技水平的不断提高、信息网络的建立、电子音像技术的先进化，利用报刊、电台、影视、广告、博览会和交易会等各种形式和手段的旅游宣传给旅游者提供了极大的方便，尤其是远距离的国际旅游活动更从中受益。最后，随着旅游服务意识的增强，以人为本观念的确立，旅游销售和服务技能的不断提升，服务水平不断迈上新的台阶，国际旅游更加方便和快捷。

### （五）旅游安全问题日益引起各国的高度重视

2016年，中东地区政局动荡和社会动乱，使得该地区的外来游客减少了700多万，并进一步影响到周边的黎巴嫩，致使其外来游客数量减少了24%。这一事实充分表明，作为旅游者出游的主要考虑因素，任何旅游安全问题，如国际恐怖主义、局部战争、政局动荡、自然灾害、重大事故等都会损害整个目的地的形象，影响旅游者的行为选择，从而阻碍本地区和其他地区旅游业的发展。无论是出于维护自身利益，还是互利共赢的目的，旅游安全都是世界性的问题，将会引起世界各国的高度重视。

## 四、世界旅游业发展模式

由于经济发展水平、政治体制、地理位置、旅游资源分布、文化传统等因素各不相同，世界各国在旅游业发展模式方面存在差异。从目前的世界旅游业发展情况来看，基本上有以下几种模式：美国模式、西班牙模式、以色列和土耳其模式、印度模式以及资源型国家旅游模式。

### （一）美国模式

美国模式是指以美国为代表的经济发达、同时旅游业也相应发达的国家的旅游发展模式。这类国家包括美国、法国、英国、加拿大、德国、比利时、荷兰、挪威、日本等国家。这种模式构成了世界旅游业的主体，占据了世界旅游市场近60%的份额。美国模式的典型特征如下：

1. 旅游业发达程度与国民经济发达程度基本同步

大多数发达国家均先发展国内旅游，后发展国际旅游。也就是说，它们的旅游业都经历了国内旅游——区域（邻国）旅游——国际旅游这样一个层次递进的自然常规发展过程。国内旅游是国家旅游业发展的核心与基础。国内公众收入水平的上涨、生活观念的更新推动国内旅游业的发展，国内旅游业收入在全部旅游收入中的比例较高。

2. 实行地方政府主导型旅游管理体制

推行美国模式的国家在旅游业宏观管理方面基本上推行"小政府"管理体制，即中央政府不直接干预旅游经营管理，也没有国家级旅游产业政策。旅游行业管理，主要依靠半官方的旅游机构（如行业协会）进行协调。例如美国夏威夷旅游局是民间行业组织，有80名工作人员，而州政府的旅游办公室只有9名工作人员。发达的行业组织是"小政府"得以存在的条件。或者旅游业发展依靠企业自身的实力，以市场配置资源为主，市场机制在旅游业发展中发挥主要作用。但随着旅游业的政治、经济以及社会文化效应的日益凸显，实行美国模式的国家越来越重视旅游业的发展，开始对旅游业发展实施宏观管理，通过制定国家层面的旅游业发展规划，增强国家旅游形象。

### （二）西班牙模式

它是以西班牙为代表的经济中等发达、而旅游业特别发达国家的旅游发展模式。采取这种模式的国家还包括希腊、葡萄牙、摩洛哥、埃及、突尼斯、墨西哥、泰国、新加坡等国家。这些国家有一定的经济基础和经济实力，服务业占国民经济的比重在50%左右，而且地理位置优越，旅游资源丰富独特，旅游活动尤其是国际旅游活动十分发达。其典型特征如下：

1. 旅游业在国民经济中的地位较高

西班牙等国的旅游业成为国民经济的支柱产业，对整个国家经济发展的影响力很大，它不仅为社会创造大量的就业机会，而且旅游业的收入成为政府财政收入的重要来源，其中国际旅游收入是最重要的外汇收入来源，国际旅游收支呈现顺差局面。

2. 注重旅游产品多样化及旅游服务质量

西班牙等国家旅游业发展的一个共同特点是旅游产品种类丰富，旅游企业服务质量优良，旅游目的地形象突出。

3. 政府特别重视旅游业发展

在实行西班牙旅游模式的国家，旅游业在经济发展中的地位独特，政府给予旅游业发展极大的关注。政府通过产业政策引导，逐步完善旅游管理机制，树立全民旅游经营意识，使旅游业发展与社会发展协调进行。

### （三）以色列和土耳其模式

以色列、土耳其两国旅游业发达，是实行政府主导型管理体制，即以国家为中心，以中央政府产业政策为基础，以市场经济为依托，进而推动旅游业走上发达之路的典型代表。这有别于美国模式的小政府管理体制。其典型特点如下。

1. 政府宏观管理与市场紧密结合

两国通过中央政府对旅游业进行强制性干预，如颁布旅游业产业政策，给予旅游业一定的优惠政策，包括旅游开发项目政府补贴、放宽旅游企业外汇兑换条件等，鼓励本国旅游业发展。

2. 政府在旅游业中拥有较强的管理职能

两国在内阁中设置旅游部，全面管理国家旅游业。中央旅游主管部门拥有强大的管理职能，直接管理地方旅游业。

### （四）印度模式

印度模式是以印度为代表的许多发展中国家（包括一些欠发达国家）的旅游发展模式。这种模式还包括巴基斯坦、斯里兰卡、尼泊尔、孟加拉国、肯尼亚、坦桑尼亚、卢旺达与不丹等国家。这些国家的一个共同特征是经济发展水平不高，第一产业在国民经济体系中居于主要地位，工业化水平低，第三产业处于欠发展程度，缺乏专业管理人才。其典型特点如下。

1. 国际旅游业超前发展战略

印度模式旅游发展路线是先发展国际旅游，再发展国内旅游，而对于国际旅游，也是以接待国际来访旅游者为主。此类国家经济发展水平低，旅游业发展所需的经济基础不如发达国家雄厚，国内民众的旅游需求不足，因此只有通过发展国际旅游，才能弥补贸易逆差，促进本国经济发展。而后，随着经济的发展，国内旅游以及出境旅游逐渐兴起并获得发展。这种战略的前提是旅游业发展水平高于国民经济发展水平。

2. 政府对旅游业的发展影响很大

长期以来，发展中国家的政府在旅游业的发展中起主导作用，在旅游资源开发、旅游设施建设、旅游企业经营等方面，基本是国家投资、垄断经营，私人资本进入旅游业要受种种条件的限制。

### 3. 旅游业发展水平较低

这些国家虽然大多拥有一些独特的旅游资源，有发展旅游业的潜力，但受到其自身经济发展水平的制约，旅游业的总体发展水平不高，资金短缺、旅游基础设施与旅游设施薄弱、人才缺乏、管理落后等问题普遍存在。

### （五）资源型国家旅游模式

除了上述几类国家之外，世界上有一些国家人口少、面积小，但旅游资源丰富，拥有独特的自然与人文旅游资源，如地质地貌、岛国风光、民族风情等，旅游业发展具有强大的优势。比较有代表性的国家有马尔代夫、塞浦路斯、南太平洋岛国等。该类国家旅游业发展呈现出以下特征。

#### 1. 旅游业尤其是国际旅游业在国民经济体系中居于重要地位

国际旅游业是这类国家的支柱型产业，旅游业对整个国家和区域国民经济的产值贡献率高。另外，由于具有独特的地理位置，世界经济发展一般对这类国家旅游业的影响作用较小。

#### 2. 外国公司控制着旅游业的发展

由于经济发展水平的限制，资源型国家常常负担不起发展旅游所需的巨大投资，不得不借助外国资本的力量，较多地通过吸引外资来发展本国旅游业，外国企业在国家旅游业经营管理中占有较大份额，国家旅游业自主经营权以及旅游业收益有限。

#### 3. 旅游行政管理机构地位高

与旅游业在国民经济中的重要支柱地位相符，这些国家的旅游管理机构在政府中的地位一般都比较高，权限比较大，而且多由国家首脑和政府要员直接管辖。国家旅游组织的重点工作是颁布法令，制定发展规划，负责投资征税和海外促销。

## 第三节　我国旅游业的未来发展

### 一、我国旅游业发展面临的挑战

无论从旅游市场、产业还是政府公共服务层面，未来旅游经济将进入重要的转型升级期。在消费市场不断深化、旅游创业创新以及政府公共服务进一步转型升级的带动下，旅游经济将继续保持快速发展的态势。这既是机遇也是挑战。新时期，我国旅游业面临的挑战主要有以下几个方面。

## （一）散客化时代旅游需求外流压力依然明显

传统的旅游组织方式开始面临个性旅游需求的巨大挑战。中国居民消费进入了满足精神需求的高级阶段，休闲、购物、体育等旅游动机不断成长，可定义、易识别的群体市场将会为变化的、多元的个性需求所取代，在我国三十多年的观光主导型旅游发展中，旅游产品多围绕观光需求建设和配置，供给刚性使得大量旅游需求外流，旅游发展红利漏损压力短期内难以缓解。2018 年，我国公民出境人数 14 972 万人次，人均消费排名世界第一，大幅领先其他国家。另外，由于税制、汇率、商业环境、服务水平等各方面的共同作用，未来十年我国宏观经济处于增长速度换挡期和结构调整阵痛期，经济发展驱动力由投资主导向消费主导过渡，旅游发展红利向境外流出的势头难以短期逆转，这对宏观经济带来一定程度的直接利空影响。

## （二）旅游发展的新旧动能转化有待明确

由于竞争加剧、成本上升、领先发展后学习和模仿的对象缺乏等各类原因，未来十年旅游企业的边际收益率将呈下降趋势。一方面，传统旅游业态"叫好不叫座"的情势越来越常见，通过对线上线下各大旅行社盘点发现，随着互联网＋旅游的突发猛进，传统的旅游业态已不敌在线旅游新业态。特别是用户量巨大的手机 App，正在替代传统旅行社门店。另一方面，旅游创新创业企业发展商业模式和盈利能力都需要进一步培育。当前，途牛、同程、去哪儿网、艺龙等大型旅游电商均连年亏损，而许多中小型创业公司在花完前几轮融资后仍然没有找到盈利的路径，其中不乏资金链断裂关门停业者。如主打周边游的"周末去哪玩"和 P2P 旅游平台"收留我"2016 年 7 月先后停止运营；同年 6 月，曾获阿里巴巴、新天域资本等机构投资的淘在路上对外宣布，受资本寒冬影响，公司停止运营。更早些时候，旅付通、拒宅网、脚丫旅游网、找好玩等在线旅游创业公司，也相继关门。

## （三）旅游需求的生活化带来旅游者与居民矛盾有可能显化

伴随旅游休闲活动的常态化及生活化，至少在城市旅游的范围内，自助出行、自主选择的旅游者已经完全进入了目的地居民的公共生活空间，目的地越来越成为外来旅游者和本地市民共享的生活空间。旅游需求更加生活化，旅游者在与目的地居民共享这一生活空间的同时，可能对目的地居民造成不便或者困扰，如交通拥挤、生活资源占用、环境破坏等。未来伴随大众旅游的不断深化，更多旅游者将进入某一旅游目的地居民的生活空间，因此旅游者和目的地居民之间的矛盾有可能显化。

# 二、我国旅游业发展趋势

我国旅游业虽然起步晚，但发展速度快，跟进势头强，现在已经成长为世界旅游市场最耀眼的板块。从2016年开始,国家陆续出台了一系列促进旅游业发展的政策,旅游业已经成为国家的战略产业。未来十年,中国旅游业大有可为,并将成为拉动全球旅游业的引擎。在前景向好的大环境下,中国旅游业将呈现七大发展趋势。

## (一)跨界融合,旅游业态全面升级

融合性是旅游业的本质属性。旅游业的综合性特征,决定了只有依托多个产业,才能向旅游者提供包括行、住、食、游、购、娱等在内的旅游产品和服务;旅游业的关联性特征,既为旅游产业融合发展提供了前提条件,又拓宽了旅游产业融合发展的空间。旅游与国民生活及乡村、健康、养老等重点领域跨界融合,工业旅游、田园综合体、房车露营旅游、邮轮旅游、研学旅游、康养旅游、冰雪季旅游等旅游新业态新产品竞相发展,旅游的内涵和外延不断扩大,旅游业态全面升级,旅游大消费时代已经到来。旅游跨界融合情况见表9-1。

表9-1 旅游跨界融合情况

| 旅游＋ | | | | | |
|---|---|---|---|---|---|
| 农业 | 交通 | 教育 | 工业 | 健康 | 冰雪 |
| 田园综合体是农业综合开发的新尝试,是集现代农业、休闲旅游、田园社区于一身的乡村综合发展模式。2018年中央一号文,将其作为乡村新型产业发展的亮点举措。首批国家田园综合体项目有河北唐山迁西花乡果巷、山东省沂南县朱家林、广西美丽南方、广东珠海岭南大地等共10个 | 房车露营旅游据国家旅游局统计,到2020年,我国房车数量将超过10万辆,自驾车房车营地将超过2 000家。邮轮旅游据国家旅游局统计,我国国内邮轮旅游将达350万人次 | 研学旅游2016年底,教育部联合十一部委出台《关于推进中小学生研学旅行的意见》,此后,研学旅行市场需求不断释放。据中国旅游建议调查显示,3/4的受访者表示了解研学旅行,六成左右受访者参加过研学旅行。未来3～5年,研学旅行市场总体规模将超千亿元 | 国家旅游局发布《全国工业旅游创新发展三年行动方案(2018—2020)》,计划到2020年,全国将培育100个国家工业旅游示范基地,国家工业遗产旅游基地等示范品牌。目前,国家工业旅游示范基地有山东省烟台张裕葡萄酒文化旅游区等10家。国家工业遗产旅游基地有湖北省黄石国家矿山公园等10家 | 康养旅游是包含了康复医疗、中医药养生等多种内容的新型旅游方式。随着人们对健康及生活质量的关注度提升,康养旅游成为出游的热门选择。2018年3月,国家旅游局和国家中医药管理局确定北京昌平中医药文化博览园等73家单位为第一批国家中医药健康旅游示范基地创建单位 | 冰雪季旅游2017—2018年冰雪节,习总书记指出,"大力发展冰雪经济",推动了冰雪季旅游同冰雪经济综合产业发展。 |

资料来源:腾讯文旅 Talking Data.

## (二)数字化服务贯穿旅游全过程,智慧旅游提升旅游者体验

旅游者通过App、小程序、公众号等数字化服务,可以享受贯穿旅游全过程的"贴身服

务",轻松快捷地完成"吃、住、行、游、购、娱"等旅游环节,智慧旅游为游客带来更快捷的旅游体验。如图 9-1 所示。

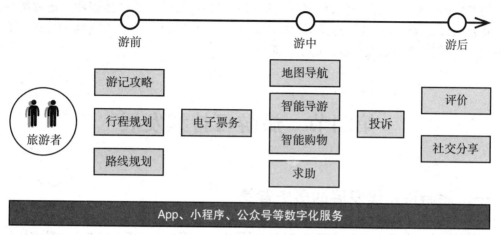

图 9-1 数字化旅游服务过程图

资料来源:腾讯文旅 Talking Data.

## (三)智慧旅游大数据平台,助力打造全域旅游生态圈

智慧旅游大数据平台全面整合各类旅游资源,利用数据挖掘、AI 技术等,对旅游景区、交通、酒店等数据进行全方位、多维度的分析,向政府、旅游景区、企业、旅游者提供旅游应用服务,将 B/C/G 端紧密连接在一起,打造全域旅游生态圈。

## (四)旅游用户更加注重文化体验和精神追求

随着大众旅游需求的不断升级,走马观花的踩点式旅游已经无法满足旅游者需求,而富有文化内涵的博物馆等文物类机构对旅游者的吸引力显著提升。此外,特色小镇尤其是文旅游类特色小镇开发热度持续升温,我国旅游用户越来越看重旅游过程中的文化体验和精神熏陶。

## (五)全球化趋势明显

"十三五"时期是全面建成小康社会的决胜阶段,也是旅游行业全面贯彻"515 战略",推进旅游业深化改革、提质增效,实现"初步小康型旅游大国"到"全面小康型旅游大国"的决定性时期。

未来十年,将有更多的国际品牌加快中国布局,国内旅游企业"走出去"的步伐也将加快,中国旅游产业全球化趋势更加明显。为此,中国旅游企业要主动融入国际分工体系,成为中间的一环,从渠道到目的地都要加速资源掌控,争夺国际分工话语权。

### (六) 旅游双创大有可为

随着旅游经验的丰富，越来越多的国民将对新型的旅游方式产生兴趣，比如游轮、房车、背包旅行、探险旅行等。这类新型的旅游需求也将在未来十年内催生旅游装备制造业持续发展，"双创"必将激发旅游市场新的活力。

## 第四节 旅游可持续发展

### 一、旅游可持续发展的历史背景

可持续性是旅游发展中讨论得最热门的话题之一，同时也是概念理解上比较多样的一个话题。旅游学术界和业界至今对其定义仍没有达成共识。可持续性的理论框架涉及面较广，涵盖了经济、环境和社会文化几个方面，并将道德和当代人及后代人利益公平作为争论的标准。

1962年美国生物学家卡逊（R. Carson）所著《寂静的春天》一书的问世，标志着人类开始关心生态环境问题。卡逊在列举了因人类活动的不断扩张而导致自然环境退化的大量事实之后提出，人类只有与其他生物共同分享地球，在人类与其他生物之间建立合理的协调，才能维持人类自身的健康生存。1972年，联合国在斯德哥尔摩召开联合国人类环境会议，会议通过了《人类环境宣言》，并提出将每年的6月5日定为"世界环境日"，同年10月举行的第27届联合国大会通过决议接受了该建议。

在通往可持续性道路上的一个里程碑是1987年以挪威首相布伦特兰夫人为主席的"世界环境与发展委员会"（WCED）公布了著名的《我们共同的未来》报告，习称为《布伦特兰报告》，该报告对人类在经济发展与环境保护方面存在的问题作了系统而全面的评价，并首次提出了"可持续发展"这一术语和口号。

1995年4月，联合国教科文组织、环境规划署和世界旅游组织等联合在西班牙召开了"可持续旅游发展世界会议"，通过了《可持续旅游发展宪章》和《可持续旅游发展行动计划》两个纲领性文件，作为全世界都应遵守的准则，对指导21世际全球的旅游发展具有十分重要的意义。

2003年，第5届世界旅游高峰论坛在欧洲旅游胜地夏莫尼镇召开，来自世界各国的专家学者和官员围绕旅游与可持续发展、旅游开发等话题展开了研讨，代表们一致认为，旅游业应注重可持续发展和环境保护。2016年5月18—21日，由中国政府和联合国世界旅游组织共同主办的首届世界旅游发展大会在北京举行，大会通过了《北京宣言》，宣言紧扣"旅游促进和平与发展"这一主题，以促进旅游业可持续发展、有效落实联合国《2030年可持续发展议程》。5月20日，由中国国家旅游局与联合国世界旅游组织共同主办的第七届二十国集团（G20）旅游部长会议在京举行。大会一致同意推动旅游业落实2030年可持续发展议程，完善旅游政策，构建更加开放的世界经济。

## 二、旅游业可持续发展的内涵

### （一）可持续发展的定义

1987年，世界环境与发展委员会发表了《我们共同的未来》的研究报告，第一次阐述了可持续发展的概念，并得到了国际社会的广泛认同。该报告将可持续发展定义为：可持续发展就是满足当代人的需求，又不损害后代人满足其需求能力的发展；既要实现经济发展的目的，又要保护人类赖以生存的自然资源和环境，使子孙后代能安居乐业、永续发展。

可持续发展的内涵非常丰富，但其基本点主要是以下三个方面。

（1）可持续发展的公平性。强调同代人之间、代与代之间、人类与其他生物种群之间、不同国家和地区之间的公平。

（2）可持续发展的持续性。强调人类的经济和社会发展不能超越资源与环境的承载能力。

（3）可持续发展的共同性。可持续发展所体现的公平性和持续性对于全球来说是共同的。要实现可持续发展这一总目标，必须采取全球共同的统一联合行动。

### （二）旅游业可持续发展的定义

旅游业可持续发展是可持续发展在旅游领域的延伸，其含义也包括可持续发展的三个基本内涵。综合目前国内外学者对旅游可持续发展的定义，我们将旅游可持续发展定义为：保护自然和人文资源及环境，维持当地居民的正常生活和生活文化风貌，寻求旅游与环境、文化和人类生存协调发展，满足当代人旅游发展的需要并不危害后代人满足其需要的能力的旅游发展思想。

## 三、旅游可持续发展的目标

1990年，全球可持续发展大会旅游组行动策划委员会会议在加拿大温哥华召开，并提出了《旅游持续发展行动战略》草案，阐述了旅游业发展的主要目标。

（1）增进人们对旅游所产生的环境、经济效应的理解，强化其生态保护意识。

（2）促进旅游的公平发展。

（3）改善旅游接待地的生活质量。

(4) 向旅游者提供高质量的旅游经历。
(5) 保护上述目标所依赖的环境质量。

简言之，旅游可持续发展的目标是在可持续发展基本原则的指导下，实现旅游目的地资源和环境质量的维护与满足游客需求之间的均衡。

## 四、旅游可持续发展的原则

为了实现上述目标，旅游可持续发展必须坚持如下原则。

1. 旅游发展必须建立在自然生态环境承载能力之上

旅游发展对自然资源和生态环境依赖性很强。为了确保旅游的可持续发展，必须立足长远，不能"涸泽而渔"，破坏了它们之间的脆弱平衡，尤其是那些不能再生的资源和环境敏感区。

2. 旅游发展必须符合当地经济发展状况和社会道德规范

旅游目的地的经济、文化、风俗习惯、社会活动和道德风尚正是旅游资源的文化特色，发掘和维护这些具有地方特色的文化遗产，防止旅游活动带来的负面影响是坚持旅游可持续发展的重要内容。

3. 坚持不懈地开展宣传教育，使旅游全行业切实履行职责

旅游可持续发展既是可持续发展总体战略的要求，又关系到社会和人类的长远利益，因此，要坚持不懈地向社会、居民和游客开展行之有效的宣传教育工作，尤其是旅游全行业的从业人员，要树立维护和改善旅游环境、使旅游资源得以永续利用的思想，并将其贯彻到自己的实际工作中。

4. 坚持和发挥政府主导作用

在旅游可持续发展中，各级政府机构和行业组织始终起着关键的作用。无论是制定旅游可持续发展规划、建立可持续发展示范工程，还是制定切实可行的法规、管理制度，开展科学研究和国际合作与交流，政府的主导作用具有不可替代性。

## 五、旅游可持续发展与生态旅游

生态旅游是目前旅游可持续发展在旅游业中的一个很好的应用，生态旅游与旅游可持续发展有着密不可分的联系，生态旅游赋予了旅游可持续发展更特别的意义。

### （一）生态旅游的概念与内涵

生态旅游（ecotourism）是由国际自然保护联盟（IUCN）特别顾问豪谢贝罗斯·拉斯喀瑞（Ceballos Lascurain）于1983年首次提出来的。他认为生态旅游就是"所有观览自然景物的旅行，而这种行为不应使被观览的景物受到损失。"

目前，有关生态旅游的定义有许多种，1993年国际生态旅游协会（International Ecotourism Society）把生态旅游定义为：具有保护资源环境和维系当地居民双重责任的旅游活动。1996年国际自然保护联合会（The World Conservation Union）给出的生态旅游的定义为：生态旅游就是前往那些相对没有受到干扰的自然区域的、对环境负责任的旅游，其目的在于享受并了解自然，旅游者的负面影响较小，能够给当地人提供参与机会。1995年，在西双版纳召开的中国首届生态旅游研讨会就生态旅游的定义、内涵等问题进行了探讨。会议认为：生态旅游是社会不同发展阶段的产物和概念，旅游和生态旅游是密不可分的，甚至是难以区分的，随着人们生态意识的提高，两者将是一致的。

我们综合国内外各位专家学者的定义将生态旅游定义为：生态旅游即在保护旅游地环境、自然和人文资源的情况下，满足旅游者的生态体验需求，提供高质量的旅游经历，并保证旅游地居民的生存环境和生活质量不断提高的一种旅游形式。

## （二）旅游可持续发展与生态旅游的关系

1. 生态旅游发展的目标是旅游可持续发展

生态旅游之所以被视为传统大众旅游的替代品而成为一种全新的旅游方式，主要原因是它遵循了可持续发展的思想。其根本宗旨就是在发展旅游的同时取得环境保护和经济收益的"双赢"。

2. 生态旅游是实现可持续发展的一种工具和途径

生态旅游是指在保护当地自然资源、人文资源、社会文化、风土人情的基础上，充分考虑到当地居民和环境，给予旅游者最自然的旅行经历的一种旅游形式。这种旅游形式使当地的自然和人文资源得以合理保护和利用，使当地的文化和风土人情能够代代相传，使世世代代的旅游者都能够公平地享受到旅游地带来的美好的自然风光和人文景观。

3. 生态旅游是旅游可持续发展的一种旅游发展模式

生态旅游不等同于旅游可持续发展，它只是旅游可持续发展中的一种旅游发展模式。生态旅游强调对环境的影响，不以牺牲环境为代价换取旅游业的发展，强调发展旅游业时对自然景观的开发和保护，并且使当代人享受旅游的自然景观和人文景观的机会与后代人平等，不以当代人享受和牺牲旅游资源为代价，不会剥夺后代人合理地享有同等旅游资源的机会，这些要求正是旅游可持续发展中公平性和持续性的体现，并同旅游可持续发展理论有着天然的耦合关系。所以说，生态旅游是旅游可持续发展的一种发展模式。

阅读资料

## 最美好的享受：生态旅游

2010年5月19日第八届中国徐霞客开游节在浙江省宁海县举行，在《徐霞客游记》的开篇之地，为纪念这个特殊的日子，举办了丰富的山海生态旅游活动，正式拉开一年之中旅游旺季的序幕。

春夏之际，是旅游旺季。如今，旅游已经成为人们生活中不可或缺的内容。但在我国诸多风景名胜区却存在生态环境保护与管理等诸多问题。

国家旅游局在开展2009年中国生态旅游主题年活动中，提出了生态旅游的概念。随着低碳概念深入人心，人们环保意识愈加强烈，"旅游要生态""旅游要低碳"应成为游人对旅游的全新理解与诠释。

### 呼唤，为生态而旅游

国际生态旅游协会理事江崎绫子说，生态旅游是保护性的旅游，以不破坏生态、认识生态、保护生态为宗旨，以旅游促进生态保护，以生态保护促进旅游。

大力呼唤和提倡生态旅游是对旅游行为的修正。由于违规掠夺式的过度开发，生态环境受到了严重的破坏。花不鲜了，鸟不鸣了，林不茂了，而公路多了，房屋高了，幽静和绿色少了。原来生态良好的景区，几乎变成了集镇，人来人往，车马嘶鸣。联合国教科文组织一位官员因对我国一些景区过度开发表示不解，曾开玩笑地说："一些景区就像一位风烛残年的老人，被逼着乔装打扮出去赚钱。"

还有一些旅游者的不文明行为，加剧了对生态的破坏。由于部分旅游者环境保护意识淡薄，时常出现不文明之举。如沿途乱扔垃圾、随意踩踏花草、攀折树木、戏弄野生动物等，加之景区管理不完善，一些生态风景区、风景带几乎被糟蹋成了岌岌可危的"生态碎片"。

云南省大理市在招商引资过程中，对洱海公园附近区域进行开发建设，将市民充满回忆的"情人湖"大部分水域填埋，建成了一片别墅群，给湿地生态造成了严重破坏，并可能危害整个高原断陷湖泊生态系统。

广东省南昆山国家森林公园内的川龙峡漂流一直吸引着全国各地的旅游者前来体验。但"放水漂流"几乎是业内"公开的秘密"，靠截流蓄水、水库放水方式开展的漂流项目不仅会减弱其防洪能力，更会影响生态环境，造成有洄游产卵习性的鱼类迁徙路线中断甚至种群消失。

据"中国人与生物圈国家委员会"提供的一份调查报告显示：我国已有22%的自然保

护区由于开展生态旅游而造成保护对象的破坏，11%的自然保护区出现旅游资源退化。

## 倡导，用行动保护生态环境

生态旅游的核心是强调可持续发展的旅游，以低能耗、低污染为基础的绿色低碳旅行是生态旅游的更深层次表现。增强生态旅游意识，用实际行动保护生态变得刻不容缓。

"我曾到河北蓟县的白蛇谷游玩，在那里，铺路的石子是取自峡谷两侧的山石，这就应该是一种低碳、环保与生态的旅游地。"一名旅游爱好者这样说。

在饭店工作20多年的孙女士告诉记者，出门旅游住酒店时绝不要客房服务生每天更换床单被罩，洗漱用品也是自己准备，"在饭店工作时间长了对这个很敏感，我觉得没有必要为长期住店的客人每天更换床单被罩，这样不仅能给酒店节省开支，也能参与到节能环保中。"

大学生于同学介绍说，"在杭州西湖游玩的时候我就租了一辆自行车，绕着西湖骑车感觉特别惬意。"

在江南的一个小镇旅游，入住低碳宾馆，游客享受的都是低碳服务。想喝热水，服务员会告诉你："使用一次性塑料杯很难降解且污染环境，即使使用一次性纸杯也会消耗大量森林资源，不符合低碳生活原则，请到服务台购买为顾客准备的环保真空杯。"

房间很热，用氟利昂作制冷剂的老式空调耗电量大还污染环境，宾馆已经禁用了这种老式空调，为客人提供扇子。即使游人被蚊子咬了好几个包，需要蚊香和灭蚊剂，服务员也会告知："这些东西里面含有右旋胺菊酯和氯菊酯，对空气有很大的污染，低碳宾馆不能使用。"更环保的是卫生间里没有卫生纸。卫生纸是用原木浆制成的，而生产原木浆要消耗大量的木材，为了节约自然资源，保护环境，低碳宾馆特意为客人准备了便后冲洗器，很受客人的欢迎。

其实，生态旅游不仅仅是要求旅游景观、景点的原生态，在旅行的过程中更应倡导的是全面的"生态化"。例如出行时主要乘坐公共汽车，在旅游目的地采取步行和骑自行车的游玩方式，旅游者自带水壶与毛巾，拒绝一次性用品。

在我国，生态旅游具有普及性。这不仅应是对生态旅游者的普及，更应是在保护生态旅游资源意识上、行为上的普及与提倡。

## 享受，自然生态旅游美景

生态旅游距离我们的生活也并不遥远。刚从承德旅游归来的胡先生说，"我喜欢承德避暑山庄，走在山庄小路上闻到的都是花草树木的清新香气，那里就是一个天然'大氧吧'。"殊不知，这就是一次生态之旅。

承德是著名的旅游地，避暑山庄更是国家5A级旅游景点，深受各地旅游者喜爱。占地面积 49.6 万平方米的湖区、占地面积 60.7 万平方米的平原区、占地面积 443.5 万平方米的山区，湖水、花草、山林都让游人沉醉于这里的生态美。不仅如此，游人还可以与自由散放的梅花鹿亲密接触。

海南的猴岛也同样受到游人的追捧，成为海南旅游必去的景点之一。走在猴岛的小路上，周围随处可以看到不同大小的猕猴，爬在树上的，坐在石头上的，还有在路上散步的。上岛前导游还会特别提示与猴子和谐相处的方法，只看不摸，只乐不逗。

当"城市人"的工作节奏越来越快，当人们喜欢上了"农家乐"的休闲方式，一次近郊旅游也可以成为一次生态旅游，一次爬山锻炼也可以称作一次生态之行。

生态旅游给人带来的是自然美景。享受自然生态旅游的前提则是时刻提高旅游者保护生态环境的意识。在享受中保护，在保护中感受到另一番旅游意境。

## 本章小结

本章首先从全球经济发展、世界政治形势、旅游管理体制改革和社会因素四个方面分析了影响旅游业未来发展的因素，对世界旅游业发展的三个阶段进行了概述，概括伴随着旅游业内外部各种环境要素的变迁，世界旅游业的发展趋势，并介绍了目前世界旅游业发展中的五大类模式（美国模式、西班牙模式、以色列和土耳其模式、印度模式以及资源型国家旅游模式）及其典型特征。然后分析我国旅游业发展面临的六大挑战及未来发展六大趋势。接着从旅游可持续发展的历史背景入手，阐述了旅游可持续发展的内涵、目标、原则。最后阐述了生态旅游的概念和内涵，生态旅游与旅游可持续发展的关系。

## 复习思考题

1. 名词解释：旅游可持续发展　生态旅游
2. 全球经济发展给未来旅游业带来怎样的影响？
3. 世界旅游业的发展趋势如何？
4. 高科技在旅游业中发挥了怎样的作用？
5. 试述世界旅游业发展的基本模式及主要特征。
6. 试述我国旅游业发展面临的挑战。
7. 如何实现旅游协调发展？
8. 为什么说旅游承载力是目的地实现可持续旅游发展的核心问题？
9. 旅游可持续发展应遵循什么原则？

# 参考文献

[1] 杨富斌,王天星. 西方国家旅游法律法规汇编 [M]. 北京:社会科学文献出版社,2005 (11).
[2] 殷作恒. 日本旅游立法的主要内容及法律体系的特点 [J]. 外国经济与管理,2000 (5).
[3] 李金早. 当代旅游学 [M]. 北京:商务印书馆、中国旅游出版社,2018.
[4] 张丽萍,刘喜华,蒋艳. 旅游学概论 [M]. 上海:上海交通大学出版社,2017.
[5] 刘琼英. 旅游学概论. 2版. [M]. 桂林:广西师范大学出版社,2017.
[6] 傅玺璇. 我国旅游法立法完善研究 [D]. 昆明:昆明理工大学,2015.
[7] 席婷婷. 国内外旅游业发展现状和前景分析 [J]. 市场论坛,2017 (10).
[8] 张国平,刘晓鹰. 外国人入境旅游市场的发展趋势及建议 [J]. 改革与战略,2017 (6).
[9] 吴必虎. 旅游学概论 [M]. 北京:中国人民大学出版社,2013.
[10] 陈学春,叶娅丽. 旅游法规教程 [M]. 北京:北京理工大学出版社,2010.
[11] 程道品,刘丽萍. 旅游学概论 [M]. 2版. 大连:东北财经大学出版社,2012.
[12] 尚明娟,徐君. 旅游学概论 [M]. 北京:中国铁道出版社,2013.
[13] 洪帅. 旅游学概论 [M]. 上海:上海交通大学出版社,2010.
[14] 卢丽蓉. 旅游学概论 [M]. 天津:天津大学出版社,2011.
[15] 陈肖静. 旅游学通论 [M]. 合肥:合肥工业大学出版社,2011.
[16] 齐天峰. 旅游学概论 [M]. 西安:西北工业大学出版社,2010.
[17] 张补宏. 旅游学教程 [M]. 广州:华南理工大学出版社,2010.
[18] 傅云新. 旅游学概论 [M]. 广州:暨南大学出版社,2011.
[19] 周武忠. 旅游学研究(第五辑)[M]. 沈阳:东北大学出版社,2010.
[20] 赵长华. 旅游概论 [M]. 北京:旅游教育出版社,2008.
[21] 蔡敏华. 旅游学概论 [M]. 北京:人民邮电出版社,2006.
[22] 何丽芳. 旅游学概论 [M]. 北京:清华大学出版社,2006.
[23] 郭胜. 旅游学概论 [M]. 2版. 北京:高等教育出版社,2009.
[24] 国家旅游局. 中国旅游统计年鉴:2009 [M]. 北京:中国旅游出版社,2009.
[25] 国家旅游局. 中国旅游统计年鉴:2010 [M]. 北京:中国旅游出版社,2010.
[26] 国家旅游局. 中国旅游统计年鉴:2011 [M]. 北京:中国旅游出版社,2011.
[27] 国家旅游局. 中国旅游统计年鉴:2012 [M]. 北京:中国旅游出版社,2012.
[28] 李光宇. 旅游学概论 [M]. 北京:化学工业出版社,2008.

[29] 徐春晓. 旅游学概论 [M]. 长沙：湖南大学出版社，2007.
[30] 刘荣. 旅游学概论 [M]. 北京：北京交通大学出版社，2007.
[31] 张琥. 旅游政策法规 [M]. 武汉：武汉大学出版社，2007.
[32] 张伯双. 旅游政策法规 [M]. 北京：科学出版社，2005.
[33] 克里斯库珀，约翰弗莱彻，等. 旅游学：原理与实践 [M]. 2版. 张俐俐，蔡利平，等，译. 北京：高等教育出版社，2004.
[34] 赵士德. 旅游经济学 [M]. 合肥：合肥工业大学出版社，2009.
[35] 张超广. 旅游学概论 [M]. 北京：冶金工业出版社，2008.
[36] 舒小林，高应蓓. 旅游产业与生态文明城市耦合关系及协调发展研究 [J]. 中国人口资源与环境，2015（3）.
[37] 赵磊. 旅游发展与中国经济增长效率：基于 Malmquist 指数和系统 GMM 的实证分析 [J]. 旅游学刊，2012（11）.
[38] 项顺贵. 浅析旅游的社会文化效应 [J]. 长江大学学报（社会科学版），2012（1）.
[39] 钟志平. 旅游购物理论与开发实务 [M]. 北京：中国市场出版社，2005.